Internationale Bankenkooperation, Wechselkursflexibilität
und nationale Geldpolitik

Europäische Hochschulschriften

Publications Universitaires Européennes
European University Papers

Reihe V

Volks- und Betriebswirtschaft

Série V Series V

Sciences économiques et politiques
Economics

Bd./Vol. 201

PETER LANG
Frankfurt am Main · Bern · Las Vegas

Bernd Heinevetter

Internationale Bankenkooperation, Wechselkursflexibilität und nationale Geldpolitik

PETER LANG
Frankfurt am Main · Bern · Las Vegas

CIP-Kurztitelaufnahme der Deutschen Bibliothek

Heinevetter, Bernd

Internationale Bankenkooperation, Wechselkursflexibilität und nationale Geldpolitik. – Frankfurt am Main, Bern, Las Vegas: Lang, 1978.
(Europäische Hochschulschriften: Reihe 5, Volks- u. Betriebswirtschaft; Bd. 201)
ISBN 3-261-02567-0

ISBN 3-261-02567-0

Druck: Fotokop Wilhelm Weihert KG, Darmstadt
Titelsatz: Fotosatz Aragall GmbH, Wolfsgangstraße 92, Frankfurt am Main.

FÜR INGRID,

SUSANNE UND EVA-SABINE

INHALTSVERZEICHNIS Seite

EINLEITUNG

Seit Beginn der sechziger Jahre sind die Finanzsysteme der westlichen Industrieländer Gegenstand eines tiefgreifenden Wandlungsprozesses, dessen Ende noch nicht absehbar ist[1]. Eine besonders ausgeprägte Entwicklungslinie dieses Prozesses besteht darin, daß sich die traditionelle Struktur nationaler Banksysteme auflöst und in zunehmendem Maße einer multinationalen Ausrichtung weicht[2]. Internationale Bankenkooperation wirkt als bedeutsamstes Element bei der Durchsetzung dieses Trends[3].

Die skizzierte Entwicklung birgt ein grundlegendes Dilemma; denn sie übt entgegengesetzte Wirkungen auf die Effizienz der Finanzsysteme und die Wirksamkeit monetärer Stabilisierungspolitik aus. Indem Finanzunternehmen fortschrittlichere Finanztechnologien entwickeln und anwenden, steigern sie fortwährend die Effizienz der Vermittlung finanzieller Aktiva zwischen letztem Gläubiger und letztem Schuldner. Gleichzeitig vermindern sie im Zuge desselben Prozesses tendenziell die Möglichkeiten der Zentralbanken, die Kredit- und Liquiditätsschaffung des Finanzsystems zu beeinflussen[4].

Dieser Aspekt des Prozesses finanzieller Innovation im internationalen Finanzsystem, als dessen konkrete Erscheinungsform auch internationale Bankenkooperation zu betrachten ist, steht im Mittelpunkt der vorliegenden Arbeit.

---

1) Vgl. Mast (1975), S. 3 f.

2) Vgl. Vlierden (1971), S. 146 ff.

3) Vgl. Lutz (1971), S. 203 f.

4) Vgl. Tobin, Brainard (1963), S. 383 ff. und McClam (1972), S. 358.

Deshalb ist beabsichtigt, eine Theorie der Auswirkungen internationaler Bankenkooperation sowohl auf die Funktion des internationalen Finanzsystems als auch auf die Durchsetzungsmöglichkeiten nationaler Zentralbankpolitik darzustellen. Zugleich sollen die Überlegungen empirisch untermauert werden, soweit das mit dem vorhandenen Zahlenmaterial möglich ist. Die Untersuchung bezieht sich auf den stabilisierungspolitischen Aspekt der Zentralbankpolitik, ihren Versuch also, bestimmte monetäre Aggregate zu steuern, um auf diese Weise den Ablauf des Wirtschaftsprozesses zu beeinflussen[1].

Die Arbeit gliedert sich in vier Kapitel. Das erste enthält die Definition und die Beschreibung des Merkmalkomplexes "Internationale Bankenkooperation" einschließlich einer Darstellung der für international kooperierende Banken typischen geschäftlichen Aktivitäten. Im zweiten Kapitel wird mit Hilfe portefeuille-theoretischer Überlegungen internationale Bankenkooperation als betriebswirtschaftlich optimale Reaktion auf Änderungen der währungspolitischen Rahmenbedingungen im Verlauf der Erosion des Bretton Woods-Systems dargestellt und ihre Auswirkung auf die Zahl, die Struktur und die Bedingungen der Änderung der Struktur international diversifizierter Portefeuilles untersucht. Das dritte Kapitel der Arbeit enthält eine makroökonomische Analyse des Einflusses, den die internationale Kooperation zwischen Banken auf das Ausmaß der Vermittlung und Schaffung von Liquidität an den internationalen Finanzmärkten und auf den Prozeß der Geldschaffung durch das Eurobanksystem ausübt. Auf dieser Grundlage ist es im vierten Kapitel dann möglich, den Einfluß internationaler Bankenkooperation auf den geld- und währungspoli-

---

1) Vgl. Deutsche Bundesbank (1975 b), S. 5 ff.

tischen Handlungsspielraum der monetären Stabilitätspolitik abzuschätzen.

1. DER MERKMALSKOMPLEX "INTERNATIONALE BANKENKOOPERATION"

1.1. Die Eurowährungsmärkte als Voraussetzung

Internationale Finanzmärkte sind die wichtigste Entwicklungsbedingung für die Entstehung und das Wachstum internationaler Bankenkooperation[1]. Deshalb konzentrieren sich die Bankgeschäfte, die in die Kooperation einbezogen sind, im wesentlichen auf die internationalen Finanzmärkte. Finanzmärkte werden im folgenden in Anlehnung an Brandes dann als international bezeichnet, wenn sie keiner einheitlichen nationalen Kontrolle unterliegen und dazu dienen, außerhalb der Ursprungsländer der Handelswährung[2] vorwiegend Drittwährungsgeschäfte bei einem eigenständigen Zinsgefüge abzuwickeln[3].

Die Eurowährungsmärkte stellen die bedeutsamste Erscheinungsform internationaler Finanzmärkte dar[4]. Auf ihnen werden Sichtforderungen gegen Basisbanken (Banken, die ihr Domizil im Emissionsland der Handelswährung haben) zu Zinsen und

---

1) Vgl. Ferrari (1971), S. 69 und Machlup (1971 a), S. 165.

2) Dieser Umstand veranlaßt Altman (1961, S. 878) von "Außenmärkten" und Machlup (1972 a, S. 120) von "Xenomärkten" zu sprechen.

3) Vgl. Brandes (1968), S. 44 ff.

4) Im Verlauf der Arbeit werden die Begriffe "Eurowährungsmärkte", "Euromärkte" und "internationale Finanzmärkte" synonym verwandt. Dabei wird der sog. Asien-Dollar-Markt als Teilmarkt des Eurodollar-Marktes interpretiert. Vgl. Bhattacharya, A. K. (1977).

Usancen, die von denen nationaler Märkte abweichen[1], von Eurobanken als Depositen entgegengenommen, um auf der Grundlage dieser Einlagen anderen Marktteilnehmern Kredite gewähren zu können[2].
Diese Definition macht deutlich, daß der folgenden Argumentation ein Euromarkt-Begriff zugrunde liegt, der als Bestandteile sowohl den Eurogeld- als auch den Eurokapitalmarkt umfaßt[3].

1.2. Definition des Begriffes "Internationale Bankenkooperation"

Unter "Kooperation" wird ganz allgemein jede Art von Zusammenarbeit zwischen selbständigen Unternehmen verstanden[4]. Aus diesem Grund wird der Begriff in der Literatur, entsprechend den Zielsetzungen der jeweiligen Autoren, unterschiedlich verwandt[5]. Es ist deshalb notwendig, den Begriff in bezug auf das Erkenntnisobjekt dieser Arbeit zu präzisieren. "Kooperation" beschreibt demnach eine grundsätzlich auf Dauer angelegte, vertraglich geregelte, freiwillige partnerschaftliche Zusammenarbeit selbständiger

---

1) Vgl. Everitt (1971), S. 229.

2) Vgl. Brandes (1968), S. 43 ff. und Ossola (1973), S. 29.

3) In der Literatur, so z. B. bei Klopstock (1965, S. 182 ff.) und Lutz (1974, S. 201 ff.) wird der Begriff häufig so verwandt, daß er nur kurzfristige Geldmarktgeschäfte umfaßt. Die Aktivitäten international kooperierender Banken erstrecken sich jedoch auf Geld- und Kapitalmarktgeschäfte. Deshalb ist im Zusammenhang dieser Arbeit eine weite Begriffsfassung angebracht. Diese ist auch in der Praxis üblich. Vgl. Schreiber (1976), S. 728 und Mast (1975), S. 5.

4) Vgl. Grochla (1972), S. 2.

5) Vgl. Gerth (1971), S. 17, Rühle v. Lilienstern (1970), S. 1060 und Sölter (1966), S. 236.

Unternehmen. Diese fassen einzelne Unternehmensfunktionen zusammen (Funktionsintegration), um ihre Leistungs- und Wettbewerbsfähigkeit zu steigern[1]. Da diese Untersuchung die Zusammenarbeit zwischen Banken zum Gegenstand hat, wird dieser Tatbestand mit dem Begriff "Bankenkooperation" umschrieben. International wird eine derart definierte Kooperation zwischen Banken, wenn die Partner nicht alle im gleichen Staat domizilieren[2].

Kooperation besteht somit immer in einer Funktionsintegration. Diese kann in externer oder interner Form durchgeführt werden. Unter externer Funktionsintegration wird im folgenden die Ausgliederung und anschließende Zusammenfassung bestimmter Unternehmensfunktionen in gemeinsamen aber selbständigen Organisationen verstanden. Dagegen beschreibt der Begriff "interne Funktionsintegration" die Verlagerung ausgegliederter Funktionen auf einen oder mehrere Kooperationspartner[3].

---

1) Vgl. Grenzüberschreitende Unternehmenskooperation (1968), S. 6.

2) Der hier benutzte Begriff ist präziser und zweckdienlicher, als bei Treichl (1973, S. 369); denn Vereinigung einzelner Unternehmensfunktionen grenzt Kooperation von anderen Verhaltensweisen schärfer ab, als der unbestimmte Begriff "Zusammenarbeit mit der Absicht, gemeinsame Ziele anzustreben". Zudem schließt die zusätzliche Forderung nach freiwilliger, auf Dauer angelegter, vertraglich geregelter, partnerschaftlicher Zusammenarbeit die Tatbestände der Beherrschung, projektgebundener Konsortialgeschäfte, verschiedener Spielarten abgestimmten Verhaltens und traditioneller Korrespondenzbeziehungen aus dem hier verwendeten Begriff aus.

3) Vgl. Grenzüberschreitende Unternehmenskooperation (1968), S. 8.

1.3. Organisationsformen

Die Fülle der beobachtbaren Organisationsformen internationaler Bankenkooperation[1] soll im Rahmen eines in sich konsistenten Ordnungsschemas dargestellt werden. Als Ordnungsprinzip gilt der Kooperationsumfang[2]. Deshalb wird zwischen spezialisierter und genereller Kooperation unterschieden. Erstere umfaßt eine Zusammenarbeit, die auf einzelne Funktionen, letztere eine solche, die auf das Bankgeschäft in seiner Gesamtheit bezogen ist. Innerhalb der beiden Kategorien richtet sich die Reihenfolge der Darstellung nach der Intensität der Kooperation.

1.3.1. Spezialisierte Kooperation

Als spezialisierte Kooperation sind begrenzte Unternehmensvereinbarungen, kooperative Beteiligungen und Gemeinschaftsgründungen zu betrachten, wobei letztere die häufigste und wichtigste Form spezialisierter Kooperation darstellen.

1.3.1.1. Begrenzte Unternehmensvereinbarungen

Begrenzte Unternehmensvereinbarungen sind eine sehr lockere Form gegenseitiger Zusammenarbeit. Sie sind charakterisiert

---

1) Vgl. Orsingher (1971), S. 6 ff.

2) Hahn (1971, S. 414) unterscheidet gegenseitige Beteiligung, reine Partnerschaften und Gemeinschaftsgründungen, Kuske (1973, S. 84 ff.) nur Partnerschaften und Gemeinschaftsgründungen. Abgesehen vom Fehlen eines expliziten Ordnungsprinzips bei beiden Autoren, sind die benutzten Begriffe unvollständig und nicht eindeutig gegeneinander abgrenzbar. Das hier benutzte Ordnungsprinzip hat demgegenüber den Vorteil, daß alle Organisationsformen internationaler Bankenkooperation darstellbar und gegeneinander abgrenzbar sind.

durch die Beschränkung der Kooperation auf das Auslandsgeschäft mit besonderer Akzentuierung internationaler Finanzierungen. Die Handlungsfreiheit der Partner und ihre Bindungen zu gruppenfremden Banken werden vom Kooperationsvertrag nicht betroffen[1]. In diese Kategorie läßt sich die von der Bayerischen Vereinsbank und dem Paribas-Konzern praktizierte Zusammenarbeit einordnen[2].

1.3.1.2. Kooperative Beteiligungen

Diese Art spezialisierter Zusammenarbeit kann einseitige und gemeinsame Beteiligungen umfassen.
Einseitige Kapitalbeteiligung erlaubt kleineren, filiallosen Banken den Zutritt zu fremden Märkten und die Partizipation an den Marktkenntnissen des Partners, ohne die Kosten und Risiken, die mit eigenen Auslandsfilialen verbunden sind, tragen zu müssen[3]. Für größere Banken mit eigenem oder Zugang zu einem fremden Filialnetz im betreffenden Land bietet die kooperative Beteiligung die Möglichkeit, an Geschäften eingesessener Spezialbanken teilzunehmen, deren selbständige Ausübung nicht lohnend oder zu

---

1) Vgl. Bayerische Vereinsbank (1972 b).

2) Vgl. Bayerische Vereinsbank (1972 a), S. 2 und Premauer (1973), S. 4 f.

3) Diese Kooperationsform wird bei der Beteiligung der Gebr. Röchling Bank in Saarbrücken an dem Pariser Bankhaus Rivaud & Cie., der dänischen Privatbanken S. A., Kopenhagen an der Pariser Banque Transatlantique sowie der Cassa di Risparmio de Genova an der Bankenunion in Frankfurt verwirklicht.
Vgl. Viele Wege führen zur Geldheirat (1972), S. 15 ff.

risikoreich wäre[1]).
Im Rahmen gemeinsamer Beteiligung erwirbt jeder Partner eine kleine Beteiligung an einer bestimmten Bank. Durch Poolung der Einzelanteile verschaffen sich die kooperierenden Institute dann Einfluß auf die Geschäftspolitik der Beteiligung. Dieser wird mit der Absicht ausgeübt, Kosten und Risiken einer Konsortialbankgründung zu vermeiden und außerdem vom "standing" und "know how" der Beteiligung zu profitieren[2]).

1.3.1.3. Gemeinschaftsgründungen

Dieser Begriff umfaßt vor allem Konsortialbanken[3]). Doch obwohl diese eine der wichtigsten Formen internationaler Bankenkooperation verkörpern, fehlt eine allgemein aner-

---

1) Beispiele für kooperative Beteiligungen sind die Beteiligungen der First National City Bank, New York an der Trinkaus & Burckhard Bank in Düsseldorf sowie der Wells Fargo Corporation an der Allgemeinen Deutschen Creditanstalt (ADCA) in Frankfurt.
Vgl. Uncle Sam's Geldinstitute gehen in Deutschland auf Freiersfüßen (1973), S. 28.

2) In diese Kategorie gehört z. B. der Erwerb einer 40-prozentigen Beteiligung an der Brown, Harriman and International Banks, London durch die Mitglieder der Inter-Alpha-Gruppe.
Vgl. Uhlig (1973 a), S. 13.

3) Vgl. Montagu (1975), S. 967 ff.
Die noch im Planungsstadium befindlichen europäischen Spitzeninstitute des Sparkassen- und Genossenschaftssektors lassen sich ebenfalls als Gemeinschaftsgründungen auffassen.
Vgl. Elsner (1973), S. 193 ff.

kannte Definition[1]. In der Literatur genannte Einzelaspekte zusammenfassend soll deshalb unter einer Konsortialbank eine Form der Zusammenarbeit verstanden werden, bei der mehrere Banken aus mehr als einem Land spezielle Unternehmensfunktionen ausgliedern und mit dem Ziel gemeinsamer Führung und Ausübung auf rechtlich und organisatorisch selbständige Organisationen übertragen[2].
Diese sog. Joint Ventures sind durchgehend als Aktiengesellschaften konzipiert und verfügen über erhebliche Finanzierungs- und Placierungsmöglichkeiten. Dabei vermitteln die Bilanzrelationen allein jedoch keinen Eindruck von der wirklichen Kapitalkraft dieser Banken, weil durch sogenannte stand-by-Linien der Gesellschafter die Haftungsbasis teilweise auf ein Vielfaches des ausgewiesenen Kapitals steigt[3].

---

1) Die Klassifikation der Bank von England umfaßt alle multinationalen Konsortien. Von anderen Autoren wird zusätzlich verlangt, daß das Konsortium mehr als zwei Partner umfaßt, von denen keiner eine Kapitalmehrheit besitzt. Uhlig (1973 b, S. 398 f.) erweitert den Begriffsinhalt, indem er den seltenen Fall einschließt, daß Banken gleicher Nationalität einen ausländischen Sitz für ihre Gemeinschaftsgründung wählen. Kuske (1973, S. 89) betont den Kooperationscharakter, indem er Ausgliederung spezieller Unternehmensfunktionen aus einer Gruppe von Banken mit dem Ziel gemeinsamer Führung und Ausübung als wesentliches Merkmal der Konsortialbank herausstellt.
Vgl. auch "The expansion of consortia banks" (1973), S. 31.

2) Vgl. Stein (1972), S. 151 ff.

3) Vgl. Uhlig (1973 a), S. 13 und Kuske (1973), S. 90
Liedschulte (1975, S. 29) charakterisiert diesen Tatbestand: "Das internationale Standing der Beteiligungsbanken bürgt für die Sicherheit und reduziert gleichzeitig ihre eigenen tatsächlich in Anspruch genommenen Mittel auf ein Mindestmaß."

Tabelle 1 Wichtige internationale Konsortialbanken

Name der Bank	Sitz	Anteilseigner
Banque Européenne de Crédit á Moyen Terme (BEC)	Brüssel	Deutsche Bank, Midland Bank, Crédit Lyonnais, Sociéte Générale, Banca Commerciale Italiana, Amro-Bank, Sociéte Générale de Banque, Creditanstalt-Bankverein
International Commercial Bank (ICB)	London	Commerzbank, First Nat. Bank of Chikago, Irving Trust Comp., Nat. Westminster Bank, Hongkong and Shanghai Banking Corp.,
Société Financiéré Européenne (SFE)	Paris/ Luxembg.	Dresdner Bank, Bank of America, Barclays Bank, Banque Nationale de Paris, Algemene Bank Nederland, Banca Nazion. del Lavoro, Banque de Bruxelles,
Orion Bank Ltd.	London	West LB, Chase Manhattan Bank, Nat. Westminster Bank, Credito Italiano, Royal Bank of Canada,
European American Banking Corp. (EABC)	New York	Alle Gesellschafter der BEC außer Crédit Lyonnais und Banca Commerciale Italiana
Rothschild Intercontinental Bank Ltd. (RIB)	London	Rothschild & Sons, Rotschild SA, Sal. Oppenheim jr., First Nat. Bank of Houston, Pierson, Heldring and Pierson, Banque Lambert S.C.S., Banque Privée S.A., Industrial Bank of Japan,
Australian European Finance Corp.	Sydney	Dresdner Bank, Banque Nationale de Paris, Algemene Bank Nederland, Banca Naz. del Lavoro, Commenwealth Trading Bank of Australia
UBAF-Gruppe Union de Banque Arabe et Francaise	Paris	Commerzbank, Crédit Lyonnais, Banco di Roma, West LB, Banca Naz. del Lavoro, Midland Bank, verschiedene japanische und arabische Banken

Ursprünglich sind Konsortialbanken zwar reine Spezialinstitute für mittelfristige Eurowährungskredite gewesen[1], haben jedoch inzwischen ihr Angebot auf den Gesamtbereich internationaler Finanzierungen ausgedehnt[2]. Die damit verbundene funktionale Spezialisierung wird mit der Gründung von Instituten, deren geschäftliche Schwerpunkte jeweils in Lateinamerika, Arabien, dem pazifischen Raum oder den USA liegen, um eine regionale Spezialisierung ergänzt[3]. Einige der wichtigsten und größten internationalen Konsortialbanken sind in Tabelle 1 aufgeführt.

1.3.2. Generelle Kooperation

Generelle Kooperation besteht in der Regel aus einem Bündel spezialisierter Kooperationen. Dennoch läßt sich die begriffliche Abgrenzung eindeutig aus der umfassenden Integrationsstrategie ableiten, die generelle Kooperation kennzeichnet. Sie wird in der gewählten Organisationsform, den vertraglichen Regelungen und den veröffentlichten Zielvorstellungen deutlich.

1.3.2.1. Kapitaltausch

Kapitaltausch ist eine seltene Form genereller Kooperation, bei der die Partner Kapitalanteile unterhalb der Sperrminori-

---

1) Vgl. Sippel (1972), S. 5.

2) Vgl. Stein (1972), S. 154 ff. und Sippel (1973), S. 1 f.

3) Stein (1972, S. 152 ff.) gibt eine vollständige Aufstellung der zwischen 1967 und 1972 gegründeten Institute. Vgl. ebenfalls Clemm (1971), S. 138 ff., Hahn (1971), S. 414 sowie Treichl (1973), S. 369.

tät austauschen. Mangels international harmonisierter gesellschafts-, bank- und währungsrechtlicher Normen hat der Kapitaltausch im internationalen Raum keine Bedeutung erlangt[1].

1.3.2.2. Kooperations-Clubs

Der Begriff "Kooperations-Club" beschreibt eine kooperative Zusammenarbeit zwischen Banken verschiedener Länder, die auf bestimmte Partner konzentriert ist und vielschichtige gegenseitige Beziehungen in nahezu allen Geschäftsbereichen umfaßt. Auch treten die Partner in der Öffentlichkeit gemeinsam auf[2].

Die bestehenden fünf Kooperations-Clubs setzen sich wie folgt zusammen:

European Banks International Company S.A. (EBIC)
mit Sitz in Brüssel[3]

Amsterdam-Rotterdam Bank, Amsterdam
Banca Commerciale Italiana, Mailand
Creditanstalt-Bankverein, Wien
Deutsche Bank, Frankfurt a. M.
Midland Bank, London
Société Générale de Banque, Brüssel
Société Générale, Paris

---

1) Der einzige internationale Kapitaltausch fand 1960 zwischen der Banque Lambert S.C.S. i Brüssel und der ehemaligen Berliner Handelsgesellschaft, Berlin und Frankfurt, statt.

2) Vgl. Baehring (1973), S. 915 f. "Those international banking groups" (1973 c), S. 901 ff. sowie "Banken: Internationales Geschäft - internationale Partner" (1972), S. 75 f.

3) Vgl. EBIC (1973).

Orion Gruppe mit Sitz in London[1)]

Chase Manhattan Bank, New York
Credito Italiano, Genua und Mailand
Mitsubishi Bank, Tokio
National Westminster Bank, London
Royal Bank of Canada, Montreal
Westdeutsche Landesbank, Düsseldorf

Associated Banks of Europe Corp.(ABECOR)
mit Sitz in Brüssel[2)]

Algemene Bank Nederland, Amsterdam
Banca Nazionale del Lavoro, Mailand
Banque de Bruxelles, Brüssel
Banque Nationale de Paris, Paris
Barclays Bank, London
Bayer. Hypotheken- und Wechselbank, München
Dresdner Bank, Frankfurt a. M.

und als assoziierte Mitglieder:

Banque International à Luxembourg, Luxemburg
Österreichische Länderbank, Wien

CCB Europartners[3)]

Banco di Roma, Rom
Banco Hispano Americano, Madrid
Commerzbank, Frankfurt a. M.
Crédit Lyonnais, Paris

---

1) Vgl. West LB - Hausmitteilungen (o.J. b) außerdem Campell (1971), S. 633 ff., Leukers (o.J) und Beuse (o.J.).

2) Vgl. Dresdner Bank (1976), S. 163 und Schuster (1975), S. 34
1974 wurde die ABECOR-Gruppe im Wege einer Neugründung um die Banca Nazionale del Lavoro, die Banque Nationale de Paris und die Barclays Bank erweitert. Dieser komplizierte Weg sollte den neuen Mitgliedern, mit Rücksicht auf ihr internationales Standing, den Beitritt zu einer schon bestehenden Gruppe ersparen.
Vgl. "ABECOR im zweiten Anlauf vergrößert" (1974), S. 10.

3) Vgl. Europartner (1976).

Inter-Alpha Gruppe[1]

Banco Ambrosiano, Mailand
Berliner Handelsgesellschaft - Frankfurter Bank, Frankfurt a. M. und Berlin
Crédit Commerciale de France, Paris
Kredietbank, Brüssel
Nederlandsche Middenstandsbank, Amsterdam
Privatbanken Kjobenhaven, Kopenhagen
Williams & Glyn's Bank, London

Die typischen Eigenheiten der organisatorischen Struktur dieser Kooperation sollen am Beispiel zweier Gruppen aufgezeigt werden.
Die organisatorische Struktur der EBIC-Gruppe soll beispielhaft für die im Prinzip ähnlich organisierten Kooperations-Clubs Orion und ABECOR dargestellt werden. Das in Abbildung 1 entwickelte Organigramm der Gruppe[2] weist alle Merkmale externer Funktionsintegration auf.
Die EBIC S.A. dient als Management-Gesellschaft zur Koordination aller Aktivitäten und gleichzeitig als zentrale Planungsgruppe zur Untersuchung neuer Geschäftsmöglichkeiten. Der Board of Directors der EBIC S.A. ist identisch mit

---

1) Vgl. Inter-Alpha (o.J.)

2) Das Netz von Gemeinschaftsgründungen soll demnächst um eine japanische und eine lateinamerikanische Tochtergesellschaft erweitert werden.
Vgl. Schuster (1975), S. 36.

Abbildung 1 Organigramm der EBIC-Gruppe[1)]

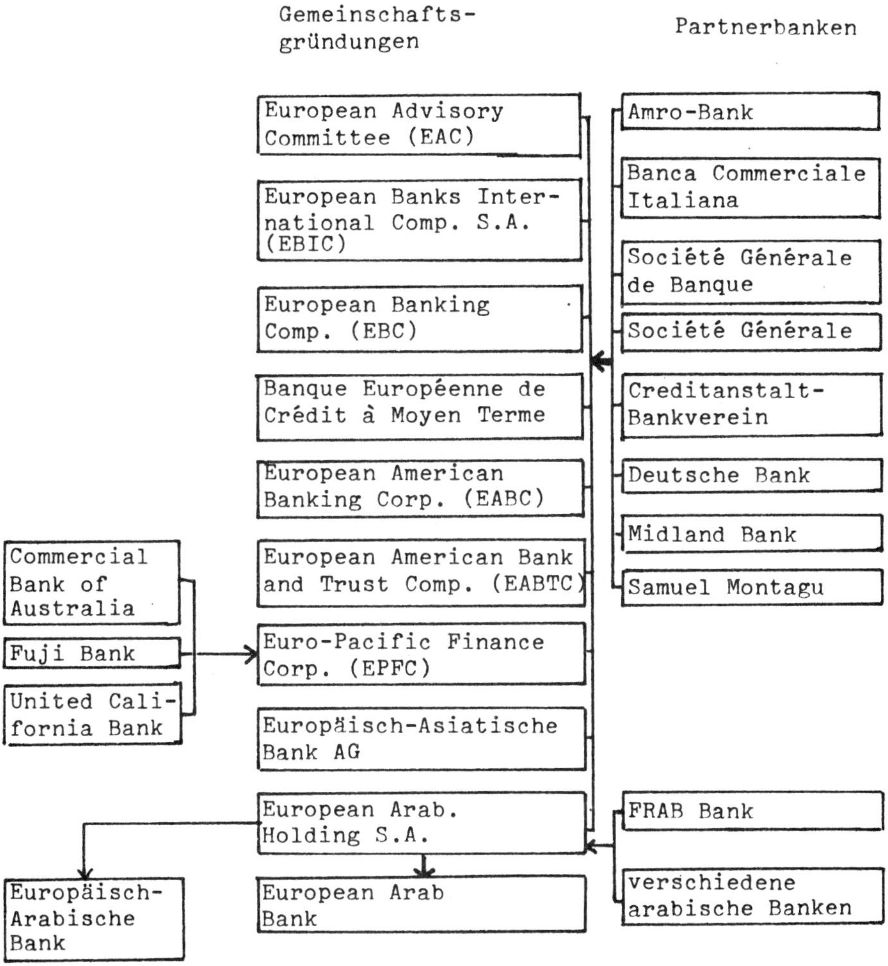

1) Vgl. Ball (1972), S. 102 und EBIC (1973).

dem schon 1963 gegründeten European Advisory Committee (EAC), das seinerzeit den organisatorischen Kristallisationspunkt der späteren EBIC-Gruppe darstellte.

Im Gegensatz zu den erwähnten Gruppen verwirklichen die Europartners und Inter-Alpha überwiegend[1] interne Funktionsintegration[2]. Sie verzichten, wie in Abbildung 2 am Beispiel der Europartners-Gruppe verdeutlicht wird, auf die Bildung einer externen Koordinationsorganisation ähnlich der EBIC S.A. Vielmehr leitet das aus Vorstandsmitgliedern der Partnerbanken bestehende "operational committee" direkt die Koordination der Zusammenarbeit. Ihm unterstehen vierzehn gemeinsame Arbeitsgruppen für alle Geschäftsbereiche[3] und ein Koordinationsbüro in jeder Bank[4]. Das Ziel speziell der Europartners-Gruppe besteht in einer vollständigen organisatorischen Integration der vier Banken. Eine Fusion, welche allerdings die Rechtsform einer europäischen Aktiengesellschaft voraussetzt, wird nicht ausgeschlossen[5]. Abbildung 2 zeigt die Organisationsstruktur der Gruppe.

---

1) Im Fall der Europartners z. B. lassen sich der Betrieb der Europartners Securities Corp., der Europartners Bank (Nederland) N.V. sowie der Banque Arabe et Francaise als Elemente externer Funktionsintegration interpretieren.

2) Vgl. Green (1971), S. 481 ff. und Schuster (1975), S. 36 ff.

3) Vgl. die Ausführungen von S. Klaue in: Wettbewerbsprobleme im Kreditgewerbe (1976), S. 151 ff.

4) Vgl. Schuster (1975), S. 38.

5) Vgl. Green (1971), S. 483 f. und Schlogel (1972), S. 2.

Abbildung 2 Organigramm der Europartners-Gruppe

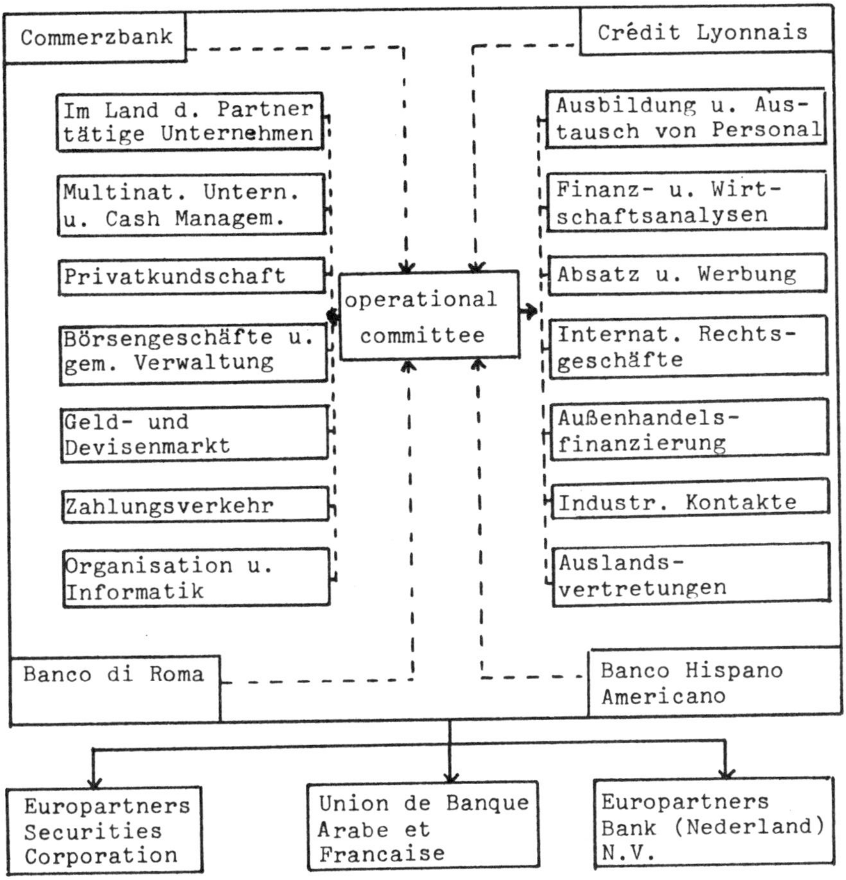

1.4. Schwerpunkte geschäftlicher Aktivitäten

Schwerpunkte der geschäftlichen Aktivitäten der kooperierenden Banken bilden Finanztransaktionen, die auf die Anforderungen international tätiger Unternehmen ausgerichtet sind[1]. Kurz- und mittelfristige Transaktionen werden überwiegend an den Eurogeld- und Kreditmärkten, langfristige Finanzierungen an den Eurobondmärkten abgewickelt. Das Angebot umfaßt nicht nur neuartige Finanzierungstechniken und Dienstleistungen, sondern auch traditionelle Bankleistungen, die entsprechend den Bedürfnissen international aktiver Wirtschaftssubjekte weiterentwickelt worden sind.

1.4.1. Der Ausbau traditioneller Bankleistungen

Zum traditionellen bzw. schon seit längerer Zeit bestehenden Bankangebot an Finanzierungen und Dienstleistungen im internationalen Bereich, die im Zuge internationaler Bankenkooperation vervollkommnet und für neue Anwendungsgebiete erschlossen worden sind, gehören insbesondere Roll-over-Kredite, die Abwicklung des internationalen Zahlungsverkehrs sowie spezielle Außenhandelsfinanzierungen.

Roll-over-Kredite sind mittel- und langfristige Kredite, bei denen die Verzinsung zu jedem "roll over term", üblicherweise nach Ablauf einer Frist von drei oder sechs Monaten, auf der Basis der "London interbank offered rate" (Libor) neu festgesetzt wird[2]. Mit dem Angebot von Mehrwährungskrediten auf roll-over-Basis, den sog. "multi currency credits", und der Einführung einer Währungsoptionsklausel,

---

1) Vgl. Kutscher (1971), S. 11, Ball (1972), S. 101 f., Readman (1972), S. 36 f., Reinhard (1973), S. 7 f., Strasser (1973), S. 64 ff., Schreiber (1976), S. 726 sowie Junne (1976), S. 38 ff.

2) Vgl. Einzig (1973 b), Glow (1972), S. 434 ff., Handbuch der Exportfinanzierung (1976), S. 64 ff. und Leukers (o.J.), S. 6.

der sog. "currency option clause", ist die übliche roll-over-Technik vervollkommnet und - wie noch ausführlich zu zeigen sein wird - den Präferenzen international aktiver Wirtschaftssubjekte angepaßt worden.
Unter Mehrwährungskrediten sind "Finanzpakete" zu verstehen, die unterschiedlich denominierte Komponenten aus nationalen und internationalen Geld- und Kapitalmärkten enthalten[1]. Diese Finanzierungstechnik ist durch die Möglichkeit bedarfsgerechter Wahl der Währungsstruktur eines Kredites zum Zeitpunkt des Arrangements aber Strukturkonstanz während der Laufzeit charakterisiert. Sie eignet sich deshalb vor allem zur Investitionsfinanzierung und zum Finanzhedging[2].

Währungsoptionsklauseln in den Kreditverträgen berechtigen den Schuldner, unter Avis auf jeden "roll over term" seinen Kredit von der bisher benutzten auf eine oder mehrere andere Währungen umzustellen und auf diese Weise die Währungsstruktur seiner Passivpositionen während der gesamten Kreditlaufzeit zu variieren. Die Kreditzinsen werden entsprechend der Libor der jeweils geschuldeten Währung ermittelt. Allerdings enthalten die Kreditverträge regelmäßig eine sogenannte "availability clause" bzw. "escape clause", die es den kreditgebenden Banken erlaubt, die Denominationsänderung zu verweigern, wenn ihnen eine Refinanzierung in der gewünsch-

---

1) Vgl. Schreiber (1976), S. 726.

2) Finanzhedging besteht darin, die Wechselkursrisiken gefährdeter Währungspositionen durch eigene Verschuldung bzw. Schaffung offener Positionen in dieser Währung auszugleichen. In der Praxis wird häufig so verfahren, daß alle Aktiv- und Passivpositionen in einer Währung zusammengefaßt werden und die Absicherung allein auf die Nettoposition bezogen wird.
Vgl. Litaer (1970, S. 128 ff., Handbuch der Exportfinanzierung (1976), S. 75 f. und Abdeckung des Wechselkursrisikos (1975), S. 68 ff.

ten Währung unmöglich ist[1].
Ebenfalls in die Kategorie traditioneller, unter Einsatz internationaler Kooperation aber weiterentwickelter Bankleistungen gehören die Abwicklung des internationalen Zahlungsverkehrs und die weitere Entfaltung bestimmter Techniken der Außenhandelsfinanzierung.
Als Folge der Kooperation kann der internationale Zahlungsverkehr wesentlich schneller und effizienter abgewickelt werden, als das vorher möglich gewesen ist. Eine wesentliche Ursache hierfür besteht darin, daß jedes Mitglied eines Kooperations-Clubs über einen direkten Zugang zu einem dichten, weltweiten Zahlungsverkehrsnetz verfügt und damit in die Lage versetzt wird, Transaktionen in den wichtigsten Währungen durch relativ einfache und schnelle organisationsinterne Verrechnung durchzuführen[2]. Seit 1977 wird der weltweite Zahlungsverkehr zusätzlich durch ein internationales real-time-Übertragungssystem (international money transmission service) beschleunigt, welches von der Society for Worldwide Interbank Financial Telecommunication (SWIFT) getragen wird[3].
Ebenfalls zu den typischen Aktivitäten kooperierender Banken bzw. der von ihnen kontrollierten Finanzierungsgesellschaften gehört es, sog. "special financing services" im Rahmen umfang- und risikoreicher Exportfinanzierungen bereitzu-

---

1) Vgl. Glow (1972), S. 434 ff., Einzig (1973 b).

2) Vgl. Ulrich (1974), S. 70, Europas Banken rücken zusammen (1972), S. 15 und "Multinationale Bankpolitik mit europäischen Akzenten" (1973), S. 2.

3) Vgl. Marti (1976), S. 16, Deutsche Bank (1976), S. 34 und "Swift: neues Zeitalter im internationalen Zahlungsverkehr (1977), S. 10 ff.

stellen. Finanzierungen dieser Art bestehen vor allem aus Leasing[1], Factoring[2] und Forfaitierung[3]. Es liegt auf der Hand, daß Finanzierungsgesellschaften mit einem ausgedehnten internationalen Eignerkreis, die sich auf das aggregierte Finanzpotential ihrer kooperierenden Gesellschafter stützen, Exportfinanzierungen durchführen können, deren Volumen bisher übliche Dimensionen sprengt[4].

Die internationale Kooperation ermöglicht es den Banken zudem, umfangreicheres "know how" in Form von Standort-, Fusions- und Beteiligungsberatung, Investment-Research, international ausgerichteten Finanzanalysen sowie Wirtschafts- und Börsenberichten anzubieten[5].

1.4.2. Die Entwicklung neuartiger Finanzierungstechniken

In Form interner Kreditvereinbarungen zwischen den Mitgliedern der Kooperations-Clubs und in Form eines hochentwickelten internationalen Kassenmanagements (international cash management) sind neuartige Finanztechniken entstanden, die intensive internationale Zusammenarbeit zwischen den Banken

---

1) Vgl. Sippel (1973), S. 1 f. und Westdeutsche Landesbank (o.J. a).

2) Vgl. Handbuch der Exportfinanzierung (1976), S. 20 f. und Factoring (1974), S. 43 ff.

3) Vgl. Handbuch der Exportfinanzierung (1976), S. 56 ff.

4) Vgl. Brestel (1975), S. 13.

5) Vgl. Blohmeyer (1976), S. 16 "Eurofinance leuchtet ins Dunkel europäischer Bilanzen" (1971), S. 6 und Schuster (1975), S. 41.

voraussetzen[1].

In kooperationsinternen Abkommen räumen sich die Vertragspartner gegenseitig Kreditlinien (drawing rights) ein, über die sie jederzeit selbstverantwortlich verfügen können. Die Kreditsicherung besteht allein in der Garantie der auftraggebenden Bank. Die Verzinsung entspricht dabei der "finest prevailing rate", d. h. dem Zins für erste Adressen am jeweiligen Platz[2]. Zielgruppe für diese Kreditprogramme sind besonders ausländische Tochterunternehmen kleiner und mittlerer inländischer Firmen, die im Ausland selbst nur begrenzt kreditfähig sind. Bisher bestehen das "TransCredit-Programm" der Europartners-Gruppe[3] und das "EbiCredit-Programm" der EBIC-Gruppe[4].

Internationales Kassenmanagement für multinationale Unternehmen ist ebenfalls ein neues Aktivitätsfeld kooperierender Banken, das schnell an Bedeutung gewinnt. Die finanziellen Ressourcen multinationaler Unternehmen sind über die ganze Welt verstreut, ihre Eigen- und Fremdmittel werden in verschiedenen Ländern und Währungen unterhalten und sind folglich Kapitalverkehrsrestriktionen und Währungseinflüssen ausgesetzt[5]. Angesichts dieses Umstandes bemühen sich zu-

---

1) Ebenfalls neuartige, jedoch nur langfristig und indirekt angebotswirksame Aktivitäten kooperierender Banken bestehen in der Synchronisation der Marketing-Strategien und der Schaffung gemeinsamer Ausbildungsprogramme. Im Zusammenhang mit letzterem ist insbesondere das Internationale Bankeninstitut (IBIN) der ABECOR-Gruppe in Bad Homburg zusehen.
Vgl. Dresdner Bank (1976), S. 56.

2) Vgl. Kutscher (1971), S. 11, Treichl (1973), S. 379 und Schuster (1975), S. 41.

3) Vgl. Europartners (1973), S. 7.

4) Vgl. EBIC (1973), S. 3.

5) Vgl. Waterman (1976), S. 392 ff.

nehmend mehr Konzerne, unter Einschaltung international aktiver Banken die internen Liquiditätsströme effizient zu kontrollieren und zu steuern. Ziel dieser Maßnahmen ist es, die Haltung liquider Mittel zu optimieren, Kreditlinien effizient zu nutzen, Zinserträge zwischenzeitlich angelegter Kassenbestände zu maximieren und Wechselkursrisiken zu minimieren, um auf diese Weise Kosten zu sparen oder zusätzliche Erträge zu erwirtschaften[1].
Im weiteren Verlauf der Arbeit wird deutlich werden, warum gerade international kooperierende Banken prädestiniert sind, sich im Rahmen dieser neuen Aktivitäten, die gleichzeitig Dienstleistungs- und Finanzierungscharakter aufweisen, in das internationale Kassenmanagement multinationaler Konzerne einzuschalten, es auszubauen und zu perfektionieren.

1.5. Standorte

Standorte der Managementgesellschaften der Kooperations-Clubs und der multinationalen Konsortialbanken sind die Zentren der Eurogeld- und -kapitalmärkte, London, Luxemburg, Brüssel und Paris. Domizile spezialisierter Kooperationsunternehmen sind für das Amerikageschäft vor allem New York und für das Asiengeschäft (Pacific Basin) Singapur, Tokio und Sydney.

---

1) Vgl. Wündisch (1973), S. 43 ff., Money Crises and the Operations of Multinational Firms (1974), S. 82 ff. und Junne (1976), S. 42 f.

2. DIE PORTEFEUILLE-THEORETISCHE ERKLÄRUNG VON ENTWICKLUNG UND WIRKUNGSRICHTUNG INTERNATIONALER BANKENKOOPERATION

2.1. Motive für die Durchsetzung von Innovationen im Finanzsektor

Die Realisierung technischen Fortschrittes ist eine wesentliche Determinante ökonomischer Entwicklungsprozesse. Das gilt für den realen, in geringerem Ausmaß aber auch für den finanziellen Sektor einer Volkswirtschaft[1]. Schwerpunkte des Innovationsprozesses im Finanzsektor sind seit jeher die Steigerung der Effizienz des volkswirtschaftlichen Zahlungsmechanismus[2] und die Aufspaltung des Spar-Investierungsprozesses in die spezialisierten Funktionen des Sparens, des Investierens und des Vermittelns finanzieller Forderungen zwischen sparenden Überschuß- und investierenden Defiziteinheiten[3].

In kapitalistischen Wirtschaften stellt die Möglichkeit, Gewinne zu erzielen, den wesentlichen Anreiz dar, neue Produktions- bzw. Finanzierungstechniken zu suchen und durchzusetzen[4]. So hat insbesondere die Chance auf zumindest teilweise Aneignung des staatlichen Monopolgewinns der Geldproduktion, der Seignorage, private Notenemissionsinstitute und Banken dazu veranlaßt, den volkswirtschaftlichen Zahlungsmechanismus weiterzuentwickeln und zu vervollkomm-

---

1) Vgl. Minsky (1967), S. 52 f., Kelley, Williamson, Cheetham (1972), S. 235 ff. und Cameron (1972), S. 5 f.

2) Vgl. Stucken (1949), S. 3 ff.

3) Vgl. Gurley, Shaw (1955), S. 518 f., Furness (1972), S. 132 ff. und Silber (1975), S. 56 ff.

4) Vgl. Schumpeter (1964), S. 110 ff.

nen[1]. Ebenso hat die Bereitschaft von Sparern und Investoren, den Finanzunternehmen für ihre Leistungen eine Marge zwischen der Grenzproduktivität des Realkapitals beim Investor und der Verzinsung des Finanzkapitals beim Sparer zuzugestehen, einen starken Anreiz geschaffen, die Effizienz des Vermittlungsprozesses finanzieller Forderungen zu steigern. Diese Leistungen der Finanzunternehmen bestehen im Angebot an neuartigen Anlage- und Verschuldungsmöglichkeiten sowie zusätzlichen Dienstleistungen, welche die Präferenzen der Wirtschaftssubjekte besser befriedigen als bisher.

Diese Aussagen treffen in gleichem Maße für die internationale wie für die nationale Finanzsphäre zu; denn in der Teilhabe an der Seignorage aus der Schaffung international verwendbaren Geldes[2] liegt ebenso ein Antrieb, technologischen Fortschritt durchzusetzen, wie in der Chance, aus der Steigerung der Effizienz internationaler Vermittlung finanzieller Aktiva und Passiva zusätzliche Erträge zu erzielen[3].

Gerade im Bereich der internationalen Finanzsphäre existieren jedoch speziell für Banken neben den schon erwähnten Innovationsimpulsen weitere sehr starke "Anreize", um technisches und organisatorisches Wissen auszuweiten und in der Praxis anzuwenden. Diese bestehen in Zusatzgewinnen aus der

---

1) Vgl. Stucken (1949), S. 10 ff. und Williamson (1973), S. 723 f. Im Fall monopolistischer Geldemission kann sich der Emittent die Seignorage vollständig aneignen, wie es z. B. mittelalterliche Fürsten taten. Erfolgt die Produktion von Geld jedoch unter Konkurrenz zwischen den Emittenten, dann müssen diese einen Teil der Seignorage an die Erwerber des von ihnen produzierten Geldes weitergeben.

2) Vgl. Swoboda (1968), S. 11 f. und Grubel (1969), S. 269.

3) Vgl. Liepmann (1971), S. 61 f.

Überwindung und Einebnung von Datenunterschieden zwischen verschiedenen Finanzmärkten[1]. In einer durch vollkommene Konkurrenz gekennzeichneten integrierten Welt gäbe es diese Anreize nicht. Gerade unvollkommener Wettbewerb, unterschiedliche Niveaus der Finanztechnologie sowie differierende Versuche kontrollierender und steuernder Einflußnahme seitens nationaler Behörden veranlassen Banken, neue Finanztechnologien zu entwickeln und durchzusetzen, um auf diese Weise zusätzliche Erträge zu erzielen[2].
Auch das Phänomen internationaler Bankenkooperation kann als finanzielle Innovation interpretiert werden, deren Durchsetzung auf die erwähnten Ursachen zurückführbar ist. Um diese Aussage zu belegen, wird im weiteren Verlauf dieses zweiten Kapitels zunächst die portefeuille-theoretische Begründung für eine zunehmende Internationalisierung der Finanzsphäre dargestellt; denn diese Internationalisierung muß als wichtige Voraussetzung und Wegbereitung enger internationaler Beziehungen zwischen Banken aufgefaßt werden. Anschließend wird internationale Bankenkooperation als effiziente Methode zur Anpassung an veränderte ökonomische Einflußfaktoren und damit als weitere Ausprägung des oben skiz-

---

1) Vgl. Liedschulte (1975), S. 70 ff.
Diese Aussagen gelten wie für den Finanz- so auch für den Produktionssektor einer Volkswirtschaft. In der Theorie multinationaler Unternehmen z. B. wird deren Existenz vor allem auf Unvollkommenheiten des Wettbewerbs, Produktdifferenzierungen und Handelsbeschränkungen zurückgeführt. Vgl. Dunning (1970), S. 19 ff.

2) Dieser Tatbestand wird von Liedschulte (1975), S. 122 folgendermaßen beschrieben: "Der Anpassungsfähigkeit der Banken und dem Einsatz ihrer Gestaltungsmöglichkeiten obliegt es, sich unter den gegebenen Voraussetzungen an die verschiedenen Einflußfaktoren möglichst vorteilhaft anzupassen, d. h. die Hemmnisse zu verringern und die Antriebskräfte zur Entfaltung zu bringen und zu nutzen."

zierten Innovationsprozesses beschrieben. Zum Abschluß wird die Richtung der durch internationale Kooperation eingeleiteten Innovation in der internationalen Finanzsphäre bezüglich ihrer Auswirkungen auf die Portefeuille-Entscheidungen der Wirtschaftssubjekte aufgezeigt.

2.2. Die Entwicklung internationaler Bankenkooperation aus der Sicht der Portefeuille-Theorie

2.2.1. Die finanztechnische Reaktion auf die Rolle des US-Dollar als zentrale internationale Transaktionswährung im Bretton Woods-System

Im folgenden soll gezeigt werden, daß es unter bestimmten Bedingungen vorteilhaft ist, die Kassenhaltung für den internationalen Zahlungsverkehr auf nur eine Währung zu beschränken; des weiteren, daß unter den Bedingungen des Währungssystems von Bretton Woods allein der US-Dollar dieser Rolle als zentraler Transaktionswährung gerecht wird; und abschließend, daß sich der Eurodollarmarkt - als Innovation in der Finanzsphäre - auf die Überschußnachfrage nach Aktiva und Passiva in dieser zentralen Transaktionswährung zurückführen läßt.

Auf der Grundlage der von Baumol und Tobin entwickelten Vorstellungen[1)] kommt die Geldnachfragetheorie zu dem bekannten Ergebnis, daß der optimale Umfang der Transaktionskasse nur unterproportional mit dem abzuwickelnden Transaktionsvolumen wächst und folglich Skalenerträge der Kassenhaltung existie-

1) Vgl. Baumol (1952), S. 545 ff. und Tobin (1956), S. 241 ff.

ren[1]. Diesen Ansatz haben Swoboda und Liepmann[2] auf das Problem der Kassenhaltung für den internationalen Zahlungsverkehr übertragen. Sie kommen dabei zu dem Ergebnis, daß Skalenerträge der Kassenhaltung entstünden, wenn die Zahl der benutzten Transaktionswährungen vermindert würde. Diese Skalenerträge seien c.p. umso höher, je weniger Transaktionswährungen die Kasse enthalte. Dieser Gedankengang führt beide Autoren zu der Schlußfolgerung, unter den Bedingungen des Bretton Woods-Systems habe die Konzentration der Kassenhaltung auf eine einzige Währung, nämlich den US-Dollar, die optimale Lösung des Kassenhaltungsproblems dargestellt[3]. Würde nämlich die gesamte Transaktionskasse M_T in Form von Teilkassen M_T^i für jede der n Transaktionswährungen gehalten, so geschähe dies für jede Teilkasse entsprechend der im Anhang 2.2.4.1. abgeleiteten Optimalitätsbedingung. Würden die Teilkassen jedoch in einer einzigen, nur mehr aus einer Währung bestehenden Kasse zentralisiert, dann läge deren Umfang unter demjenigen der Summe der Teilkassen und erlaubte somit die Realisierung von Skalenerträgen. Diese wären umso größer, je mehr Währungen ursprünglich zu Zwecken der Transaktion und damit auch der Kassenhaltung verwendet worden seien. Mögliche Skalenerträge sind folglich nach Swoboda und Liepmann

---

1) Vgl. Brunner, Meltzer (1967), S.422 ff. Einen Überblick über diesbezügliche Ansätze der Geldnachfragetheorie findet man bei Kracht (1975, S. 79 ff.). Da das obige Resultat inzwischen zu einem weithin akzeptierten Bestandteil der herrschenden Geldnachfragetheorie geworden ist, wird die mathematische Ableitung lediglich vollständigkeitshalber im Exkurs 2.2.4.1. am Ende des Abschnittes 2.2. dargestellt. Die Wiedergabe folgt im wesentlichen derjenigen bei Liepmann (1971, S. 64 ff.)

2) Vgl. Swoboda (1968), S. 39 f. und Liepmann (1971), S. 71 f.

3) Die Ableitung dieses Ergebnisses wird in Anlehnung an Swoboda (1968, S. 39 f.) im Anhang 2.2.4.2. dargestellt.

unter den Bedingungen des Bretton Woods-Systems der zentrale Beweggrund, die Kassenhaltung im internationalen Zahlungsverkehr auf den US-Dollar zu konzentrieren.

Skalenerträge der Kassenhaltung allein sind allerdings noch keine hinreichende Begründung für die tatsächliche Konzentration der Kasse auf eine einzige Währung, da die Entscheidungen über die Währungsstruktur der Transaktionsmittelbestände auf einer Abwägung von Erträgen, Kosten und typischen Risiken beruhen. Deshalb lassen sich die Bestimmungsgründe für die Währungsstruktur der Transaktionskasse international aktiver Wirtschaftssubjekte umfassender mit Hilfe eines Portfolio-Ansatzes ableiten, da dieser alle wesentlichen Entscheidungsdeterminanten berücksichtigt[1].

Um die Untersuchung vorerst auf die Transaktionskomponente der Portefeuilles beschränken zu können, ist es zweckmäßig, in Anlehnung an Tobins Separationstheorem von einer stufenweisen Nutzenmaximierung der Wirtschaftssubjekte auszugehen[2]. Diese mögen in ihren Entscheidungen den Verästelungen

1) Die folgenden Grundannahmen der Portfolio-Theorie werden auch hier unterstellt:
   1. Rationales Verhalten; das Bernoulli-Prinzip gilt.
   2. Erträge werden positiv, Risiken negativ bewertet (Nutzenfunktion).
   3. Erträge werden durch ihren Erwartungswert beschrieben (Ertragsfunktion).
   4. Als Ausdruck für das Risiko dient die Varianz der Erträge.

   Vgl. Francis, Archer (1971), S. 7 und Steinbach, Fromm (1973), S. 1 ff.

2) Vgl. Tobin (1958), S. 84 und Visser (1974), S. 101.

des in Abbildung 3 dargestellten Entscheidungsbaumes folgen.

Abbildung 3

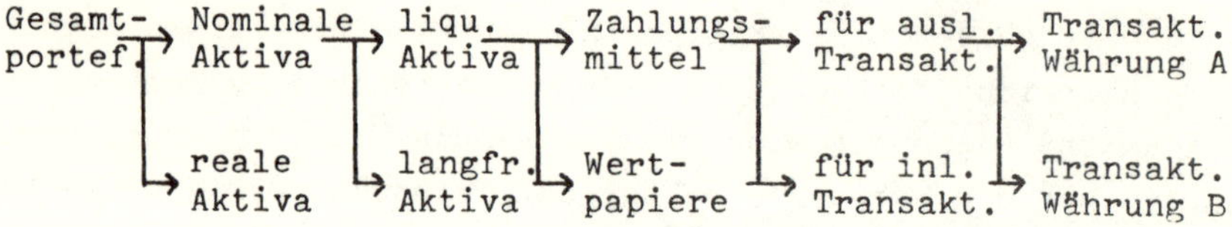

Die Wirtschaftssubjekte unterteilen ihr Gesamtportefeuille also in immer feiner untergliederte Anlagearten. Dabei soll gelten, daß die jeweilige Aufteilung auf zwei Alternativen von dem Ergebnis derjenigen Entscheidung, die innerhalb dieses Stufensystems zuvor getroffen wurde, unabhängig ist. Es wird also unterstellt, daß die Entscheidungen auf den vorhergehenden Stufen des Schemas getroffen sind und unabhängig von diesen nur das Problem der optimalen Währungsstruktur des Transaktionsmittelbestandes zu lösen ist.

Wird die Kassenhaltung für den internationalen Zahlungsverkehr zentralisiert, so entstehen neben Skalenerträgen auch zusätzliche Kosten als Folge von Transaktionen, die für diese Währungsstruktur der Kasse typisch sind. Abbildung 4 zeigt einen schematisierten Transaktionsablauf in einer zentralisierten Kasse. Zahlungen gehen in verschiedenen Währungen ein. Handelt es sich nicht um die zentrale Transaktionswährung (ZTW), dann wird in diese Währung konvertiert. Nicht genutzte Kassenmittel werden zwischenzeitlich in ZTW-Aktiva angelegt. Zahlungsverpflichtungen fallen ebenfalls in verschiedenen Währungen an. Deshalb müssen Teile der ZTW-Kasse zum Zahlungstermin in die benötigten Währungen umgetauscht werden. Um Wechselkursrisiken zu vermeiden, werden empfangene Währungen deshalb termingesichert, soweit das möglich ist. Zusätzlich zu den fixen und variablen Kosten der Konversion von Zahlungsmitteln in liquide Aktiva und umgekehrt entstehen folglich im Rahmen zentralisierter Kassenhaltung noch

Kosten des Währungsumtausches und der Kurssicherung.

Abbildung 4 Schematisierter Transaktionsablauf in einer zentralisierten Kasse

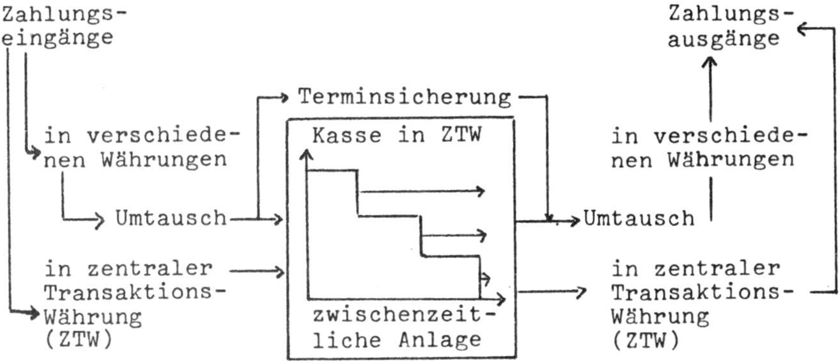

Risiken, denen international aktive Wirtschaftssubjekte ausgesetzt sind, erwachsen teils aus der Gefahr, Teile der vorübergehend in der internationalen Transaktionswährung angelegten Transaktionsmittel überhaupt nicht, nicht in vollem Umfang oder nicht rechtzeitig zurückzubekommen, weil der Schuldner zahlungsunfähig wird. Risiken dieser Art werden in der folgenden Argumentation nicht berücksichtigt, obwohl sie für praktische Entscheidungen bisweilen ausschlaggebend sein können. Ein Grund für dieses Vorgehen besteht darin, daß diese Risiken nicht nur bei zentralisierter, sondern ebenso bei diversifizierter Kassenhaltung auftreten; im letzteren Fall sogar gehäuft, da die Zahl der Transaktoren, der Währungen und der Geschäftspartner zunimmt und somit die Risiken weniger sicher zu beurteilen sind. Ein anderer Grund für dieses Vorgehen ist darin zu sehen, daß für den Gang der folgenden Argumentation Wechselkurs- und Transferrisiken wichtiger sind als Risiken der beschriebenen Art, da sie in viel stärkerem Ausmaß die Organisationsform und den jeweiligen Zustand des internationalen Währungssystems reflektieren.

Wechselkursrisiken entstehen durch die Möglichkeit unerwarteter Kursschwankungen, die bei fixen Wechselkursen in Form von Paritätsänderungen oder auch nur Kursbewegungen innerhalb der Bandbreiten, bei flexiblen Wechselkursen ohne Begrenzung durch Bandbreiten auftreten. Transferrisiken erwachsen aus der Möglichkeit, daß nationale Währungsbehörden unerwartet den Transfer von Aktiva zwischen verschiedenen Währungen einschränken oder verbieten[1]. Beide Risiken sind bei zentralisierter Kasse größer als bei diversifizierter Kassenhaltung; denn erstere setzt, wie Abbildung 4 verdeutlicht, Umtausch- und Sicherungstransaktionen für einen großen Teil der liquiden Mittel voraus, während Transaktionen dieser Art im Rahmen diversifizierter Kassenhaltung nur als Folge ungeplanter Divergenzen im Strom der Ein- und Auszahlungen notwendig sind.
Findet nun in der Realität eine tatsächliche Konzentration der Kassenhaltung auf eine bestimmte Währung statt, wie es bezüglich des US-Dollar in der Vergangenheit der Fall war, dann wurden offensichtlich die erzielbaren Skalenerträge vergleichsweise höher eingeschätzt als spezifische Kosten und Risiken. In der Literatur wird dieser Vorgang mit der Leitwährungsfunktion des Dollar[2] im Rahmen des Bretton

---

1) Zur Beschreibung und Klassifizierung von Risiken im internationalen Zahlungs-, Kredit- und Kapitalverkehr vgl. Schmidt-Wilke (1970), S. 4 ff., Waechtershäuser (1971), S. 70 ff. und Backes (1977), S. 19 ff.

2) Zu Begriff und Funktion der Leitwährung vgl. Issing (1965). Zu den Eigenschaften, die eine internationale Transaktionswährung aufweisen muß, vgl. Cohen (1971), S. 23 ff. und Weingartz (1975), S. 81 ff.
Zur Darstellung der Entwicklung des US-Dollar zur internationalen Transaktionswährung vgl. Möller (1972), S. 22 ff. und Machlup (1971 a), S. 156.

Woods-Systems erklärt. Diese habe es als sicherer in Hinblick auf mögliche Paritätsänderungen und billiger in Hinblick auf die Kosten der Kurssicherung erscheinen lassen, Kasse in Dollar statt in anderen Währungen zu halten, zumal dann, wenn man neben den reinen Kurssicherungskosten in Form des Swapsatzes auch noch Transaktions- und Informationskosten berücksichtige; denn die Märkte für Dollardevisen böten wegen ihrer Größe und Tiefe die Möglichkeit, Geschäftspartner leichter und damit zu niedrigeren Kosten zu finden[1]. Dieser Vorteil sei durch das vergleichsweise große Vertrauen in die Realwertsicherheit des US-Dollar[2] zusätzlich durch den raschen Ausbau des internationalen Zweigstellennetzes der US-Großbanken verstärkt worden[3].
Diese Einflüsse auf die Währungsstruktur der Kasse international aktiver Wirtschaftssubjekte sollen mit Hilfe des in Abbildung 5 dargestellten Portfolio-Modells verdeutlicht werden. Das Modell ist für zwei Transaktionswährungen, den US-Dollar und eine beliebige andere Währung entwickelt. Diese Vereinfachung ist durch den komparativen Vorteil des Dollar gegenüber jeder anderen Währung im Rahmen des Bretton Woods-Systems gerechtfertigt.

---

1) Vgl. Swoboda (1968), S. 10 f., Liepmann (1971), S. 73 f. und Brandes (1968), Anmerkungen 1 und 2 auf S. 87. In der Theorie der Vorsichtskassenhaltung wird unterstellt, daß der optimale Umfang der Vorsichtskasse sich positiv mit der durchschnittlichen Höhe des erwarteten Ausgabestromes, der Einschätzung des Liquiditätsrisikos und der Verzinsung der Reserven, negativ mit dem Bestand an geldnahen Forderungen sowie dem Liquiditätsgrad der liquiden Aktiva entwickelt. Die Berücksichtigung von Unsicherheit verstärkt somit c.p. die Tendenz zur Dollarkasse, da der Liquiditätsgrad von Dollaraktiva vergleichsweise hoch ist und deshalb eine geringere Vorsichtskassenhaltung zuläßt. Vgl. Tsiang (1969), S. 99 ff.

2) Vgl. Liepmann (1971), S. 73 und Möller (1972), S. 23.

3) Vgl. Money Crises and the Operations of Multinational Firms (1973), S. 78 ff.

Abbildung 5

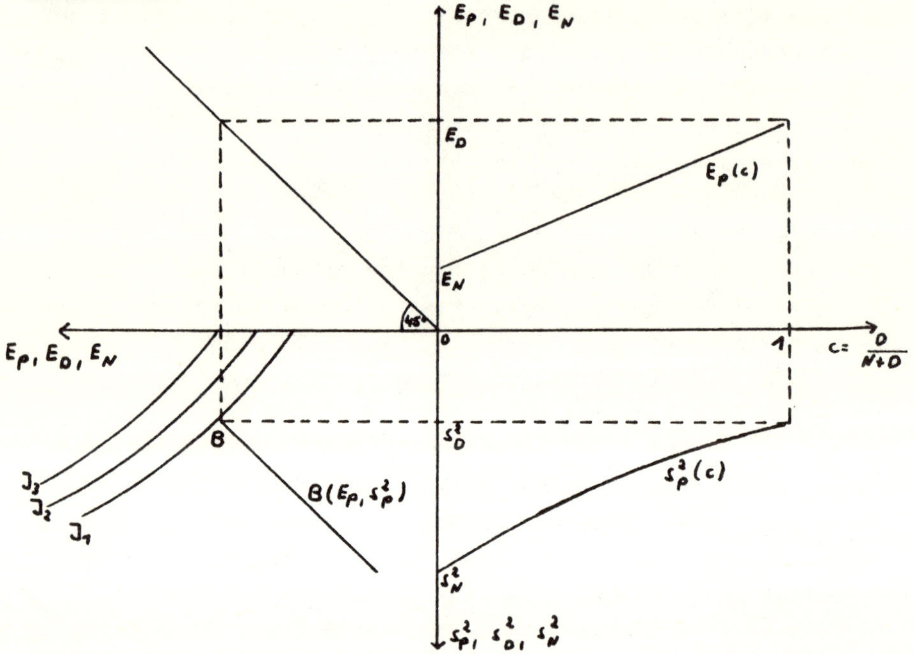

Die Gerade $E_p(c)$ im ersten Quadranten gibt die lineare Beziehung zwischen dem Erwartungswert der Erträge des gesamten Zahlungsmittel-Portefeuilles E_p und seiner Währungsstruktur wieder. Diese wird durch den Quotienten c beschrieben, der sich aus dem Dollaranteil D und der Gesamtkasse D + N zusammensetzt. N gibt dabei den Kassenanteil der nicht in Dollar gehaltenen Zahlungsmittel an. Ein c-Wert von 1 kennzeichnet dann eine auf den Dollar, ein c-Wert von 0 eine auf die alternative Währung konzentrierte Kasse. E_D steht für den Erwartungswert der Erträge einer allein in Dollar, E_N für denjenigen der Erträge einer gänzlich in der alternativen Währung gehaltenen Kasse.

Der Zusammenhang ist in Gleichung 1 wiedergegeben.

(1.) $$E_p = c\,(E_D - E_N) + E_N$$

Die Summe der erwarteten Kassenerträge besteht aus pekuniären und nichtpekuniären Bestandteilen[1]. Die Höhe der pekuniären Erträge wird von Zinseinnahmen positiv, Informations-, Transaktions- und Wechselkurssicherungskosten dagegen negativ beeinflußt. Die Kosten, die bei Transaktionen zum Zweck der Kurssicherung normalerweise anfallen, werden als negative Ertragsbestandteile und nicht als Risikomaß erfaßt, da sie bei internationalen Transaktionen üblicherweise anfallen, in der Mehrzahl der Fälle kalkulierbar sind und folglich nicht unerwartet auftreten. Nichtpekuniäre Erträge aus der Haltung von Zahlungsmitteln bzw. liquiden Aktiva in einer bestimmten Währung entstehen in dem Maße, in dem diese Währung die Funktion eines internationalen Zahlungsmittels erfüllt und in dem sie die Eigenschaft aufweist, wertsicher zu sein; denn in diesem Maße bietet sie den direkten Zugang zu einem internationalen Zahlungsverkehrsnetz und sowohl größere Nominal- als auch Realwertsicherheit jeweils im Verhältnis zu alternativen Aktiva in der gleichen und einer fremden Währung.
Unter den Bedingungen des Bretton Woods-Systems ist es bei Berücksichtigung aller erwähnten Ertragsbestandteile eines Zahlungsmittelportefeuilles plausibel anzunehmen, daß mit der Verwendung des US-Dollar als internationalem Zahlungsmittel in der Regel höhere Erträge und niedrigere Kosten

---

1) Vgl. Claassen (1970), S. 122 ff. und Perlman (1971), S. 251.

verbunden sind als beim Gebrauch anderer Währungen[1]. Somit ergibt sich die Schlußfolgerung, daß der internationale Zahlungsverkehr mit zunehmendem Dollaranteil vorteilhafter abgewickelt werden kann[2]. Dieser Zusammenhang findet seinen Ausdruck in der positiven Steigung der Geraden $E_p(c)$.

Die Varianz des Portefeuilleertrages s_p^2 dient als Bewertungsmaß für das Risiko, welches darin besteht, daß erwartete Erträge bzw. Kostensenkungen aus der Verwendung bestimmter Währungen überraschend nicht realisiert werden können. Die Varianz eines gemischten Portefeuilles ergibt sich als

$$(2.1.) \quad s_p^2 = (1 - c)^2 \, s_N^2 + c^2 \, s_D^2 + 2\,(1 - c)\, c \, s_{ND}$$

---

1) Dieser Vorteil des US-Dollar gegenüber anderen Währungen kann durch ausgeprägte Aufwertungserwartungen bezüglich einer anderen Währung jedoch auch unter den Bedingungen des Bretton Woods-Systems zumindest zeitweise aufgehoben werden. Da sich die Erwartungen in der Blütezeit dieses Währungssystems aber viel häufiger auf Ab- denn auf Aufwertungen der mit dem Dollar konkurrierenden Währungen richteten, wird die obige Annahme nicht wesentlich in ihrer Geltung eingeschränkt.

2) Die Vorteile einer Transaktionswährung werden durch die tatsächliche Konzentration der Kassenhaltung auf diese Währung vergrößert, da dieses Verhalten die Ausweitung der Märkte für diese Valuta unterstützt und somit zusätzliche Skalenerträge bzw. Kostensenkungen ermöglicht. Dieser Tatbestand müßte sich in einer mit zunehmendem Dollaranteil wachsenden Steigung der Ertragsgeraden ausdrücken. Auf die explizite Einführung dieser Annahme wird jedoch verzichtet, um die Untersuchung zu vereinfachen. Ein Verlust relevanter Informationen ergibt sich nicht.
Liepmann (1971, S. 75) weist in bezug auf den Eurodollarmarkt ausdrücklich auf eine Entwicklung der beschriebenen Art hin.

mit s_{ND} als Kovarianz der erwarteten Erträge[1]. Da s_{ND} als $z\ s_N\ s_D$ definiert ist, mit z als Korrelationskoeffizient zwischen E_N und E_D, kann s_p^2 auch in der folgenden Form geschrieben werden:

$$(2.2.) \quad s_p^2 = (1 - c)^2\ s_N^2 + c^2\ s_D^2 + 2\ (1 - c)\ c\ z\ s_N\ s_D$$

Die Varianz des Zahlungsmittelportefeuilles hängt somit von den Varianzen der alternativen Währungen, seiner Währungsstruktur und dem Korrelationskoeffizienten zwischen E_N und E_D ab.

Während der Blütezeit des Bretton Woods-Systems[2] war das Risiko, daß Dollar-Transaktionen Kapitalverkehrskontrollen bzw. Transferverboten ausgesetzt wurden, vergleichsweise gering. Doch selbst wenn man dieses Risiko als für alle Währungen gleich hoch einschätzt, verblieb immer noch das

---

1) Gleichung 2.1. fußt auf dem bei Markowitz (1967, S. 88 f.) dargestellten und abgeleiteten Theorem bezüglich der Varianz einer gewichteten Summe zweier Zufallsvariablen. Stellen demnach w und y ein Paar von Zufallsvariablen, R und T beliebige Zahlen und u die Zufallsvariable dar, für die immer gilt $u = Rw + Ty$, dann gilt ständig $var(u) = R^2 var(w) + T^2 var(y) + 2RTcov(w,y)$ mit $var(w)$ gleich Varianz von w und $cov(w,y)$ gleich Kovarianz zwischen w und y.

2) Möller (1972, S. 12 f.) unterscheidet die Entwicklungsphasen des Bretton Woods-Systems entsprechend folgendem Schema. Die erste, charakterisiert durch eine weitgehende Devisenbewirtschaftung, währte von 1945 bis etwa 1955. Die zweite, zwischen 1956 und 1965, wurde durch eine sehr weitgehende Außenhandelsfreiheit bei vergleichsweise unbedeutenden Kapitalbewegungen gekennzeichnet. Die letzte Phase seit 1966 wird durch eine starke Expansion des Handels und des Kapitalverkehrs aber auch der Währungskrisen und monetären Ungleichgewichte markiert. Die zweite Phase des Möller'schen Schemas beschreibt deshalb den Zustand des internationalen Währungssystems, der als Blütezeit des Bretton Woods-Systems bezeichnet wird.

Risiko, zeitweise Kurssicherungsnachfrage als Folge mangelnder Vollkommenheit der Terminmärkte für bestimmte Währungen nicht oder nur zu außergewöhnlichen Kosten befriedigen zu können[1]. Die Größe und das Organisationsniveau der Dollarmärkte ließ das Risiko für diese Währung als vergleichsweise gering erscheinen. Aus diesem Grund kann unterstellt werden, daß die Varianz einer Dollarkasse s_D^2 unter den Bedingungen des Bretton Woods-Systems geringer ist als die Varianz der Kasse in irgendeiner anderen Währung.

Die Krümmung der Risikofunktion, welche die jeweilige Portefeuille-Varianz in Abhängigkeit vom Diversifikationsgrad bei gegebenen Einzelvarianzen angibt, wird von der Stärke der Korrelation zwischen E_N und E_D bestimmt[2]. Die Korrelation gibt an, wie eng die Ertragsentwicklung der Portefeuillealternativen miteinander gekoppelt ist. Je stärker die Erträge korreliert sind, umso geringer ist die Krümmung der s_p^2 - Kurve, umso weniger Kombinationen der Anlagealternativen weisen eine Varianz auf, die unter derjenigen des günstigsten konzentrierten Portefeuilles liegt, und umso geringer ist folglich die mögliche Risikoverminderung durch Diversifikation[3]. Erfüllt der Korrelationskoeffizient z die in

---

1) Vgl. Lipfert (1967), S. 216 ff.

2) Vgl. Sharpe (1970), S. 47.

3) Der enge Zusammenhang zwischen dem Diversifikationsnutzen und der Korrelation der erwarteten Erträge wird von Levy, Sarnat (1972, S. 529) wie folgt formuliert: "The degree to which diversification can reduce risk depends on the correlations among security returns. ... The practical as well as theoretical importance of portfolio selection stems from the fact that while the observed security returns for any particular country are highly correlated, they are not perfectly correlated, which implies the reduction (but not the elimination) of risk through diversification."

Gleichung 3 angegebene Bedingung, dann ist die erste Ab-

(3) $$z > \frac{s_D}{s_N}$$

leitung der Risikofunktion s_p^2 nach c über den gesamten Definitionsbereich negativ, was bedeutet, daß die Risikofunktion im gesamten Bereich $0<c<1$ monoton fällt[1]. In diesem Fall kann das Portefeuillerisiko durch Diversifikation nicht gesenkt werden, so daß eine Konzentration der Kassenhaltung auf die ertragreichere und zugleich risikoärmere Währung in jedem Fall vorteilhaft ist.

Auf der Grundlage dieser Ausführungen sind Ertrags- und Risikovorteile des US-Dollar gegenüber anderen Währungen notwendige aber noch keine hinreichenden Bedingungen für die Zentralisierung der Kassenhaltung. Erst wenn zusätzlich eine hohe und positive Korrelation zwischen den Erträgen aus der Verwendung des Dollar bzw. einer alternativen Transaktionswährung vorherrscht, ist eine Konzentration der Kasse für den internationalen Zahlungsverkehr auf den US-Dollar in jedem Fall vorteilhaft. Gerade diese Annahme einer hohen, positiven Korrelation der Erträge aus der Verwendung des Dollar bzw. einer alternativen Transaktionswährung ist für die Blütezeit des Bretton Woods-Systems plausibel, da in dieser Zeit fixe Wechselkurse vorherrschten und alle anderen konvertiblen Währungen in einer engen Abhängigkeit vom Dollar standen. Aus diesem Grunde weist die Risikokurve s_p^2 in Abbildung 5 nur eine geringe Krümmung auf.

---

1) Zur Ableitung dieser Zusammenhänge vgl. den Anhang 2.2.4.3.

Der dritte Quadrant wird von einer Schar von Indifferenzkurven I_i überzogen, welche die Präferenzen der Wirtschaftssubjekte für verschiedene Kombinationen von Erwartungswert E_p und Varianz s_p^2 des Portefeuilleertrages wiedergeben. Das Nutzenniveau nimmt mit wachsender Entfernung von der s_p^2 - Achse zu. Es wird risikoscheues Verhalten unterstellt.

Die ebenfalls in diesem Quadranten eingezeichnete Funktion $B(E_p, s_p^2)$ entsteht, wenn die Funktionen $E_p(c)$ im ersten und $s_p^2(c)$ im zweiten Quadranten so zusammengefaßt werden, daß für jede Portefeuille-Mischung (also für jedes c) ein Punkt im E_p/s_p^2 - Feld im dritten Quadranten abgeleitet wird, der dann den jeweils erwarteten Ertrag und das damit verbundene Risiko angibt. Wird dies für jeden Wert von c getan, so erhält man die B-Kurve, die bei jeweils gegebenen Ertrags- und Risikofunktionen alle erreichbaren Ertrags- / Risikokombinationen wiedergibt. Der Berührungspunkt zwischen $B(E_p, s_p^2)$ und der höchsten Indifferenzkurve - in Abbildung 5 der Punkt B - markiert die nutzenoptimale E_p/s_p^2 - Kombination und damit auch die optimale Währungsstruktur des Zahlungsmittelportefeuilles. Ein rational handelndes Wirtschaftssubjekt wird also c.p. die Zusammensetzung seines Zahlungsmittelportefeuilles so lange verändern, bis es diese optimale Ertrags-Risikokombination realisieren kann. Erst dann ist sein Zahlungsmittelportefeuille im Gleichgewicht.

Es ist offensichtlich, daß dann, wenn die diskutierten Annahmen, nämlich Ertragsvorteil und Risikovorteil des Dollar sowie hohe Korrelation der Erträge, unterstellt werden, und folglich Abbildung 5 eine zutreffende Beschreibung der Verhältnisse gibt, allein der Punkt B auf $B(E_p, s_p^2)$ effizient ist; denn alle anderen Punkte sind durch ein höheres Risiko trotz niedrigerer Ertragserwartungen gekennzeichnet. In der Blütezeit des Bretton Woods-Systems, die durch Bedingungen charakterisiert war, wie sie in Abbildung 5 zum Ausdruck kommen, war es für rational handelnde Wirtschaftssubjekte folglich optimal, die Kassenhaltung für den internationalen Zahlungsverkehr auf eine Währung zu konzentrieren und für diesen Zweck den US-Dollar zu wählen.

Eine Konsequenz dieser Rolle des Dollar, die zentrale internationale Transaktionswährung zu sein, bestand darin, daß zusätzlich zur steigenden Nachfrage nach Dollar-Sichtdepositen sowohl die Nachfrage nach geldnahen Dollar-Aktiva zur zwischenzeitlichen Anlage von Kassenüberschüssen als auch die Nachfrage nach Dollar-Krediten[1] zur Finanzierung des Zahlungsverkehrs[2] absolut aber auch relativ zunahm. Die Tatsache, daß diese Nachfrage nicht, wie zu vermuten gewesen wäre, vollständig durch das US-Bankensystem befriedigt wurde, ist auf Kapazitätsengpässe auf den Märkten für Dollar-Aktiva und -Passiva zurückzuführen[3]. Als deren Ursachen werden in der Literatur zum einen wettbewerbsbeschränkende Regelungen der US-Bankengesetzgebung genannt, die monopolistische Verhaltensweisen gefördert hätten[4], zum anderen die starke Binnenorientiertheit des US-Bankensystems, welche internationale Finanzierungen lediglich als Zusatzgeschäfte zu den inländischen Aktivitäten habe erscheinen lassen[5]. In dieser

---

1) Kredite können, wie in der Portfolio-Theorie üblich (vgl. Wrightman 1971, S. 144), als Aktiva mit negativen Vorzeichen interpretiert und in diesem Sinn in das beschriebene Modell integriert werden.

2) Vgl. Einzig (1973 a), S. 35.

3) Vgl. Liepmann (1971), S. 103 ff.

4) Vgl. Brandes (1968), S. 91 und Martenson (1964), S. 13.

5) Vgl. Klopstock (1963), S. 342.
Brandes (1968, S. 95 ff.) weist darauf hin, daß speziell für außeramerikanische Banken die einseitige Ausrichtung des Geldhandels der USA auf den Handel mit Geldmarktpapieren eine gravierende Beschränkung darstellte.

Situation stellte die Schaffung und Ausweitung eines Marktes für Dollar-Aktiva und -Passiva außerhalb der Vereinigten Staaten eine technologische Neuerung in der Finanzsphäre dar. Diese wurde - wie schon erwähnt - durch die Absicht der Eurobanken induziert, auf diese Weise an der Seignorage des US-Bankensystems zu partizipieren sowie zusätzliche Erträge sowohl aus der Steigerung der Effizienz internationaler Forderungsvermittlung als auch der Überwindung von Restriktionsbarrieren zu erzielen.

2.2.2. Die finanztechnische Reaktion auf die Erosion des Bretton Woods-Systems

Die Überlegungen im vorhergehenden Abschnitt haben gezeigt, daß ein Nutzenkalkül auf der Basis von Ertrags- und Risikoüberlegungen unter den Bedingungen des Bretton Woods-Systems zu dem Ergebnis führt, daß es vorteilhaft ist, den US-Dollar als die zentrale Transaktionswährung im internationalen Zahlungsverkehr zu verwenden.
Diese Entscheidung war bei der zu dieser Zeit vorherrschenden Ertrags- / Risiko-Struktur vorteilhaft. Bei einem Wandel dieser Struktur - wie er seit der Erosion des Bretton Woods-Systems beobachtet werden kann - ist es jedoch möglich, daß sich die Nachfrage zugunsten einer anderen Währung verlagert.

Die allmähliche Erosion des Währungssystems von Bretton Woods wurde in einer wachsenden Zahl von Währungskrisen offenbar, deren die Regierungen Herr zu werden versuchten, indem sie die verschiedensten Spielarten von Kapitalverkehrskontrollen einführten[1]. Für Wirtschaftssubjekte, die den internationalen Zahlungsverkehr in Dollar abwickelten, war diese Entwicklung mit steigenden Transaktions-, Informations- und Wechselkurssicherungskosten sowie wachsenden Risiken verbunden, für die keine geeigneten und praktikablen Absicherungsmethoden existierten. Inzwischen war nämlich die Situation eingetreten, daß der US-Dollar seine Funktion als alleinige Leitwährung im internationalen Währungssystem weitgehend verloren hatte. Dieser Prozeß war durch einen allmählichen Schwund des Vertrauens in die Realwert-Sicherheit des US-Dollar eingeleitet worden und hatte seine formale Bestätigung in der einseitigen Aufhebung der Goldeinlösungsverpflichtung seitens der Vereinigten Staaten im August 1971 gefunden[2]. Im Verlaufe dieser Entwicklung entstand eine wachsende Unsicherheit über die Zukunft der Wechselkursrelationen, so daß die Nachfrage nach Möglichkeiten, die Wechselkurse abzusichern[3], in

---

1) "Erosion" wird hier als Beschreibung der dritten Entwicklungsphase des Bretton Woods-Systems im Möller'schen Schema verwendet (vgl. Anmerkung 2 auf S. 41). Zur Beschreibung der Entwicklung des Währungssystems in dieser Phase sowie zur Darstellung der verschiedenen Formen von Kapitalverkehrskontrollen vgl. Hirsch (1973), S. 50 ff., Horn (1976), S. 15 ff., Controls on Capital Flows (1972), S. 71 ff. und "Die Restriktionen im internationalen Zahlungsverkehr wichtiger Industriestaaten" (1973), S. 7 ff.

2) Vgl. Möller (1972), S. 25 ff.

3) Vgl. Wold (1976), S. 9.

gleichem Maße wuchs, wie deren Kosten stiegen[1]. Dieser Prozeß wurde noch dadurch unterstützt, daß die Erwartung zukünftiger Unsicherheit durch die größer werdenden Wechselkursausschläge verfestigt wurden[2]. Die zunehmende Nachfrage nach Kurssicherungsmöglichkeiten erhöhte das Risiko, Kurssicherungsbedarf in einzelnen Währungen zumindest zeitweise nicht oder nur zu außergewöhnlich hohen Kosten befriedigen zu können[3]. Doch auch bei Transaktionen in den wenigen

---

1) Vgl. Beyen (1973), S. 94 ff., Witteveen (1975), S. 49 ff. sowie "Die Kurssicherung scheitert meist an den hohen Kosten" (1976 c), S. 9.
Junne (1976, S. 130) erwähnt sogar eine Verzehnfachung der Kurssicherungskosten in den letzten zehn Jahren. Diese Beobachtung steht in einem gewissen Gegensatz zur Zinsparitätentheorie, nach der zumindest im Gleichgewicht die Kurssicherungskosten in Form des Swapsatzes und die Nettozinsdifferenz zwischen In- und Ausland gleich sind. Da der Theorie aber Annahmen wie Währungskonvertibilität, Flexibilität der Wechselkurse und völlige Freiheit des Kapitalverkehrs zugrundeliegen, ist es nicht verwunderlich, wenn Filc (1975, S. 72 f.) auf der Basis empirischer Untersuchungen feststellt, daß das Arbitrage-Gleichgewicht in der Realität nur selten erreicht wird. Bei Wechselkursspekulationen und starken Beschränkungen des kurzfristigen internationalen Kapitalverkehrs - typisch für die dritte Phase des Bretton Woods-Systems - bestehe sogar "... kein Zusammenhang mehr zwischen internationalen Zinsdifferenzen und Swapsätzen. Weder bestimmt die Zinsdifferenz den Swapsatz, noch der Swapsatz die Zinsdifferenz." Auch Mast (1972, S. 17) berichtet: "daß heute sowohl im Bereich der kurzfristigen internationalen Geldanlage als auch im kommerziellen Verkehr manches Geschäft an den Kurssicherungskosten scheitert oder zu scheitern droht."

2) Vgl. Richebächer (1974), S. 52 ff.

3) Vgl. Denk (1976), S. 57 und Benkhoff (1976 a), S. 4 vgl. auch "Die Kurssicherung scheitert meist an den hohen Kosten (1976 c), S. 9. Entsprechend der Definition des Portefeuille-Risikos erhöht nicht die Tatsache der steigenden Wechselkurssicherungskosten das Risiko, sondern nur die Möglichkeit, überraschend mehr als üblich für diesen Zweck bezahlen zu müssen bzw. gar keinen Partner für das Termingeschäft zu finden.

Währungen, für die entwickelte und leistungsfähige Terminmärkte bestanden und folglich Risiken der beschriebenen Art gering waren, stiegen die Kurssicherungs- ebenso wie die Transaktions- und Informationskosten. Das war insbesondere dann der Fall, wenn Sicherungsfristen von mehr als einem Jahr erforderlich waren; denn nur in den seltensten Fällen kamen auf den Terminmärkten Geschäfte für derart lange Fristen zustande. Aus diesem Grund bemühten sich die betroffenen Wirtschaftssubjekte um Fakturierung in ihrer eigenen Währung. War dies jedoch nicht möglich, so mußten beträchtlich kostspieligere Risikoausschluß-Techniken angewandt werden[1].

Als Kapitalverkehrskontrollen eingeführt wurden, verschlechterte sich die Kosten- und Risikosituation einer auf den Dollar konzentrierten Kasse weiter. Das galt selbst für den Fall, daß die Einführung von Kontrollen lediglich erwartet wurde; denn da die Zentralbanken mit Hilfe solcher administrativer Regelungen speziell die kurzfristigen Kapitalbewegungen in den Griff bekommen wollten[2], beeinflußten sie zwangsläufig die Modalitäten und den Umfang von Denominationsänderungen und von Geschäften zur Kurssicherung von Dollar-Aktiva. Die Auswirkungen solcher Maßnahmen lassen sich nach Kosten- und Mengeneffekten aufgliedern. Diese Trennung hat allerdings nur analytischen Wert, da beide Effekte in der Regel zugleich auftreten.

---

1) Vgl. Handbuch der Exportfinanzierung (1976), S. 56 ff. und 74 ff., Haefliger (1972), S. 14 f. sowie Abdeckung des Wechselkursrisikos (1975), S. 49 ff. Eine dieser Techniken, die üblicherweise von international aktiven Versicherungen angewandt werden, besteht in dem Versuch, grundsätzlich Aktiva und Passiva in einer Währung weitestgehend auszugleichen. Vgl. Bâloise - Aktuelle Probleme einer Versicherungsgruppe (1975), S. 14 f.

2) Vgl. Walter (1972), S. 154 ff. und Controls on Capital Flows (1972), S. 71 ff.

Verzinsungsverbote, Strafzinsen oder diskriminierende Mindestreserveforderungen auf Bestände bzw. Bestandszuwächse an Verbindlichkeiten inländischer Banken gegenüber Ausländern oder in ausländischer Währung verringerten die Attraktivität der betreffenden ausländischen Währungen. Da zudem vor allem die Mindestreserveregelungen auf kurzfristige Auslandsverbindlichkeiten beschränkt wurden, waren besonders solche Aktiva betroffen, die in irgendeiner Form Transaktionszwecken dienten[1]. In ähnlicher Weise wirkten Bardepot-Vorschriften, welche die Auslandsverschuldung von Nichtbanken mindestreserveähnlich belasteten[2]. Das galt aber auch dann, wenn diese Vorschriften zusätzlich auf Termingeschäfte ausgedehnt wurden, da auf diese Weise speziell Kurssicherungsgeschäfte verteuert wurden. Es gibt zudem Hinweise auf ein zusätzliches ständiges Bardepot-Risiko, welches darin besteht, daß (wie z. B. in der Bundesrepublik Deutschland möglich) auch eine rückwirkende Belastung durch ein Bardepot denkbar ist[3]. Als Folge höchst unterschiedlicher und zudem sehr komplizierter gesetzlicher Regelungen wurden darüber hinaus die Informationskosten internationaler Aktivitäten gesteigert[4]; ähnliches galt für die Transaktionskosten; denn wenn der ursprüngliche Transaktionszweck nicht aufgegeben wurde, entstanden sowohl bei Respektierung als auch bei Umgehung von Kapitalverkehrskontrollen kostspielige Transaktionsumwege.

---

1) Vgl. Trouvain (1973), S. 51.

2) Vgl. Zweig (1973), S. 143 ff.

3) Vgl. Trouvain (1973), S. 55.

4) Vgl. Trouvain (1973), S. 55.

Transferrestriktionen, Devisenanmeldevorschriften und die Zuteilung von Devisenkontingenten zielten darauf ab, das Volumen internationaler Finanztransaktionen direkt zu beeinflussen. Alle diese Restriktionen beschränkten oder verhinderten den Wechsel der Denomination von Teilen der Dollarkasse und ließen somit die jederzeitige Zahlungsfähigkeit in den erforderlichen Währungen als unsicher erscheinen. Das Resultat bestand in der Verminderung des Liquiditätsgrades der zentralisierten Dollarkasse. Maßnahmen, die mit der Absicht ergriffen wurden, nur die Auslandsposition der Geschäftsbanken zu steuern, wirkten zwar nicht so rigoros, erhöhten die Risiken jedoch nichtsdestoweniger. Wurde z. B. durch die Aufsichtsbehörde der tägliche Ausgleich von Fremdwährungsforderungen und -verbindlichkeiten verlangt, und waren die Termintransaktionen in diese Regelung einbezogen[1], dann waren die Banken gezwungen, sich auf die Vermittlung von Devisenkassa- und -termingeschäften zu beschränken. Kurssicherung konnte dann nur in der Größenordnung und der Währung stattfinden, in der Nichtbank-Partner gefunden wurden, so daß ungedeckte Teile einer auf den Dollar zentralisierten Kasse zu unfreiwilligen Spekulationsgeschäften wurden. Alle diese Begleiterscheinungen der Erosion des Bretton Woods-Systems ließen zusätzliche Kosten und neue nicht absicherbare Risiken entstehen und führten somit insgesamt zu einer wesentlichen Änderung der Daten, welche die Konzentration der Kassenhaltung im internationalen Zahlungs- und Kreditverkehr auf den Dollar gefördert hatten.

---

1) Vgl. Oetlinger (1975), S. 14.

Die so verursachten Modifikationen des Kassenhaltungskalküls, der im Abschnitt 2.2.1. dieses Kapitels entwickelt wurde, sind in Abbildung 6 veranschaulicht.

Abbildung 6

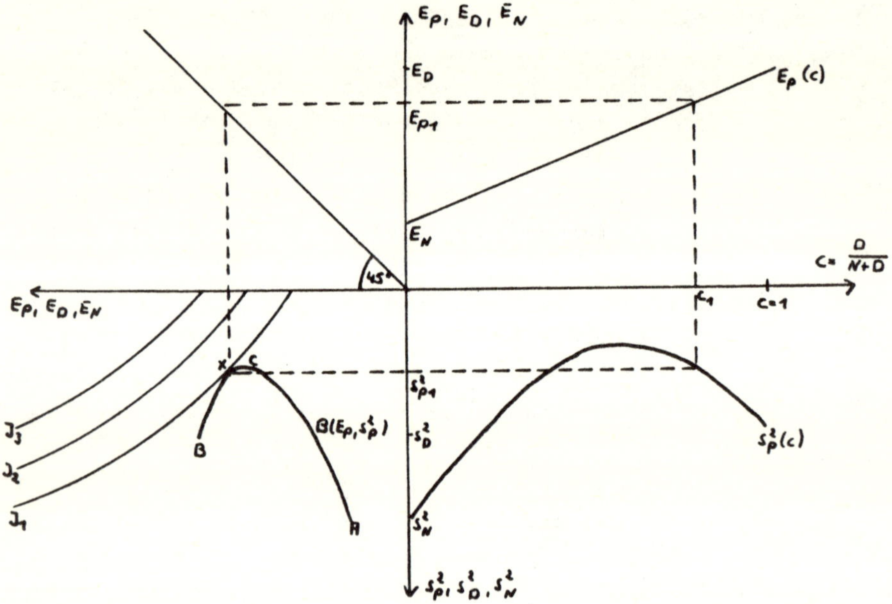

Die Abbildung der Funktion $E_p(c)$ im ersten Quadranten weist gegenüber derjenigen in Abbildung 5 trotz grundsätzlicher Übereinstimmung eine verringerte Steigung auf. Dies folgt aus der Annahme eines nach wie vor bestehenden - allerdings verringerten - Kostenvorteils des Dollar im internationalen Zahlungsverkehr gegenüber anderen Währungen. Ursächlich dafür ist die Möglichkeit, mittels des Dollar den Vorteil, den eine allgemein anerkannte Weltwährung bieten würde, wenigstens

teilweise zu nutzen[1]. In ähnlicher Weise wirkt sich das weltweite Zweigstellen-Netz aus, über das die großen amerikanischen Banken verfügen; denn dieses erlaubt es den Wirtschaftssubjekten, mit Hilfe von Dollar-Depositen ihren internationalen Zahlungsverkehr transaktionskostensparend abzuwickeln. Auch die Möglichkeit, über den Eurodollarmarkt[2] direkt an Kosten- bzw. Ertragsvorteilen zu partizipieren, trägt dazu bei, einen gewissen Kostenvorteil der Dollarkasse aufrecht zu erhalten.
Für die Funktion $s_p^2(c)$ im vierten Quadranten erwachsen aus der beschriebenen Entwicklung gravierendere Konsequenzen. Als Folge des gestiegenen Risikos einer zentralisierten Dollarkasse nimmt die ursprüngliche Risikodifferenz $(s_N^2 - s_D^2)$ zwischen den beiden nicht diversifizierten Porte-feuille-Alternativen ab. Gleichzeitig sinkt die Korrelation zwischen den beiden Ertragsgrößen E_N und E_D, weil sich wichtige andere Währungen unabhängiger vom Dollar entwickeln, nachdem dessen alleinige Leitwährungsfunktion aufgehoben worden ist und flexible Wechselkurse erst nur vereinzelt, dann aber verbreitet Anwendung gefunden haben[3]. Die Verminderung des Korrelationskoeffizienten läßt - wie im vorigen Abschnitt erläutert - die Krümmung der Risikokurve zunehmen. Eine wesentliche, im Anhang 2.2.4.3. am Ende dieses Abschnittes exakter abgeleitete Folgerung aus diesem Vorgang besteht darin, daß dann, wenn der Korrelationskoeffizient genügend

---

1) Zu diesen Vorteilen vgl. Cohen (1971), S. 13 und Mill (1894), S. 176.

2) Vgl. Liepmann (1971), S. 75 und S. 100.

3) Die flexiblen Wechselkurse wurden, obwohl sie von vielen Staaten schon seit einiger Zeit praktiziert wurden, erst Anfang 1976 in Art. IV, Abschnitt 2 des revidierten IMF-Abkommens offiziell legalisiert.
Vgl. Deutsche Bundesbank (1975 b), S. 66 f.

sinkt, das Risiko eines gemischten Portefeuilles ($c < 1$) selbst dasjenige des risikoärmsten zentralisierten Portefeuilles ($c = 1$) unterschreitet, so daß eine Diversifikation vorteilhaft wird. Somit erscheint ein Verlauf der Risikokurve wie er in Abbildung 6 unterstellt wird plausibel.

Die notwendigen Korrekturen an der B-Funktion im vierten Quadranten ergeben sich aus den aufgezeigten Änderungen der Ertrags- und der Risikofunktion. Aus der monoton fallenden Funktion in Abbildung 5 wird hier die stark gekrümmte Kurve ACB mit einem Extremwert in C. Alle Punkte auf dem Kurvenast BC sind effizient. Alle zwischen A und C sind ineffizient in dem Sinn, daß bei gleichen Risiken jeweils höhere Erträge möglich wären. Der Berührungspunkt X zwischen ACB und der Indifferenzkurve I_1 markiert die nutzenoptimale Portefeuille-Struktur c_1, bei unverändert gegebenen Präferenzen der Wirtschaftssubjekte. Diese Struktur ist durch den Ertrag E_{p1} und das Portefeuille-Risiko s^2_{p1} gekennzeichnet. Der Vorteil aus einer Diversifikation des Zahlungsmittelportefeuilles ergibt sich aus der Tatsache, daß das nutzenoptimale c kleiner 1 ist.

Damit wird deutlich, warum es sich im Zuge der währungspolitischen Entwicklung der sechziger Jahre für immer mehr Wirtschaftssubjekte, deren Entscheidung bezüglich der Transaktionswährung einem rationalen Kalkül unterlag, als vorteilhaft erwies, die Kasse für den internationalen Zahlungsverkehr auf mehrere Währungen zu verteilen, statt sie auf den Dollar zu konzentrieren[1]. Infolgedessen stieg die Nachfrage nach Sichtdepositen und analog dazu nach Finanzaktiva und Ver-

1) Vgl. Machlup (1971 a), S. 159 und Liepmann (1971), S. 107 sowie "A stab at the Future" (1973 b), S. 895 f.

schuldungsmöglichkeiten in verschiedenen wichtigen internationalen Transaktionswährungen[1]. Die Entwicklung von Märkten zur Befriedigung dieser Nachfrage außerhalb des Restriktionsbereiches der betroffenen nationalen Zentralbanken in Form der sog. Eurowährungsmärkte[2] stellte eine weitere technologische Neuerung in der internationalen Finanzsphäre dar. Ihre Durchsetzung verdankt sie den gleichen "incentives", die schon den Eurodollarmarkt entstehen ließen.

2.2.3. Internationale Bankenkooperation als Reaktion auf die Nachfrage nach Möglichkeiten zur internationalen Portefeuille-Diversifikation

Die optimale Währungsstruktur von Transaktionsmittelportefeuilles läßt sich der bisherigen Untersuchung folgend als Funktion verschiedener Ertrags-, Kosten- und Risikofaktoren darstellen. Diese haben - wie ausführlich gezeigt - während der Erosion und nach der Auflösung des Bretton Woods-Systems solche Werte angenommen, daß die Diversifikation der Währungsstruktur generell als vorteilhaft erschien. Da die währungspolitische Situation seit dieser Zeit durch vergleichsweise häufige Änderungen der Strukturdeterminanten gekennzeichnet ist, können darüber hinaus selbst kurzfristige Anpassungen der Währungsstruktur zu einer erfolgreichen Strategie der Risiko- und Kostenminderung werden. Aus diesem Grund erwarten speziell multinationale Unternehmen von ihren Banken sichere und kostengünstige Möglichkeiten, die Währungsstruktur der Transaktionsmittel-Portefeuilles schnell an

1) Den Schwerpunkt bildeten DM, sFr, hfl. Eine gewisse, jedoch als Folge von Abwertungsrisiken und Kapitalverkehrskontrollen abnehmende Bedeutung behielten das englische Pfund und der französische Franc. Vgl. Schreiber (1976), S. 727.

2) Vgl. Brandes (1968), S. 52 ff. und Einzig (1973 a), S. 124 ff.

veränderte Daten anpassen zu können[1]. Da sich die Portefeuilles aus sofort verfügbaren und vorübergehend angelegten Transaktionsmitteln zusammensetzen, richtet sich das Anpassungsstreben international agierender Wirtschaftssubjekte darauf, die Währungsstruktur von Sichtdepositen ebenso wie die Währungs- und Fristenstruktur von liquiden Aktiva unabhängig von devisenrechtlichen oder wirtschaftspolitischen Eingriffen einzelner Länder variieren zu können[2]. Da es zudem üblich ist, internationale Transaktionen zu einem großen Teil auf Kreditbasis zu finanzieren, umfaßt diese neu entstandene Nachfrage auch Kredite mit variablen Fristen in allen wichtigen Transaktionswährungen[3].

Ebenso wie letztlich die Existenz von Kosten die Zentralisierung der Kassenhaltung auf eine Währung begünstigt, fördert die Existenz von Fixkosten pro Bankbeziehung eine grundlegende Tendenz zur Konzentration der Transaktions-, Kredit- und Dienstleistungsnachfrage auf möglichst wenige Banken. In der gleichen Weise, wie die Beschränkungen des internationalen Kapitalverkehrs die Diversifikation der Währungsstruktur unterstützen, tragen sie auch zu einer Auffächerung der Bankbeziehungen bei. In der Realität läßt sich dieser Prozeß in Form einer teilweisen Geschäftsverlagerung auf ausländische Banken beobachten[4]. Eine solche Entwicklung birgt natürlich für viele, überwiegend auf das nationale Geschäft ausgerichtete Banken das Risiko, auf lange

---

1) Vgl. Strasser (1973), S. 64 ff.

2) Vgl. Liedschulte (1975), S. 172 ff.

3) Vgl. Reinhardt (1973), S. 7 f.

4) Vgl. Carli (1971), S. 24 ff. und Readman (1972), S. 36 f.

Sicht nicht nur das ausländische sondern auch das inländische Geschäft an leistungsstärkere Konkurrenten zu verlieren. Aus diesem Grund haben die meisten Banken geschäftspolitische Maßnahmen ergriffen, um einer Aufspaltung der Kundenstruktur schon im Ansatz zu begegnen. Die Gesamtheit dieser Maßnahmen schlägt sich in einer ständig zunehmenden Internationalisierung des Bankgeschäftes nieder. Von den Banken wird die Fähigkeit erwartet, "Finanzierungspakete" mit Komponenten aus nationalen und internationalen Geld- und Kapitalmärkten ebenso arrangieren zu können, wie "Dienstleistungspakete", die umfassende Information wie hoch spezialisierte Beratung gleichermaßen einschließen[1]. Deshalb sehen sich die Institute mit zusätzlichen Risiken und Leistungsanforderungen konfrontiert.

Kredit- und Refinanzierungsrisiken wachsen als Konsequenz des gestiegenen Bedarfs an schwerer zu beschaffenden Informationen über einzelne Kreditnehmer ebenso wie über nationale und internationale Geld- und Kapitalmärkte[2]. Zusätzlich verlangen umfangreichere Kapitalverkehrsrestriktionen einen höheren administrativen Aufwand bei der Abwicklung internationaler, die Grenzen eines Währungsraumes überschreitender Transaktionen. Den gravierendsten Einflüssen ist jedoch die Liquiditätshaltungstechnik der Banken selbst ausgesetzt, da sie jederzeitige Verfügbarkeit aller wichtigen internationalen Transaktionswährungen garantieren muß[3].

---

1) Vgl. Schreiber (1976), S. 726 und Sippel (1972), S. 5.

2) Zur Bedeutung des Informationsproblems im Rahmen der Theorie der Kreditrisikobeurteilung vgl. Büschgen (1972), S. 341 ff. und Seider (1975), S. 157 ff.

3) Schlagwortartig zusammengefaßt: "What makes you multinational is the ability to lend in a multitude of currencies." "Local banking on an international scale" (1973), S. 106.

Im System fixer Wechselkurse verfügten sie über die Möglichkeit, entsprechend ihrer finanziellen Disposition inländische in ausländische Zahlungsmittel zu transferieren. International aktive Banken konnten deshalb ihr in- und ausländisches Gesamtgeschäft als Einheit betrachten und auf der Basis eines einzigen, alle wichtigen Währungen und Finanzmärkte umfassenden Liquiditätskreislaufes abwickeln[1]. Das hatte zur Folge, daß alle nationalen und speziell die Euro-Finanzmärkte ein integriertes Finanzsystem bildeten, welches als zwischenstaatliches Verbundsystem den Banken zum Ausgleich ihrer Liquiditätssalden diente.
Der Übergang zu flexiblen Wechselkursen bei latenter Gefahr der Ergänzung bereits bestehender durch neue Kapitalverkehrshemmnisse hat die Struktur dieses Verbundsystems grundlegend verändert. Die Denomination von Aktiva ist nun nicht mehr problemlos zu ändern[2]. Da Banken ausländische im Gegensatz zu einheimischen Zahlungsmitteln nicht selbst schaffen können, sind sie auf den Devisenmarkt[3], Kreditlinien bei ausländischen Korrespondenzbanken oder ihr eigenes Fremdwährungs-Passivgeschäft angewiesen, wenn sie zusätzliche Liquidität in ausländischer Währung benötigen. Transaktionen auf dem Devisenmarkt gehören zu den teuersten Refinanzierungsmethoden und stellen die Banken zudem vor die gleichen Probleme wie ihre Kunden; denn abgesehen von der Möglichkeit einer vorübergehenden Schließung der Märkte, wodurch die

---

1) Vgl. Mast (1975), S. 6 und Aschinger (1975), S. 131 f.

2) Vgl. "Local banking on an international scale (1973), S. 106 f.

3) Wird der Devisenmarkt als ökonomischer Ort des Austausches von Guthaben einer bestimmten Währung in Guthaben einer anderen Währung definiert, dann findet der Verkauf von Devisen durch die Zentralbank - sei es im Rahmen ihrer Interventionsverpflichtung bei fixen Wechselkursen, sei es im Rahmen einer unabhängigen Interventionspolitik - ebenfalls auf dem Devisenmarkt statt. Vgl. Gerber (1976), S. 52 ff.

Banken vor unlösbare Refinanzierungsprobleme gestellt werden können, sind die Kurssicherungskosten in Krisenzeiten möglicherweise so hoch, daß Kreditgeschäfte unprofitabel werden. Einschränkung oder Verhinderung von Kurssicherungsmöglichkeiten durch gezielt gegen Devisentermingeschäfte gerichtete Kapitalverkehrskontrollen behindern Kreditgeschäfte ebenfalls[1]. Das traditionelle System von Kreditlinien bei ausländischen Korrespondenzbanken ist zwar durch Kontrollen schwerer zu beeinträchtigen, hat sich aber dennoch als ungeeignet erwiesen, den Kooperations- und Planungsanforderungen zu genügen, die sich aus der Größenordnung der zu finanzierenden Kredite sowie der Wandelbarkeit ihrer Währungs- und Terminstruktur ergeben. Insbesondere bietet es keinerlei Schutz gegen den eventuellen Versuch der Partnerbanken, Kredite direkt und zu günstigeren Konditionen auf eigene Rechnung zu gewähren[2]. Die Möglichkeit, durch Fremdwährungsde-

---

1) Diesem Dilemma können Banken sogar weniger leicht entgehen als Nichtbanken. Das liegt an der intensiven Kontrolle durch die Zentralbanken und dem Fehlen mancher Ausweichmöglichkeiten, welche Nichtbanken z. B. in Form der Manipulation der terms of payment zur Verfügung stehen.

2) Vgl. Ball (1972), S. 101 und "D-mark-banks invade "The City"" (1973), S. 24. In der Theorie großer Organisationen wird allgemein unterstellt, daß jeder Teilnehmer von der Organisation, der er angehört, bestimmte Anreize erhält, für die er seinerseits Beiträge zu leisten hat. Jedes Mitglied versucht, eine optimale Anreiz-Beitrags-Relation zu verwirklichen. Die Organisation insgesamt ist dann stabil, wenn die Anreiz-Beitrags-Relation, die sie ihren Mitgliedern bietet, von diesen als zumindest ausreichend betrachtet wird. Das Korrespondenzbanksystem war bei dem inzwischen erreichten Entwicklungsstand des internationalen Bankgeschäftes nicht mehr stabil, da das erwirtschaftete Anreizpotential von den Beitragsleistungen der Mitglieder - in Form des Verzichtes auf direkte Kontakte mit den Kunden der Partnerbanken - offensichtlich überkompensiert wurde. Vgl. Reiners (1977), S. 56 ff.

positen im Inland in den Besitz ausländischer Zahlungsmittel zu gelangen, hat sich langfristig als unsichere Lösung erwiesen; denn diese Refinanzierungstechnik läßt sich jederzeit durch spezielle Mindestreserven, Meldepflichten oder Zinsverbote direkt beeinflussen[1]. Aus diesen Komplikationsmöglichkeiten erwächst für Banken mit internationalen Leistungserfordernissen die Notwendigkeit, Voraussetzungen zu schaffen, um die gesonderten Liquiditätskreisläufe für jede Währung bzw. jede Währungszone[2] gegen Einflußnahme seitens der Zentralbanken weitgehend abzusichern.

Nun waren eigentlich die Euromärkte dazu prädestiniert, den Liquiditätsausgleich zwischen den Banken für jede der wichtigen Transaktionswährungen zu ermöglichen[3]. Nicht zuletzt deshalb, weil sie diese Funktion effizient zu erfüllen vermochten, hatten sich die Euromärkte im Verlauf der sechziger Jahre zu einer echten Alternative zu den nationalen Geldmärkten entwickelt und waren so zu wichtig geworden, um von irgendeiner größeren Bank der Welt ignoriert werden zu können[4]. Daß dennoch kaum eine Bank ihr Fremdwährungsgeschäft ausschließlich auf die Euromärkte stützte, erklärt Everitt mit beträchtlichen Refinanzierungsrisiken, die selbst dann bestanden hätten, wenn von Kapitalverkehrsrestriktionen abgesehen worden wäre: "The lender by definition is not pro-

---

1) Vgl. Controls on Capital Flows (1972), S. 71 ff.

2) Die Währungen der Mitglieder von Währungszonen, wie z. B. denen des europäischen Währungsverbundes, der sog. Schlange, sind bei relativ engen Bandbreiten zueinander fixiert. Deshalb können Transaktionen in diesen Währungen auf einem integrierten Liquiditätskreislauf basieren.

3) Vgl. Niehans, Hewson (1976), S. 15 ff.

4) Vgl. Ball (1972), S. 101. Guth (1970, S. 462) weist darauf hin, daß die Euromärkte nicht unbedingt die billigsten Finanzierungen ermöglichten, aber dennoch bevorzugt benutzt worden seien, um dem "Restriktionsdruck" der heimischen Märkte zu entgehen.

viding his own currency and cannot be certain that, if the borrower fails to repay (for whatever reason), he will be able to cover his position by obtaining deposits in the requisite currency for the necessary period. There is no guaranteed pool of currencies from which deposits may be taken and above all there is no formal lender of last resort. Where the lender has branches in several countries this problem will of course diminish, for, exchange controls permitting, domestic deposits in one country may be turned into Eurocurrency in another"[1]. Angesichts der zunehmenden Restriktionen jedoch, denen die internationale Bewegungsfreiheit der Banken unterlag, wurde es als gänzlich ungenügend betrachtet, das Fremdwährungsgeschäft allein auf der Basis der Euromärkte abzuwickeln[2]. Eine langfristig kostengünstigere und insbesondere risikoärmere Strategie bestand darin, eine eigene Einlagenbasis in denjenigen Ländern zu schaffen, deren Valuten als internationale Transaktionswährungen dienten[3].

Als Methode, diese Absicht zu verwirklichen, verfolgten besonders die großen US-Banken - gestützt auf ihre finanzielle Potenz und ein weltweites Niederlassungsnetz - anfänglich die Strategie des "to go it alone"[4]. Doch das Bestreben, die den internationalen Finanzierungen inhärenten großen Risiken zu streuen[5] ebenso wie die Absicht, know how über Geschäfte zu erwerben, die in den USA gesetzlich verboten waren[6],

---

1) Everitt (1971), S. 229.

2) Vgl. Campell (1971), S. 629.

3) Vgl. Ball (1972), S. 101 f.

4) Vgl. Brimmer, Dahl (1975), S. 341 ff. und Campell (1971), S. 639.

5) Vgl. Lutz (1971), S. 203 f.

6) Vgl. Ball (1972), S. 102.

veranlaßte auch sie, im Laufe der sechziger Jahre und auch noch später in mehr oder weniger starkem Ausmaß an internationalen Kooperationen teilzunehmen. Eine nicht zu unterschätzende Rolle für diesen Wandel der Geschäftsstrategie hat sicher auch die Erfahrung gespielt, daß nationale Behörden gerade international aktive Banken zuweilen einer restriktiven Kontrolle unterwerfen, um die nationale "Finanzindustrie" zu schützen und zu fördern. Administrative Maßnahmen dieser Art werden als Instrumente einer langfristigen staatlichen Wachstumspolitik interpretiert, der die Vorstellung einer ständig zunehmenden Bedeutung des tertiären Sektors für das Wachstum der Volkswirtschaften zugrunde liegt[1]. Die Teilnahme an internationalen Kooperationen war in dieser Situation deshalb der folgerichtige Versuch, das verbreitete Mißtrauen nationaler Konkurrenten ebenso wie staatlicher Behörden gegenüber der Expansion der großen US-Banken zu beschwichtigen.

Im Gegensatz zu den amerikanischen Banken bevorzugten die europäischen, mit der anfänglichen Ausnahme einiger traditionsreicher britischer Banken, von Anfang an eine weitgehende Kooperationsstrategie, weil man davon ausging, daß sie "probably provides the best protection, if it works, against exchange upheaval, chauvinism, the risk of trying to do retail banking abroad and a dozen other dangers"[2]. Zudem bot sie gleichzeitig den sicheren Zugang zu einer Einlagenbasis in fremden Währungen, finanzielle Potenz durch Addition der Potentiale mehrerer großer Banken und die Möglichkeit, am know how der Partner zu partizipieren, ohne wesentlichen Kapitalaufwand und lange Anlaufzeiten in Kauf

---

1) Vgl. "What sort of official regulation" (1973 d), S. 897 f. und Schlogel (1972), S. 2.

2) "The "big four" part company" (1973 a), S. 940.

nehmen zu müssen[1]. Als Gegenleistung brachte jede Partnerbank ihre speziellen Leistungspotentiale, insbesondere die Fähigkeit, Geld in der eigenen Währung schaffen zu können, in die Kooperation ein[2]. Die geschäftlichen Vorteile, die darin bestanden hatten, im Gegensatz zu ausländischen Banken Geld in der jeweils eigenen Währung schaffen zu können, hatten an Wert verloren, da zunehmend mehr international aktive Wirtschaftssubjekte der Tendenz zur Diversifikation ihrer Zahlungsmittel-Portefeuilles folgten. Deshalb war es nur konsequent, daß sich die Banken ihren Kooperationspartnern als Refinanzierungsquelle zur Verfügung stellten, um so im Gegenzug neben den weiter oben beschriebenen Kooperationsvorteilen einen sicheren und direkten Zugang zu allen für sie wichtigen Transaktionswährungen zu erhalten.
Die Bildung großer internationaler Bankenkooperationen, die über umfangreiche und relativ sichere Refinanzierungsmöglichkeiten für den Liquiditätskreislauf in jeder einzelnen Währung verfügen, ordnet sich deshalb als weitere technologische Neuerung in den Innovations-Prozeß ein, der mit der Entwicklung des Eurodollarmarktes seinen Anfang nahm. Die Gültigkeit dieser Aussage wird von vereinzelter Skepsis[3] bezüglich der langfristigen organisatorischen Stabilität der

---

1) Vgl. Ulrich (1974), S. 70 und "D-mark-banks invade "The City"" (1973), S. 26.

2) Lutz (1971, S. 203 f.) verweist darauf, daß die multinationalen Banken als Organisationen "in which partners from various countries commit themselves primarily in their own national currency" zu betrachten sind.

3) Vgl. Schlogel (1972), S. 2.

Kooperationsgebilde nicht beeinträchtigt[1].

2.2.4. Anhang

2.2.4.1. Die optimale Transaktionskasse bei deterministischer Zahlungsstruktur

In ihrer einfachsten und auf die grundlegenden Zusammenhänge konzentrierten Form folgt die übliche Argumentation etwa diesem Gedankengang[2]. Ein Wirtschaftssubjekt verwendet ein Geldvermögen von T zu Zahlungen, die gleichmäßig über die Planperiode verteilt sind[3]. Zwischenzeitlich nicht benötigte Geldbeträge werden zum Zinssatz r angelegt. Mögliche Nominal- bzw. Realwertverluste der Anlagen bleiben unberück-

---

1) Längerfristig wäre es, entsprechend der Argumentation in Anmerkung 2 auf S. 59, jedoch durchaus vorstellbar, daß die Anreize zur Aufrechterhaltung der Kooperation als Organisationsform eines internationalen bankwirtschaftlichen Verbundsystems mit zunehmender Konzentration der nationalen Banksysteme und wachsender Kapitalkraft einzelner Großbanken abnehmen. Eine denkbare Entwicklung besteht in einem Nebeneinander spezialisierter Organisationsformen des internationalen Geschäfts. Die Kooperation dient der Potentialbündelung und Risikostreuung. Das eigene, ständig wachsende Filialnetz dient der Förderung des Geschäftes unter eigenem Namen. Vgl. Benkhoff (1972), S. 3 und Häusgen (1972), S. 92 sowie Hinweise auf mögliche Wandlungen in der Struktur internationaler Kooperationen und in der Funktionsaufteilung zwischen den kooperativen Organisationen und ihren Mutterinstituten in: Ins and outs of consortia, (1978), S. 44 ff.

2) Komplexere Modelle auf der Grundlage differenzierterer Annahmen finden sich u. a. bei Liepmann (1971, S. 67 f.), Dieckheuer (1975, S. 65 ff.) und in der dort angegebenen Literatur. Die Resultate sind jedoch die gleichen, soweit es sich um die Existenz von Skalenerträgen der Kassenhaltung handelt.

3) Das Problem stellt sich inhaltlich und formal gleich, wenn zu Beginn der Periode statt von Geldvermögen von unausgenutzten Kreditlinien ausgegangen wird.

sichtigt. Jede Umwandlung verzinslicher Anlagen in Geld ist mit fixen Kosten b und variablen Kosten (k mal jeweiliger Konversionsbetrag) verbunden[1]. Das zu lösende Problem besteht darin, zu Beginn der Periode den Kassenbestand optimal auf Geld bzw. die Anlagealternative aufzuteilen und im Verlauf der Periode die investierten Anlagen in optimalen Beträgen bzw. Abständen in Geld zu transformieren[2]. Es ist gelöst, wenn die Alternativkosten der Kassenhaltung minimiert oder - was gleichbedeutend ist - die Nettoerträge der zwischenzeitlichen Anlage maximiert sind. Als Ertrag Z der zwischenzeitlichen Anlage ergibt sich

I $$Z = r\left(\frac{T}{2} - \frac{M}{2}\right)$$

mit M als durchschnittlichem Kassenbestand. Die in der Planperiode anfallenden fixen Kosten K_f belaufen sich auf

I.1 $$K_f = b\,\frac{T}{M}$$

und die variablen Kosten K_v auf

I.2 $$K_v = k\,\frac{T}{2}$$

Der Nettoertrag der zwischenzeitlichen Anlage E beträgt folglich

I.3 $$E = r\left(\frac{T}{2} - \frac{M}{2}\right) - b\,\frac{T}{M} - k\,\frac{T}{2}$$

---

1) Die Existenz von Konversionskosten veranlaßt ein rational handelndes Wirtschaftssubjekt überhaupt erst, Geld zu halten. Vgl. Laidler (1969), S. 64 f. und Brunner, Meltzer (1964), S. 748 ff.

2) Die Frage nach den Abständen der Konversion ist mit der nach den jeweils umzutauschenden Beträgen identisch, wenn die Konversionen gleichmäßig über die Periode verteilt sind, was, wie leicht zu zeigen ist, die geringsten Kosten verursacht. Vgl. Johnson (1967), S. 180 f.

Diejenige durchschnittliche Kassenhaltung M_T, bei der E sein Maximum erreicht, findet man, wenn Gleichung I.3 nach M abgeleitet, gleich null gesetzt und dann nach M aufgelöst wird.

$$\text{I.4} \qquad \frac{dE}{dM} = \frac{bT}{M^2} - \frac{r}{2} = 0$$

$$\text{I.5} \qquad M_T = \sqrt{\frac{2bT}{r}}$$

Gleichung I.5 zeigt, daß sich die optimale durchschnittliche Kassenhaltung M_T c.p. proportional mit der Quadratwurzel des Transaktionsvolumens T verändert, also im ökonomisch relevanten Bereich $0 < T < \infty$ die optimale Transaktionskasse nur unterproportional mit dem Transaktionsvolumen wächst. Folglich existieren sog. Skalenerträge der Kassenhaltung[1].

2.2.4.2. Der Rationalisierungseffekt einer zentralen internationalen Transaktionswährung

Nunmehr wird das eben abgeleitete Transaktionskassenmodell auf den internationalen Zahlungsverkehr übertragen[2]. Wird die gesamte Transaktionskasse M_T in Form von Teilkassen M_T^i für jede der n benutzten Transaktionswährungen gehalten, so geschieht dies für jede der n Teilkassen entsprechend der abgeleiteten Optimalitätsbedingung. Wird der Einfachheit halber unterstellt, b und r seien für jede Währung gleich,

---

1) Vgl. Laidler (1969), S. 65 und Baumol (1952), S. 550 f. Wird die restriktive Bedingung deterministischer durch diejenige stochastischer Ein- und Auszahlungsstruktur ersetzt, erhält man grundsätzlich gleiche Ergebnisse. Vgl. Whalen (1966), S. 314 ff. und Miller, Orr (1966), S. 413 ff.

2) Vgl. Swoboda (1968), S. 40 f.

so ergibt sich M_T als

$$\text{II} \qquad M_T = \sum_{i=1}^{n} M_T^i = \sum_{i=1}^{n} \sqrt{\frac{2b\ T_i}{r}}$$

Wird nun die Transaktionskasse auf nur mehr eine Währung konzentriert, dann beträgt ihr Volumen M_Z mit

$$\text{II.1} \qquad M_Z = \sqrt{\frac{2b\ T_z}{r}}$$

Die mit dieser Konzentration verbundenen Skalenerträge der Kassenhaltung für den internationalen Zahlungsverkehr sind somit identisch mit der Differenz $(M_T - M_Z)$. Unter der Annahme, alle Teilkassen hätten dasselbe Volumen, beläuft sich diese Differenz auf

$$\text{II.2} \qquad M_T - M_Z = \sum_{i=1}^{n} M_T^i - M_Z$$

$$= (n - \sqrt{n})\ M_T^i > 0 \quad \text{für } n > 1$$

Die Höhe der Skalenerträge der Kassenhaltung für den internationalen Zahlungsverkehr, die durch eine Konzentration der Transaktionen auf eine einzige Transaktionswährung auftreten, werden entsprechend Gleichung II.2 von der Zahl n der ursprünglich benutzten Währungen und den Transaktionsvolumina T_i bestimmt, die in jeder dieser Währungen abgewickelt worden sind.

2.2.4.3. Der Einfluß des Korrelationskoeffizienten auf die Risikominderung durch Diversifikation

Die Varianz eines Portefeuilles, das aus zwei Anlagealternativen besteht, hängt - wie in Abbildung 7 dargestellt - von der Portefeuille-Mischung und der Korrelation zwischen den erwarteten Anlageerträgen ab[1].

Abbildung 7

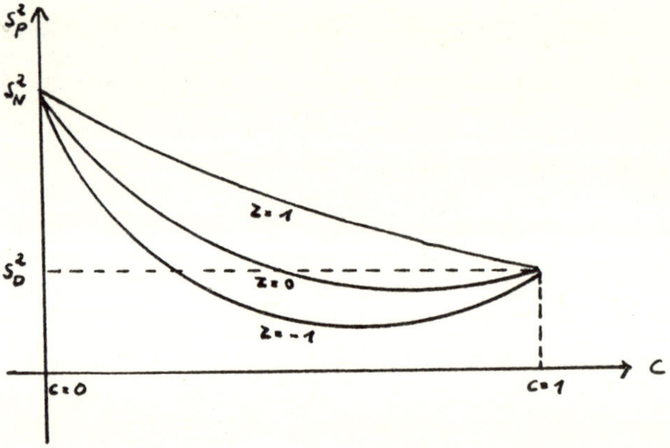

Die Abbildung verdeutlicht, daß die Varianz eines gemischten Portefeuilles s_p^2 bei gegebenem Mischungsverhältnis c mit dem Korrelationskoeffizienten z sinkt ($1 \geq z \geq -1$). Das bedeutet, die Risikofunktion $s_p^2(c)$ wird mit abnehmendem Korrelationskoeffizienten bauchiger, so daß es ab einem bestimmten $\bar{z} < 1$ möglich ist, die Varianz und damit das Risiko eines gemischten Portefeuilles durch Diversifikation selbst unter die Varianz des günstigsten einfachen Portefeuilles - in

---

1) Abbildung 7 folgt Sharpe (1970), S. 47.

diesem Fall s_D^2 - zu drücken. Im folgenden soll ein allgemeiner Ausdruck für den Grenzwert $\bar{z}$ abgeleitet werden, ab dem ein risikoscheues Wirtschaftssubjekt nicht mehr in jedem Fall die Konzentration des Portefeuilles seiner Diversifikation vorzieht. Für ein $z > \bar{z}$ kann folglich davon ausgegangen werden, daß ein risikoscheues Wirtschaftssubjekt mit einer plausiblen Nutzenfunktion ein einfaches einem gemischten Portefeuille vorzieht.
Aus der Nutzenfunktion

III $\quad U = g(E_p, s_p^2)$

erhält man unter Verwendung der Gleichungen (1) und (2.1)

III.1 $\quad U = g(cE_D + (1-c)E_N, c^2s_D^2 + 2c(1-c)s_{DN} + (1-c)^2s_N^2)$

Dabei bezeichnen E_D und E_N die erwarteten Erträge der Portefeuille-Alternativen, c das Mischungsverhältnis, s_D^2 und s_N^2 die Varianzen der beiden konzentrierten Portefeuilles und s_{DN} die Kovarinaz.
Wird U in Abhängigkeit von c im Bereich $0 \leq c \leq 1$ maximiert, so ergibt sich ein optimales Mischungsverhältnis bei gegebenen Werten für E_D, E_N, s_{DN}, s_N^2, s_D^2. Es bleibt somit die Frage zu beantworten, für welche Kovarianz s_{DN} das optimale c einen Wert kleiner 1 annimmt.
Nach Umformung läßt sich die Gleichung (2.1) schreiben als

III.2 $\quad s_p^2 = h(c) = c^2(s_D^2-2s_{DN}+s_N^2) + 2c(s_{DN}-s_N^2) + s_N^2$

$\quad$ mit $s_N^2 > s_D^2$, $h(0) = s_N^2$ und $h(1) = s_D^2$

daraus ergibt sich

III.3 $\quad h'(c) = 2c(s_D^2-2s_{DN}+s_N^2) + 2(s_{DN}-s_N^2)$

für h'(0) folgt dann

III.4 $h'(0) = 2(s_{DN} - s_N^2) < 0$

und für h'(1)

III.5 $h'(1) = 2s_D^2 - 2s_{DN}$.

Wird wegen $s_{DN} = s_D s_N z$ die Gleichung (III.5) geschrieben als

III.6 $h'(1) = 2s_D^2 - 2s_D s_N z$

dann ist dieser Ausdruck kleiner 0 für $z > \frac{s_D}{s_N}$;

daraus folgt, daß h(c) für alle $z > \frac{s_D}{s_N}$ im Bereich

$0 \leq c \leq 1$ monoton fällt.
Ein risikoscheues Wirtschaftssubjekt wird deshalb für alle $z > \frac{s_D}{s_N}$ das Portefeuille in jedem Fall konzentrieren.
Genauere Aussagen über das Verhalten für $z \leq \frac{s_D}{s_N}$ sind allerdings nur möglich, wenn die jeweilige Nutzenfunktion bekannt ist.

2.3. Die Wirkungsrichtungen der finanziellen Innovation durch internationale Bankenkooperation

Bisher ist gezeigt worden, daß im Zuge der Durchsetzung technischen Fortschritts in der internationalen Finanzsphäre ständig effizientere Methoden entwickelt werden, um das grundlegende Verlangen der Wirtschaftssubjekte nach einer Verminderung der Risiken, denen gerade ihre Transaktionen in fremden Währungen ausgesetzt sind, befriedigen zu könnne. In diesem Abschnitt geht es vor allem darum, die Wirkungsrichtungen und die Wirkungen des Fortschritts, der durch internationale Bankenkooperation ausgelöst wird, an den Folgen für die Währungsstruktur international diversifizierter Portefeuilles zu verdeutlichen. Das Ergebnis einer solchen Untersuchung ist für die vorliegende Arbeit deshalb wichtig, weil die Währungsstruktur bzw. ihre Änderung Aufschluß über das Ausmaß und die Richtung kurzfristiger Kapitalbewegungen und damit die internationale Transmission monetärer Impulse geben kann.
In arbeitsteiligen Volkswirtschaften findet eine ständige Übertragung finanzieller Forderungen zwischen letzten Schuldnern und letzten Gläubigern unter Zwischenschaltung eines Systems von Intermediären statt. Dies trifft für die nationale Sphäre ebenso zu wie für die internationale. Technischer Fortschritt schlägt sich in beiden Sphären in einer Steigerung der Effizienz nieder, mit der Forderungen innerhalb der Spanne zwischen letztem Schuldner und letztem Gläubiger übertragen und finanzielle Aktiva und Passiva mit neuartigen Eigenschaften produziert werden[1].

---

1) Vgl. Gurley, Shaw (1971), S. 123 ff., Moore (1968), S. 90 ff. und Silber (1975), S. 56 ff.

In Anlehnung an Gurley und Shaw werden deshalb Neuerungen der Distribution und der Intermediation als analytische real allerdings kaum zu trennende - Wirkungskategorien des technischen Fortschritts in der Finanzsphäre unterschieden[1]. Beide Kategorien lassen sich auch in der konkreten Ausprägung technischen Fortschritts in Form internationaler Bankenkooperation identifizieren.

2.3.1. Distributionswirkungen

Fortschritte in der Distribution liegen dann vor, wenn die Organisation der Übertragung bestehender Forderungen verbessert wird. Dies ist insbesondere bei einer Steigerung der Kapazität, Elastizität und Kontinuität der finanziellen Vermittlung der Fall und somit speziell dann, wenn das Kommunikationsnetz ausgeweitet und die Spezialisierung vorangetrieben werden kann[2]. Im Rahmen internationaler Bankenkooperation wirken sich Neuerungen der Distribution in zwei Richtungen aus. Sie fördern die Effizienz von Transaktionen zwischen Banken und Nichtbanken, indem sie besonders den Teil der Transaktionskosten[3] verringern, der durch die Abwicklung des internationalen Zahlungsverkehrs, die Änderung der Währungsbenennung von Zahlungsmitteln und anderen liquiden Aktiva sowie die Verschuldung in eigener und fremder Währung auf Außenmärkten oder im Ausland hervorgerufen wird.

---

1) Vgl. Gurley, Shaw (1971), S. 123 ff.

2) Vgl. Liepmann (1971), S. 60 f.

3) Der Begriff "Transaktionskosten" wird an dieser Stelle im weitestmöglichen Sinn gebraucht und umfaßt die Kosten der Information, der Kommunikation, der Transaktionsabwicklung und der Organisation.

Über die Beziehungen zwischen Banken und Nichtbanken hinaus beeinflußt internationale Bankenkooperation auch die Bedingungen, unter denen Banken Geschäfte untereinander abwickeln. Sie senkt nämlich sowohl die Kosten als auch die Risiken des Liquiditätsausgleichs zwischen den Banken und steigert somit Umfang, Elastizität und Einzugsbereich des interregionalen und des weltweiten Liquiditätsausgleichs.

Die Fähigkeit, wichtige Bestandteile der Bank-Nichtbank- und der Interbank-Beziehungen effizienter zu gestalten, läßt sich auf die drei Dimensionen - die räumliche, zeitliche und kapazitätsbezogene - internationaler Bankenkooperation zurückführen.
Die räumliche Dimension umfaßt die globale Ausdehnung des Aktivitätsbereiches der kooperierenden Banken[1] und schließt sowohl die Schaffung eines organisationseigenen globalen Zahlungsverkehrsnetzes[2] als auch die organisatorische Integration regional und funktional spezialisierter Finanzintermediäre[3] ein. Letzteres wird speziell durch die Gründung bedeutender Konsortialbanken und anderer Spezialinstitute in den Zentren der internationalen Geld- und Kapitalmärkte deutlich[4]. Die Konsequenz dieses Vorganges besteht darin, daß sich der Kreis der Institute, die dem Zentrum zugeordnet sind, um die kooperierenden Banken samt ihren jeweiligen Tochterunternehmen ausweitet.

---

1) Vgl. "Local banking on an international scale" (1973), S. 106 ff. und Junne (1976), S. 56 ff.

2) Vgl. Benkhoff (1972), S. 3 und Blohmeyer (1976), S. 16.

3) Beispiele für eine funktionale Spezialisierung finden sich bei Stein (1972, S. 156) und Sippel (1973, S. 1 f.), für eine regionale Spezialisierung bei Uhlig (1973 b, S. 398 ff.)

4) Als verdeutlichendes Beispiel kann das Organigramm der EBIC-Gruppe auf S. 19 dienen.

Die zeitliche Dimension folgt aus der permanenten Verfügbarkeit eines hochentwickelten, eigenen, weltweiten und dichten Kommunikationsnetzes, dessen Funktionieren es beispielsweise ermöglicht, jederzeit Geschäftspartner in allen Teilen der Welt zu finden, Forderungen und Verbindlichkeiten mit Hilfe kooperationsinterner Verrechnung beschleunigt auszutauschen und den stetigen Fluß aller relevanten Informationen zu sichern[1].
Die kapazitätsbezogene Dimension schließlich wird in der Bündelung der Kapital-, Refinanzierungs-, Placierungs- und Dienstleistungspotentiale der kooperierenden Banken deutlich. Sie schließt sowohl die Zusammenfassung als auch den spezialisierten Einsatz der finanziellen, personellen und technischen Kapazitäten ein[2].

2.3.2. Intermediationswirkungen

Finanzunternehmen lösen Neuerungen der Intermediation aus, wenn sie neuartige Forderungen oder Verbindlichkeiten schaffen, die ein Nutzenbündel aufweisen, welches die Portefeuille-Präferenzen der Wirtschaftssubjekte besser befriedigt, als das bisher der Fall gewesen ist[3]. Darüber hinaus läßt es sich auch als Intermediationsfortschritt interpretieren, wenn die Funktionsfähigkeit finanzieller Instrumente gegen die Konsequenzen veränderter währungspolitischer und administrativer Daten abgesichert wird. Eine solche Interpretation ist dann berechtigt, wenn bestimmte Finanztechniken ohne veränderte Verhaltensweisen der Banken nicht mehr oder nicht im

---

1) Vgl. The Business of Banking (1973), S. 222 und Mellors (1973), S. 258 sowie Abschnitt 1.4.1., S. 22 ff.

2) Vgl. Banco di Roma, Commerzbank, Crédit Lyonnais, Gemeinsamer Bericht (1972), S. 4 ff., EBIC (1973), S. 1 ff. und Gottheiner (1972), S. 4.

3) Vgl. Liepmann (1971), S. 60 f.

bisherigen Ausmaß anwendbar wären. Internationale Bankenkooperation löst Intermediationswirkungen aus, die in beide beschriebenen Richtungen zielen. Dies kann mit Hilfe einer diesbezüglichen Untersuchung typischer Leistungsangebote kooperierender Banken belegt werden. Dabei wird zwischen Aktiv- und Passivleistungen unterschieden. Die Begriffe werden aus der Sicht der Nichtbanken verwendet und Depositen folglich als Aktiva, Kredite als Passiva bezeichnet.

Der Bildung internationaler Zahlungsverkehrsnetze durch kooperierende Banken ist der Impuls für die sicher wichtigste Intermediationswirkung in bezug auf das Aktivaangebot entsprungen. Diese Zahlungsverkehrsnetze haben nämlich nicht nur zur Senkung der Kosten internationaler Transaktionen beigetragen, sondern auch die Eigenschaften von Eurodepositen, insbesondere Eurosichtdepositen verändert. Da diese Entwicklung für die Praxis internationaler Transaktionen wie für die monetäre Theorie gleichermaßen bedeutsam ist, erscheint es angebracht, die Bedeutung kontroverser Ansichten über diese Frage ausführlich zu untersuchen.

Seit Beginn der Diskussion über die Euromärkte existiert eine Kontroverse über den Geldcharakter von Eurodepositen im allgemeinen und Eurodollar-Depositen im besonderen[1].

---

1) Aus der Vielzahl der Veröffentlichungen zu diesem Thema seien nur einige beispielhaft angeführt, so z. B. Friedman (1971), S. 102 ff., Mayer (1971), S. 233 ff., Machlup (1970), S. 219 ff. und Klopstock (1970), S. 12 ff. Eine umfassende Zusammenstellung der Literatur findet sich bei Junne (1976, S. 221 ff.) sowie in Eurodollars, a selected Bibliography (1970).

Die Auseinandersetzung vermittelt bis auf wenige Beiträge[1] den Eindruck immerwährender Rezitation von Thesen ganz früher Veröffentlichungen zu diesem Thema.

Es ist in der neueren Geldtheorie unbestritten, daß der Geldbegriff von den Funktionen des Geldes abzuleiten[2], folglich nur im Kontext der historischen Situation festlegbar ist[3]. Eurodepositen können somit Geldeigenschaften nur insoweit zu- oder abgesprochen werden, als Klarheit darüber besteht, in welchem Ausmaß Eurodepositen in einer bestimmten Situation Geldfunktionen ausüben. Dabei interessiert vornehmlich ihr Grad an Zahlungsmittelnähe, da ihre Eigenschaft, Wertaufbewahrungsmittel zu sein, unbestritten ist.

---

1) Vgl. insbesondere Niehans (1971), S. 279 ff.

2) Vgl. Claassen (1970), S. 41 ff, Newlyn (1962), S. 1 f. und Issing (1974), S. 1 ff.

3) Vgl. Stützel (1958), S. 65 f., Yeager (1969), S. 58 f. und Jarchow (1966), S. 3 f.
Der Geldbegriff kann begrifflich immer nur für bestimmte Gruppen von Wirtschaftssubjekten unter bestimmten Umständen festgelegt werden. So benutzen Banken z. B. für Zahlungen untereinander im allgemeinen Zentralbankguthaben, während sich Nichtbanken überwiegend der Sichtguthaben bei Banken zu Zahlungszwecken bedienen. Besteht ein Korrespondenzbank- bzw. ein Filialbanksystem, dann werden Zahlungen auch durch Umbuchungen auf Loro- oder Nostrokonten bzw. Sichtguthabenkonten bei Zentralorganisationen oder Spitzeninstituten abgewickelt. Issing (1974, S. 3) schreibt dazu: "Im übrigen erhält das Geld auch in seiner Funktion als Zahlungsmittel Konkurrenz von anderen Instrumenten des Zahlungsverkehrs. So erfüllt der "geldlose" Abrechnungsverkehr in "geschlossenen Verrechnungssystemen", also etwa innerhalb eines Konzerns, durchaus Geldfunktionen. Das gleiche gilt für bestimmte Formen des Handelskredits".

Die Zahlungsmitteleigenschaft von Eurosichteinlagen[1] wird seit jeher vornehmlich mit dem Argument bestritten, bei ihnen handle es sich - ebenso wie bei Termindepositen - um geldnahe Aktiva. Sie dienten der Transaktionskosten sparenden und verzinslichen Anlage vorübergehend nicht benötigter Mittel[2] und müßten zu Zahlungszwecken erst in Sichteinlagen bei den jeweiligen nationalen Banken (Basisbanken) umgewandelt werden. "... Euro-dollar deposits do involve a conscious act of lending in the sense that they entail the conversion of money into an asset which cannot be used as such for payments purposes and which has to be converted back into money if a payments need should arise[3]." Dieses Argument, das sich offensichtlich direkt oder indirekt auf Äußerungen Klopstocks aus dem Jahre 1970 stützt[4], ist zu dieser Zeit wahrscheinlich zutreffend. Eurosichteinlagen sind mangels eines spezifischen Zahlungsverkehrsnetzes nur potentielle Zahlungsmittel[5]. Über weltumspannende Filial- und damit Zahlungsverkehrsnetze verfügen zu dieser Zeit nur einige große US-Banken[6]. Eurodollar-Sichteinlagen sind deshalb nur nach Umwandlung in US-Dollar-Sichteinlagen als

---

1) Da die Abgrenzung des Geldbegriffes eine Funktion der analytischen Zielsetzung darstellt, ist einer weiteren Fassung des Begriffes als in dieser Arbeit die Berechtigung nicht abgesprochen, wenn ein anderes Erkenntnisobjekt ein anderes analytisches Konzept verlangt. So messen verschiedene Autoren z. B. auch Eurotermindepositen von Nichtbanken Zahlungsmitteleigenschaften zu, vgl. Heubes (1975), S. 82, Keinath (1973), S. 42 ff. und Friedman (1971), S. 285.

2) Vgl. Liepmann (1971), S. 75.

3) Mayer (1971), S. 242,vgl. auch Owens (1974), S. 123.

4) Vgl. Klopstock (1970), S. 12 ff.

5) Vgl. Holzheu (1971), S. 133.

6) Das Zweigstellennetz der großen britischen Banken, das noch aus der Kolonialzeit stammte, erlangte wegen der abnehmenden Rolle des Pfundes für den internationalen Zahlungsverkehr keine vergleichbare Bedeutung. Vgl. Born (1977), S. 307 ff. und Cohen (1971), S. 70 ff.

direkte internationale Zahlungsmittel zu verwenden. Dies ändert sich, als die Kooperationsbewegung Anfang der siebziger Jahre allen beteiligten Banken den direkten Zugang zu weltweiten Zahlungsverkehrsnetzen verschafft; denn damit wird ihnen erstmals die Möglichkeit gegeben, den internationalen Zahlungsverkehr auch auf Dollarbasis mittels relativ einfacher interner Verrechnung abzuwickeln, ohne US-Banken einschalten zu müssen[1)]. Internationale Zahlungsverkehrsnetze machen folglich erst die volle Entfaltung des Zahlungsmittelcharakters von Eurodollar-Sichtdepositen möglich. Die Ausdehnung der Geldeigenschaft auf andere wichtige Eurowährungen findet dann im Rahmen des schon analysierten Diversifizierungsprozesses statt. Durch den Abbau funktionaler und regionaler Beschränkungen in der Verwendbarkeit von Eurosichteinlagen zu Zahlungszwecken werden die Unterschiede im Grad der Geldeigenschaft zwischen Eurosichteinlagen und anderen Formen internationalen Geldes eingeebnet[2)].

"It is thus apparent, that a Eurodollar is no less than a money in its own right. While clearly related to the dollar in some ways, the Eurodollar must be regarded as an entirely separate currency, albeit with no apparent domicile, central

---

1) Die Möglichkeit, auf wirtschaftliche Weise Zugang zu einem internationalen Zahlungsverkehrsnetz zu erhalten, ist ein häufiges Argument deutscher Banken für die Kooperation. Vgl. z. B. Ulrich (1974), S. 70, Gottheiner (1972), S. 4, "Europas Banken rücken zusammen" (1972), S. 14 ff. und "Multinationale Bankpolitik mit europäischen Akzenten" (1973), S. 2.

2) Vgl. Ferrari (1971), S. 84. In bezug auf die Verleihung von Geldeigenschaft durch die Ausweitung eines Zahlungsverkehrsnetzes, innerhalb dessen bestimmte Aktiva als Geld verwendet werden, liegt eine Analogie zwischen Eurosichteinlagen und der Entwicklung von Banknoten. Waren diese ursprünglich nur Zertifikate über die Hinterlegung von Zahlungsmitteln (und damit liquide Aktiva), so erlangten sie bald selbst den Status von Geld, als sich der Bereich, in dem das Vertrauen zum Emittenten ihre Annahme an Zahlungsstatt ermöglichte, ausweitete. Vgl. Stucken (1949), S. 11 und Born (1977), S. 15 ff.

bank or mint[1]."

Von einigen Autoren wird die Bedeutung dieses Eigenschaftswandels mit dem Hinweis auf einen geringen Anteil der Eurosichteinlagen an den Gesamteinlagen relativiert. Mayer schreibt z. B.: "This is not to say that Euro-dollar deposits are not used for current account purposes at all: what is meant is that this is only a relatively insignificant aspect of the Euro-dollar system"[2]. Auch Owens scheint diese Ansicht zu teilen. Er beziffert den Anteil der Sicht- an den Gesamteinlagen der Eurobanken auf zwischen 5 % und 15 % und betont, diese Quote liege bei nationalen Banken üblicherweise zwischen 25 % und 50 %[3]. Nun lassen sich die von Owens genannten Zahlen für die Londoner Eurobanken, für die allein aussagekräftiges empirisches Material verfügbar ist, nicht belegen[4]. Für diese Gruppe von Banken schwankt der Anteil von Sicht- an den Gesamteinlagen in der Zeit von 1969 - 1976 nämlich zwischen 10 % und 20 %[5].

Ein bloßer Vergleich von Sichteinlagenquoten ist jedoch für die Analyse des zugrundeliegenden Problems wenig hilfreich, da die Argumentation von Mayer und Owens einen anderen wesentlichen Mangel aufweist. Beide Autoren lassen offenbar die für

1) Readman (1972), S. 27, vgl. auch Ferrari (1971), S. 84.

2) Mayer (1971), S. 242.

3) Vgl. Owens (1974), S. 121.

4) Die Londoner Eurobanken werden üblicherweise als repräsentativ für alle Eurobanken betrachtet. Das liegt sowohl an der besonders großen Bedeutung des Londoner Finanzplatzes als auch an der Tatsache, daß allein die Bank of England regelmäßig Daten über die Fristenstruktur der Aktiva und Passiva in fremden Währungen veröffentlicht.

5) Vgl. Bank of England, Quarterly Bulletin, div. Ausgaben, jeweils Tabelle: Maturity analysis of liabilities and claims of United Kingdom banks (and certain other institutions) in foreign currencies.

Eurobanken typische Kunden- und Geschäftsstruktur außer acht. Es ist empirisch belegt, daß der Nichtbankensektor der Euromärkte überwiegend aus multinationalen Konzernen besteht[1], also Wirtschaftssubjekten, deren Transaktionen durch außergewöhnliche Volumina gekennzeichnet sind. Aus der Theorie der Nachfrage nach Geld sind die Hypothesen bekannt, nach denen die Geldnachfrage von Wirtschaftssubjekten mit steigendem Transaktionsvolumen nur unterproportional zunimmt und ihre Zinselastizität als Folge effizienteren Kassenmanagements steigt[2]. Leider gibt es noch keine empirische Untersuchung über die Geldnachfrage multinationaler Unternehmen, so daß die obige Hypothese nicht empirisch getestet werden kann. Boarman hat jedoch darauf hingewiesen, daß viele multinationale Unternehmen in der Vergangenheit kein entwickeltes Kassenmanagement durchgeführt hätten[3]. Dieser Hinweis wird durch die Untersuchung von Robbins und Stobbaugh gestützt, wonach erst ein Drittel aller multinationalen Unternehmen ein effizientes Kassenmanagement betreibe, der Anteil aber ständig zunehme[4]. Selbst dann, wenn man also akzeptiert, daß multinationale Unternehmen in der Vergangenheit teilweise nicht rational handelten, kann daraus noch nicht geschlossen werden, die "economies of scale"-Hypothese treffe nicht zu; denn immerhin ist der Anteil der rational handelnden multinationalen Unternehmen größer als derjenige kleiner und rein national ausgerichteter Wirtschaftssubjekte, und zudem steigt die Zahl der Unternehmen ständig, die internationale Banken in ihr Kassenmanagement einschalten und so

---

1) Vgl. Brandes (1968), S. 165 f. und Morris, Little (1970), S. 61 ff.

2) Vgl. Abschnitt 1.4.2.

3) Vgl. Boarman (1975), S. 44.

4) Vgl. Robbins, Stobbaugh (1974), S. 46 f.

dessen "Rationalität" erhöhen. Es liegt deshalb nahe, anzunehmen, daß sich das tatsächliche Verhalten multinationaler Unternehmen zunehmend demjenigen angleicht, welches der Theorie entsprechend zu erwarten wäre. Es ist somit weder theoretisch überzeugend noch läßt es sich empirisch evident belegen, wenn die Zahlungsmitteleigenschaft von Eurosichtdepositen unter Hinweis auf ihren angeblich insignifikanten Anteil an den Gesamteinlagen der Eurobanken abgelehnt wird.

Indem internationale Bankenkooperation Eurosichteinlagen die Funktion von Zahlungsmitteln verschafft, erweitert sie gleichzeitig die Eigenschaftsbündel geldnaher Euroaktiva. Insbesondere erhöht sie ihren Liquiditätsgrad[1)], da sie ihre Zahlungsmittelnähe verändert. Solange Eurosichteinlagen die Funktion von Geld nur in rudimentärer Weise erfüllten, war die Zahlungsmittelnähe liquider Euroaktiva an der Höhe der Informations- und Transaktionskosten zu messen, die eine Umwandlung in Sichteinlagen bei Basisbanken verursachte. Kapitalverkehrskontrollen mit dem Ziel, gerade diese Umwandlung zu be- oder verhindern, senkten folglich den Liquiditätsgrad von Euroaktiva. Die internationale Kooperation, die ja nicht zuletzt als Reaktion auf zunehmende Kapitalverkehrsrestriktionen entstanden ist, gleicht den erwähnten Liquiditätsverlust nun nicht nur aus, sondern vermindert zudem die Kosten der Umwandlung liquider Aktiva in Zahlungsmittel, da sie Eurosichteinlagen Geldeigenschaften vermittelt hat. Indem die Kooperation darüber hinaus dazu beiträgt, Kosten und Risiken des Denominationswechsels zu senken, verschafft

---

1) Der Argumentation liegt die Vorstellung zugrunde, die Liquidität eines Aktivums entspreche dem Grad seiner Geldnähe. Das Ausmaß der Zahlungs- und Wertaufbewahrungsmittelnähe eines Aktivums ist infolgedessen das bestimmende Element seines Liquiditätsgrades. Vgl. Claassen (1970), S. 46 ff.

sie Euroaktiva eine in Relation zu vergleichbaren Basisaktiva größere Nähe zu internationalen Zahlungsmitteln in verschiedenen Währungen. Gleichzeitig verstärkt die Kooperation die Wertsicherheit von Euroaktiva und damit, deren Eigenschaft, Wertaufbewahrungsmittel zu sein. Die Ursache hierfür besteht in der Fähigkeit der kooperierenden Banken, ihr gemeinsames Sicherheitspotential durch die Bündelung der Kapitalbasen zu vermehren und gleichzeitig das Liquiditätsrisiko, dem alle international aktiven Banken ausgesetzt sind, durch die Steigerung der Refinanzierungssicherheit in allen wichtigen Transaktionswährungen zu senken.

Neben Neuerungen der Intermediation in bezug auf Aktiva löst internationale Bankenkooperation auch Intermediationswirkungen in bezug auf Passiva aus. Diese äußern sich insbesondere in der Fähigkeit kooperierender Banken, Finanztechniken anwenden und damit Kreditmodalitäten anbieten zu können, die den Präferenzen der Kreditnehmer besser angepaßt sind. Hierbei handelt es sich um Kredittechniken, die schon in den Abschnitten 1.4.1. und 1.4.2. beschrieben worden sind. Sie ermöglichen eine verstärkte Variabilität der Währungsbenennung aufgenommener Kredite sowie eine ausgeprägtere Fristen- und Risikotransformation durch die Banken. Diese Finanzierungsformen schließen nämlich derartige Refinanzierungs- und Placierungsrisiken ein, daß sie selbst von den größten nationalen Banken allein nicht getragen werden können[1]. Die ver-

---

1) Die Roll-over-Kredite mit Währungsoptionsklausel, die im Abschnitt 1.4.1. beschrieben wurden, sind ein Beispiel für Finanzierungstechniken mit einem beträchtlichen Refinanzierungsrisiko. Obwohl die "availability clause" letztlich die Möglichkeit ausschließt, daß die kreditgebende Bank illiquide wird, offenbart eine Bank, welche diese Klausel tatsächlich anwendet, die Grenzen ihres finanziellen Potentials. Sie riskiert damit, bedeutende Kunden an solche Banken zu verlieren, die dank Kooperation ausgedehntere Refinanzierungsgrenzen in allen wichtigen Transaktionswährungen haben.

breitete Anwendung derartiger Finanzierungstechniken ist folglich an die Existenz internationaler Bankenkooperation gebunden.

2.3.3. Auswirkungen auf die Portefeuille-Entscheidungen international aktiver Wirtschaftssubjekte

In den Abschnitten 2.3.1. und 2.3.2. sind die konkreten Auswirkungen der finanziellen Innovation herausgearbeitet worden, die durch internationale Bankenkooperation ausgelöst wurden. Auf dem Hintergrund dieser Argumentation sollen nunmehr die Einwirkungen des Innovationsprozesses auf die Determinanten solcher Portefeuille-Entscheidungen dargestellt werden, welche die Währungsstruktur bzw. die Strukturänderung betreffen.
Die bisherige Untersuchung hat in bezug auf die Portefeuille-Determinanten "Ertrag" und "Risiko" zu Ergebnissen geführt, die folgende Hypothesen fundiert erscheinen lassen.

Die nichtpekuniären Ertragskomponenten aller Euroaktiva haben durch zusätzliche Nutzenbestandteile - Zahlungsmitteleigenschaft bei Sicht- und Liquiditätszuwachs bei Termindepositen - zugenommen. Darüberhinaus sind die Kosten der Information, Kommunikation, Transaktionsabwicklung und Administration gesunken, da das gestiegene Sicherheits-, Elastizitäts- und Vermittlungspotential der kooperierenden Banken genutzt, weltweite Zahlungsverkehrsnetze geschaffen und funktionale und regionale Spezialisierungen durchgeführt werden.

Die Währungs- und Transferrisiken, denen sich vor allem Nichtbanken gegenübersehen, haben sich durch eine verbesserte Anpassung der Kreditmodalitäten an die Schuldnerpräferenzen vermindert. Die Insolvenz- und Refinanzierungsrisiken, die neue Finanzierungstechniken für international aktive Banken bergen, sind kalkulierbar gemacht und begrenzt worden.

Die dargestellten Schlußfolgerungen aus der theoretischen Analyse wirken sich in der Praxis so aus, daß sie die Währungsstruktur, die Voraussetzungen für eine Änderung der Währungsstruktur und die Anzahl international diversifizierter Portefeuilles verändern. Auf diese Weise können sie den Umfang und die Richtung kurzfristiger internationaler Kapitalbewegungen beeinflussen[1].

In den Abschnitten 2.2.1. und 2.2.2. ist das Problem untersucht worden, wann Transaktionsmittel in einer und wann sie in mehreren Währungen gehalten werden. Dabei stand die Alternative Basis- oder Eurodepositen nicht im Zentrum der Analyse. Da internationale Bankenkooperation aber speziell die Eigenschaften von Euroaktiva und -passiva verändert, soll nunmehr untersucht werden, ob sie damit auch die Rollenverteilung zwischen Basis- und Eurodepositen in international diversifizierten Portefeuilles verändern kann. Zu diesem Zweck wird das in Abschnitt 2.2.1. entwickelte Modell entsprechend Abbildung 8 modifiziert. Die mit "N" gekennzeichneten Variablen benennen nunmehr die Erträge bzw. Risiken von Eurodepositen, die mit "D" bezeichneten, diejenigen von Basisdepositen. Es wird angenommen, daß die Erträge von Eurodepositen von E_{N1} auf E_{N2} steigen, ihre Risiken von s^2_{N1} auf s^2_{N2} abnehmen und die Korrelation zwischen den Erträgen auf Euro- und Basisdepositen unverändert bleibt. Unter dieser - auf dem Hintergrund der vorangegangenen Untersuchung sicher gerechtfertigten - Annahme nimmt die Steigung der Ertragsgeraden $E_p(c)$ ebenso ab wie die Krümmung der Risikofunktion

1) Vgl. Goldsmith (1976) und die hier aufgeführte Literatur.

Abbildung 8

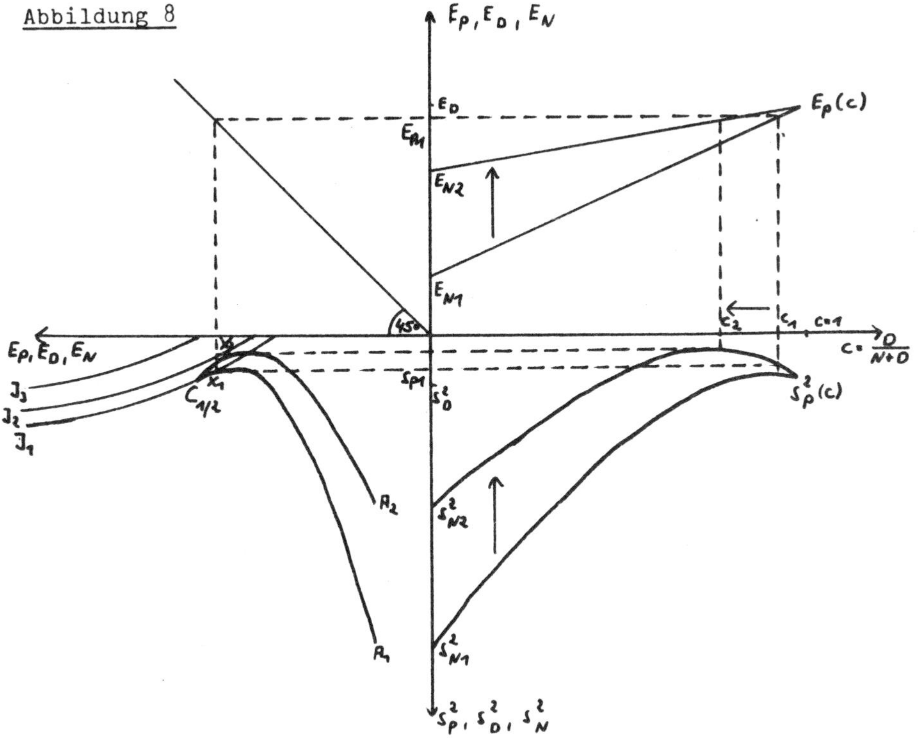

$s_p^2(c)$[1]. Beide Bewegungen verursachen eine Verlagerung der Kurve $A_1B_1C_1$ im dritten Quadranten in die Position $A_2B_2C_2$. Bei gegebenen Indifferenzkurven führt die erhöhte Steigung des effizienten Kurvenastes B_2C_2 folglich zu einem Berührungspunkt X_2, der durch ein höheres Nutzenniveau und ein niedrigeres Portefeuille-Risiko gekennzeichnet ist. Der neue

1) Die Krümmung der Risikofunktion ist bei gegebenem Korrelationskoeffizienten von der Differenz zwischen den Varianzen der beiden konzentrierten Portefeuilles abhängig. Sie ist umso größer, je stärker die Varianzen voneinander abweichen. Insofern besteht ein Unterschied zum Problem, das in Abschnitt 2.2.4. diskutiert wurde.

Berührungspunkt X_2 ist gleichbedeutend mit einer Verschiebung der optimalen Währungsstruktur des Portefeuilles - ausgedrückt durch die Verlagerung von c_1 nach c_2 - zu Lasten der Basis- und zu Gunsten der Eurodepositen. Wenn zudem Kapitalverkehrskontrollen den Nutzen von Basis- und Eurodepositen unterschiedlich beeinflussen, dann kann sich dies in einer verringerten Korrelation der Erträge niederschlagen und die Verschiebung der Währungsstruktur in der angegebenen Richtung noch verstärken.
Die Fortschritte in der Finanztechnologie durch internationale Bankenkooperation fördern also nicht nur eine generelle Diversifikation der Währungsstruktur, sondern steigern zusätzlich den Anteil von Eurodepositen und Eurokrediten an international diversifizierten Portefeuilles. Bezieht man einen Zeitraum von mehr als einer Periode in die Analyse ein, dann ist dieses Ergebnis gleichbedeutend damit, daß auch ein steigender Anteil derjenigen Aktiva und Passiva die Form von Eurodepositen und Eurokrediten annimmt, die im Zuge einer Zunahme des Transaktionsvolumens und des Einkommens neu gebildet werden[1].
Eine weitere interessante Konsequenz der Wirkungen internationaler Kooperation ergibt sich, wenn die in Abbildung 9 wiedergegebene Beziehung zwischen den Erträgen und der Zahl international diversifizierter Portefeuilles bei jeweils gegebenen Transaktionskosten unterstellt wird.
Die Abbildung impliziert die Vorstellung, daß sich die Existenz von Transaktions-Fixkosten in einer Diversifizierungs-Indifferenzmarge niederschlägt, die von der Höhe des Trans-

---

1) Dieses Resultat wird gestützt durch das enorme Wachstum der Bestände an Euroaktiva wie es in den Tabellen 12 und 13 auf S. 114 f. zum Ausdruck kommt.

Abbildung 9

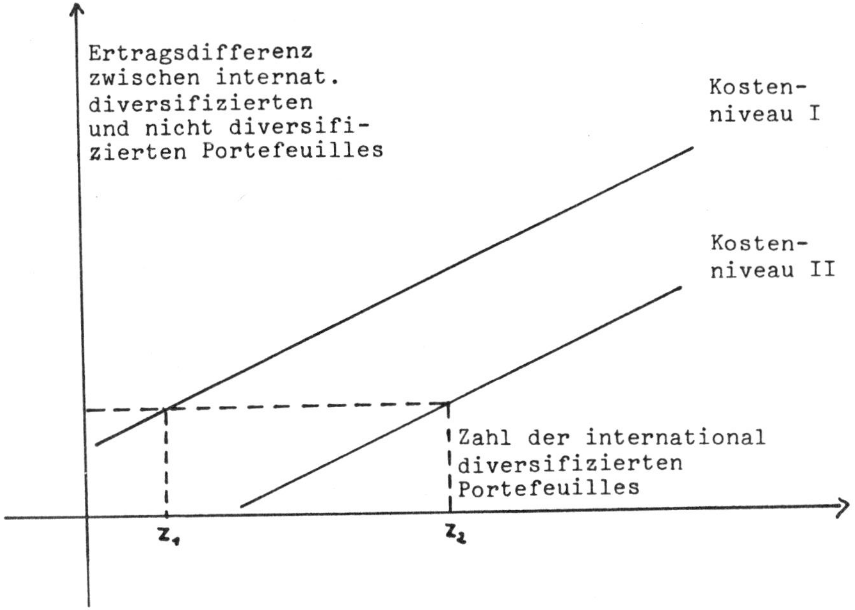

aktionsvolumens abhängt und deshalb für verschiedene Gruppen von Wirtschaftssubjekten unterschiedlich groß ist. Bei gegebenem Kostenniveau steigt somit entsprechend Abbildung 9 die Zahl der international diversifizierten Portefeuilles, wenn bei konstanter Risikoverteilung der erwartete Ertragsvorteil der diversifizierten Portefeuilles zunimmt. Zum gleichen Ergebnis führt c.p. auch eine Senkung des Transaktionskostenniveaus bei konstanten Ertragserwartungen. Im Ausmaß, in dem internationale Bankenkooperation dazu beiträgt, alle mit einer Diversifikation der Währungsstruktur zusammenhängenden Kosten zu senken, erhöht sie die Zahl derjenigen Wirtschaftssubjekte, für die die Grenzkosten der Portefeuille-Diversifikation niedriger sind als der Grenznutzen einer solchen Maßnahme in Form eines niedrigeren Risikos[1].

Wirtschaftssubjekte ändern die Währungsstruktur ihrer Portefeuilles, um sie an eine zwischenzeitlich eingetretene Datenänderung anzupassen. Deshalb ist die Entscheidung, das Transaktionsmittel-Portefeuille in einer bestimmten Weise zu diversifizieren, keine ein-für-alle-mal-Entscheidung. Sie ist nur der Ausgangspunkt für eine Serie von zeitlich mehr oder weniger weit auseinanderliegenden Entscheidungen, die Währungsstruktur veränderten Daten - Zinssätzen, Wechselkurserwartungen, Kapitalverkehrskontrollen - anzupassen. Transaktions- und Informationskosten veranlassen die Wirtschaftssubjekte aber, auf eine Portefeuilleanpassung solange zu verzichten, wie der zusätzliche Nutzen einer solchen Maßnahme eine Indifferenzmarge nicht überschreitet, die von der Kostenhöhe bestimmt wird. Datenänderungen werden deshalb erst dann Anpassungsmaßnahmen auslösen, wenn ihr Grenzertrag, gemessen durch die Indifferenzkurve des betroffenen Wirtschaftssubjektes, ihre Grenzkosten übersteigt. Die Fähigkeit international kooperierender Banken, die Kosten von Fremdwährungstransaktionen zu vermindern, senkt die Indifferenzmarge des Nutzens und führt folglich dazu, daß schon geringere Datenänderungen als vorher ausreichen, Anpassungen der Währungsstruktur international diversifizierter Portefeuilles zu veranlassen.

---

1) Goldsmith (1976, S. 1128 ff.) kommt in einer Analyse des Einflusses von Transaktionskosten auf die Zahl der in einem Portefeuille enthaltenen Aktiva zu einem entsprechenden Ergebnis. Sinkende Transaktionskosten führen bei ihm zu einer Zunahme der im Portefeuille enthaltenen Titel. Er begründet sein Ergebnis mit der Feststellung, daß die zur Risikosenkung erwünschte Diversifikation erst dann realisiert wird, wenn die Grenzerträge der Aufnahme eines zusätzlichen Aktivums in Form sinkenden Risikos die Grenzkosten übersteigen, die dadurch verursacht werden.

Die theoretische Untersuchung der Auswirkungen, die internationale Bankenkooperation auf die Entscheidungen der Wirtschaftssubjekte über die Währungsstruktur ihrer Portefeuilles ausübt, hat somit folgende Ergebnisse gebracht. Die Zahl international diversifizierter Portefeuilles müßte gestiegen sein und ihre Struktur sich dahingehend verändert haben, daß der Anteil von Eurodepositen und Eurokrediten zugenommen hat. Darüberhinaus dürften schon geringere Datenänderungen als früher ausreichen, Maßnahmen zur Anpassung der Währungsstruktur auszulösen. Alle diese Ergebnisse zusammen münden in die Schlußfolgerung, daß internationale Bankenkooperation sowohl das Volumen als auch die Ertrags- und Risikoelastizität kurzfristiger internationaler Kapitalbewegungen gesteigert haben müßte.

3. DER EINFLUSS INTERNATIONALER BANKENKOOPERATION AUF DIE FUNKTIONEN DER INTERNATIONALEN FINANZMÄRKTE

Dieses Kapitel dient dem Zweck, die Ergebnisse der mikrotheoretischen Untersuchung des vorangegangenen Kapitels zu belegen. Diese beschäftigte sich mit dem Kalkül, den international aktive Wirtschaftssubjekte anstellen, um ihre Transaktionsmittelbestände nach rationalen Kriterien zu strukturieren. Diesbezügliche Handlungen jeder einzelnen Entscheidungseinheit schlagen sich in den Gesamtergebnissen der Marktprozesse nieder, die auf den Finanzmärkten ablaufen. Deshalb ist es möglich und sinnvoll, theoretisch abgeleitete und deshalb für wahrscheinlich gehaltene grundlegende Änderungen des Entscheidungsergebnisses mit Hilfe makroökonomischer Aggregate zu überprüfen, die das Gesamtergebnis des Marktprozesses widerspiegeln.

Diese Aggregate ergeben sich aus den wesentlichen Funktionen, die jedes Finanzsystem[1], sei es national oder international, in jeweils mehr oder weniger ausgeprägter Form erfüllt. Dazu gehört die Vermittlung finanzieller Aktiva zwischen letzten Schuldnern und letzten Gläubigern sowie die Bereitstellung von Zahlungsmitteln. Da im Zuge der Vermittlung finanzieller Aktiva Liquidität bloß vermittelt, aber auch neu geschaffen werden kann, bestehen die relevanten Aggregate aus dem Ausmaß der Liquiditätsvermittlung, dem Grad der Liquiditätsschaffung und dem Umfang der Geldschöpfung auf den internationalen Finanzmärkten. Der Zusammenhang zwischen der Entwicklung dieser Größen und den Auswirkungen internationaler Bankenkooperation soll in den folgenden beiden Abschnitten entwickelt werden. Die Verfügbarkeit geeigneten empirischen Materials macht es dabei möglich, die Aussagen über die Liquiditätsvermittlung und -schaffung durch das Eurofinanzsystem empirisch zu untermauern. Ein ähnliches Vorgehen in bezug auf die Frage der Geldschaffung durch das Eurobanksystem ist jedoch nicht möglich. Das liegt zwar auch daran, daß es an geeignetem Zahlenmaterial fehlt, in viel stärkerem Ausmaß jedoch daran, daß der theoretische Ansatz, mit dessen Hilfe diese Funktion des Eurobanksystems üblicherweise untersucht wird, erhebliche konzeptionelle Mängel aufweist.

---

1) Das Finanzsystem wird als Aggregat aller Finanzintermediäre betrachtet, aller Wirtschaftssubjekte also, deren Angebots- und Nachfrageaktivitäten sich nahezu ausschließlich auf die monetären und finanziellen Märkte beschränken. Die Gruppe der Finanzintermediäre läßt sich nach verschiedenen Kriterien - z. B. regionalen oder funktionalen - gliedern. Unter regionalen Gesichtspunkten bilden z. B. alle Finanzintermediäre mit Domizil im Geltungsbereich einer Währung ein nationales Finanzsystem, während das Zusammenwirken bestimmter bzw. aller nationalen ein bzw. das internationale Finanzsystem konstituiert. Unter funktionalen Gesichtspunkten bildet die Geldschöpfungsfähigkeit das Zuordnungskriterium zur Gruppe der monetären bzw. paramonetären Finanzintermediäre. Die Gesamtheit der ersteren bildet das Bankensystem.

Aus diesen Gründen beschränkt sich der zweite der folgenden Abschnitte darauf, die "herrschende Meinung"[1] zu dieser Frage auf ihre Relevanz hin zu überprüfen und einen geeigneteren Ansatz zu skizzieren.

3.1. Die Ausweitung der Schaffung und der Vermittlung von Liquidität durch das Eurofinanzsystem

Im Rahmen der Diskussion über den geeigneten theoretischen Ansatz zur Beschreibung der monetären Effekte der Euromärkte stehen sich seit Beginn der Auseinandersetzung zwei Ansichten gegenüber[2]. Die restriktivere von beiden erklärt die auf den internationalen Finanzmärkten beobachteten Erscheinungen, indem sie, auf die allgemeine Theorie der finanziellen Intermediation rekurrierend, dem Eurobanksystem die Fähigkeit zuschreibt, analog einem System paramonetärer Finanzintermediäre im nationalen Bereich, die Liquidität der Weltwirtschaft ebenso wie diejenige nationaler Volswirtschaften zu erhöhen.
Im Gegensatz zur "Geldschöpfungsthese", in deren Untermauerung erheblicher empirischer Aufwand investiert wurde[3], scheint die Plausibilität der "Liquiditätsschöpfungsthese" empirische

---

1) Vgl. Menrad (1976), S. 220 ff.

2) Vgl. Abschnitt 2.3.2. und die dort zu dieser Kontroverse angegebenen Literaturhinweise. Machlup (1970, S. 219) ist der Meinung, diese Kontroverse beruhe zu einem beträchtlichen Teil auf einem "lack of conceptual clarity" bzw. einer "prevailing poverty of conceptualisation". Die Tatsache, daß das Niveau der Diskussion durch viele voreilige und simplifizierende Beiträge beeinträchtigt wurde, kommentiert er mit der Bemerkung: "There has been much confusion even among experts in the field, attributable probably to their courage, which led them to talk about the system before they had thought about it and to try to think before they had the necessary conceptual preparation".

3) Vgl. Fratianni, Savona (1971), S. 118 ff., Friedrich (1970), S. 339 ff. und Lee (1973), S. 867 ff.

Untersuchungen lange erübrigt zu haben. So wurde erst verhältnismäßig spät versucht, das Ausmaß der Liquiditätsschöpfung durch das Eurobanksystem abzuschätzen[1]. Das Ergebnis dieser Untersuchung, die von Niehans und Hewson durchgeführt worden ist, überrascht insofern, als es vermuten läßt, die Liquiditätsschaffung sei im Verhältnis zur Liquiditätsvermittlung durch das Eurobanksystem bedeutungslos. Da die Autoren ihre Analyse auf einen Zeitpunkt, den 30.9.1973, beziehen, unterwerfen sie diese einer unnötigen zeitlichen Limitation und veranlassen folglich erhebliche Zweifel an der fortdauernden Gültigkeit ihres Ergebnisses. Es ist deshalb naheliegend, das Resultat zu überprüfen und zu diesem Zweck sämtliches verfügbares Datenmaterial zu verwenden; denn besonders auf dem Hintergrund der mikrotheoretischen Untersuchung im zweiten Kapitel dieser Arbeit besteht die Vermutung, daß zwischenzeitliche Entwicklungen - vor allem der weitere Ausbau der internationalen Bankenkooperation - die Struktur des internationalen Bankensystems grundlegend verändert und damit die Ergebnisse der zeitlich eng limitierten Arbeit von Niehans und Hewson überholt haben.

Bevor jedoch versucht wird, das Ausmaß internationaler Liquiditätsvermittlung- und -schaffung empirisch zu ermitteln und ihre Entwicklung auf dem Hintergrund internationaler Bankenkooperation darzustellen, soll das theoretische Konzept, welches der Untersuchung zugrunde liegt, kurz erläutert werden.

---

1) Vgl. Niehans (1971), S. 287 ff. und Niehans, Hewson (1976), S. 8 ff.

3.1.1. Ein Modell internationalen Forderungstransfers

Wie schon erwähnt, besteht eine der wichtigsten Funktionen eines jeden Finanzsystems darin, finanzielle Forderungen zwischen letzten Schuldnern und letzten Gläubigern zu übertragen. Dieser Forderungstransfer wird dann effizient abgewickelt, wenn die Kosten, die ein bestimmtes Kreditvolumen verursacht, minimiert werden[1]. In der internationalen Finanzsphäre übernimmt das Eurofinanzsystem, dessen interne Struktur in Abbildung 10 wiedergegeben ist, einen wesentlichen Teil der Funktion internationalen Forderungstransfers[2].

---

1) Sind die Kosten K dem Kreditvolumen V proportional und folglich als Prozentsatz darstellbar, dann ergeben sich die gesamten Kosten Kij eines zwischen letztem Gläubiger i und letztem Schuldner j übertragenen Kredites vij für den Gläubiger mit aij und für den Schuldner mit dij. Sollen die totalen Transaktionskosten des Systems K für ein bestimmtes Vij minimiert werden, so ergibt sich ein Problem, das in der Gleichung

$$K = \sum_i \sum_j (a_{ij} + d_{ij})v_{ij} \quad ! \min$$

formuliert ist. Es ist mit Hilfe linearer Programmierung lösbar. Die optimale Lösung schließt nur solche Transaktionen ein, für die die Zinsspanne (unter Berücksichtigung etwaiger Gebühren, Spesen etc.) zwischen Gläubiger und Schuldner gerade die zwischen ihnen entstehenden Kosten deckt. Bei allen anderen Transaktionen entsteht für einen der beteiligten Partner ein Verlust. Die optimale Lösung ist folglich konsistent mit einem System vollkommener Konkurrenz, in dem jedes Wirtschaftssubjekt seinen Gewinn auf der Basis von Zinsdifferenzen maximiert, die vom Markt bestimmt werden. Ein reales Finanzsystem entspricht somit dem Zustand, der durch die optimale Lösung beschrieben wird, umso eher, je mehr es sich dem Modell vollkommener Konkurrenz annähert. Vgl. Niehans (1969), S. 706 ff.

2) Vgl. die Darstellung bei Niehans, Hewson (1976), S. 18 ff.

Abbildung 10

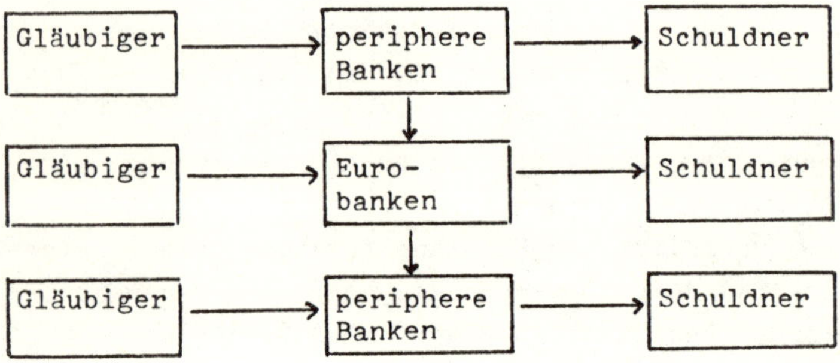

Jeder der mit Pfeilen verdeutlichten Forderungstransfers verursacht Kosten der Information, Kommunikation, Transaktionsabwicklung und Verwaltung sowie steuerliche Belastungen in jeweils unterschiedlicher Höhe für jedes Gläubiger-Schuldner-Paar, welches im Rahmen dieses Übertragungsprozesses entsteht. Dabei sind die gesamten Transferkosten bei Transaktionspaaren ohne in der Regel höher als bei solchen mit Bankbeteiligung. Ansonsten würde der Anreiz fehlen, das Finanzsystem in den Prozeß der Forderungsübertragung einzuschalten. Transaktionskostenvorteile veranlassen Nichtbanken somit üblicherweise, die Zwischenschaltung von Finanzunternehmen, insbesondere Banken, einem direkten Aktivatausch untereinander vorzuziehen[1]. Das internationale Finanzsystem selbst setzt sich aus peripheren und Eurobanken zusammen. Transaktionskostenvorteile der Eurobanken in Verbindung mit Unvollkommenheiten der eigenen nationalen Finanzmärkte veranlassen viele periphere Banken, Teile ihrer Überschußliquidität in das Finanzzentrum zu lenken bzw.

---

1) Vgl. Moore (1968), S. 95 ff.

ihre Liquiditätsdefizite teilweise aus diesem zu decken, statt selbst andere periphere Banken oder Nichtbanken mit entsprechenden Liquiditätsdefiziten bzw. -überschüssen zu suchen. Dabei gilt diese Aussage besonders für Banken in Ländern, die nur kleine oder nur rudimentär ausgebildete Geld- und Kapitalmärkte aufweisen. Für Banken in den USA z. B., die den größten und wohl am höchsten entwickelten Geldmarkt der Welt besitzen, dürften die Euromärkte kaum Transaktionskostenvorteile gegenüber dem heimischen Geldmarkt bieten[1].

Für die Fragestellung dieses Kapitels, die ja darin besteht, in welchem Ausmaß im Eurofinanzsystem Liquidität vermittelt bzw. geschaffen wird, sind zwei der drei typischen Transaktionspaare relevant. Das sind das Paar, das aus Eurobanken und Nichtbanken besteht und das Nichtbankengeschäft beschreibt, sowie das Paar, welches aus Eurobanken und peripheren Banken besteht und das Interbankgeschäft darstellt.

3.1.2. Das Ausmaß der Schaffung und Vermittlung von Liquidität durch das Eurobanksystem

Untersuchungen über die Liquiditätswirkungen von Finanzunternehmen liegt häufig ein Bruttoliquiditätskonzept zugrunde[2]. Dieses Konzept verwendet den Umfang eines monetären Aggregates, welches nur die Passiva des untersuchten Bankensystems umfaßt, als Maßstab für dessen Liquiditätswirkungen. Nach

---

1) Vgl. Brandes (1968), S. 267 ff. und Aschinger (1971), S. 301 ff. Dennoch haben auch diese Banken den Eurogeldmarkt zeitweise in beträchtlichem Ausmaß dazu benutzt, eigene Liquiditätsdifferenzen auszugleichen. Vgl. Kvasnicka (1969), S. 11.

2) Die Anmerkungen zum Liquiditätskonzept folgen Niehans, Hewson (1976), S. 8 ff.

diesem Konzept nimmt die Liquidität des Nichtbanksektors immer dann zu, wenn sich c.p. seine Einlagen im Bankensystem erhöhen. Der Nachteil dieses Maßstabes besteht darin, daß er die Aktiva des Bankensystems außer Acht läßt und deshalb den Liquiditätseinfluß auf die Entscheidungen der Nichtbanken nur unvollkommen widerspiegelt. Diesen Mangel vermeidet das Nettoliquiditätskonzept, welches sowohl die Aktiva als auch die Passiva des betrachteten Bankensystems einbezieht. Als Maßstab für die Nettoliquidität, die ein Bankensystem geschaffen hat, dient ein Transformationsfaktor. Dieser ergibt sich als Differenz der Liquiditätsfaktoren der Passiv- und der Aktivseite der aggregierten Bilanz des Bankensystems. Diese Liquiditätsfaktoren werden durch Summierung der entsprechend ihrer jeweiligen Geldnähe gewichteten Aktiv- bzw. Passivpositionen gebildet. Entsprechend diesem Konzept wird umso mehr Nettoliquidität geschaffen, je größer die Differenz der Liquiditätsfaktoren und damit die Fristentransformation durch das Eurobanksystem ist. Umgekehrt wird umso eher bloße Liquiditätsvermittlung betrieben, je geringer die Differenz der Liquiditätsfaktoren ist. Die folgende Untersuchung baut auf den Grundstrukturen der Arbeit von Niehans und Hewson auf[1] und erstreckt sich

---

1) So wird ebenso wie bei Niehans und Hewson von einem Nettoliquiditätskonzept ausgegangen. Zudem werden die willkürlich festgesetzten Liquiditätsmaße grundsätzlich übernommen und auch eine negative und monotone Beziehung zwischen Liquiditätsmaß und Fristigkeit unterstellt.

auf den Zeitraum von März 1973 bis Mai 1977[1]. Aktiva und Passiva werden entsprechend Tabelle 2 in vier Fristigkeitsklassen eingeteilt, denen jeweils ein bestimmtes Liquiditätsmaß zugeordnet ist[2].

Tabelle 2 Fristigkeitsklassen und die ihnen zugeordneten Liquiditätsmaße

Fristigkeitsklasse	Fristigkeit (Tage)	Liquiditätsmaß
1	0 bis 8	0,9
2	8 bis 90	0,7
3	90 bis 360	0,5
4	mehr als 360	0,2

1) Mangels anderer statistischer Unterlagen über die Fälligkeit von Euroaktiva und -passiva ist jede Untersuchung der Fristentransformation durch das Eurobanksystem auf die Daten der Bank of England über die Fremdwährungsforderungen und -verbindlichkeiten der in England domizilierenden Banken angewiesen. Eine Verwendung dieser Daten impliziert dann natürlich die Annahme, die Londoner Eurobanken seien repräsentativ für alle Eurobanken. Vgl. Bank of England, Quarterly Bulletin, Table: Maturity analysis of liabilities and claims of UK banks and certain other institutions in foreign currencies.

2) Ohne dadurch den Informationsgehalt der Ergebnisse zu beeinflussen, wurde die Zahl der Fristigkeitsklassen auf vier vermindert und die Werte der Liquiditätsmaße entsprechend angepaßt. Die theoretische Problematik dieser Zuordnung wird von Niehans und Hewson (1976, S. 9) folgendermaßen beschrieben: "A monetarist would tend to argue that there is a marked fall in the weights once we go beyond M_2 and that there is a large difference in the weights assigned to demand deposits and, say, treasury bills. A "Radcliffian" would see a very gradual decline in weights from monetary to nonmonetary assets. A nonmonetarist would feel that the difference in weights between demand deposits and treasury bills is relatively small and probably smaller than between treasury bills and, say, mortgages."

Eine Analyse der Zahlen über das Gesamtgeschäft der betrachteten Eurobanken, die in Tabelle 15 im Anhang aufgeführt sind, zeigt, daß der Transformationsfaktor im Zeitraum zwischen 1969 und 1977 von 1,71 auf 8,76 erheblich zugenommen hat. Trotz dieser Steigerung ist er im Verhältnis zum maximal

Tabelle 3 Liquiditäts- und Transformationsfaktoren im Gesamtgeschäft der Londoner Eurobanken

Zeit	Liqu.faktoren d.Forderungen	Liqu.faktoren d.Verbindl.	Transformations-faktoren
7/69	69,05	70,76	1,71
7/70	66,32	70,37	4.05
10/71	62,04	66,13	4.09
10/72	60,48	65,41	4,93
9/73	61,00	65,08	4,08
5/74	60,57	66,03	5,46
5/75	56,61	65,63	9,02
2/76	56,80	65,43	8,63
11/76	57,03	65,99	8,96
5/77	56,83	65,59	8,76

Quelle: Tabelle 15

möglichen Faktor von 70[1] niedrig. Für jede Währungseinheit der Einlagen beträgt die Liquiditätsschaffung somit nur 0,0876 Währungseinheiten.

---

1) Der bei den gemachten Annahmen maximale Transformationsfaktor wird ermittelt, indem man unterstellt, alle Einlagen seien in der Fristigkeitsklasse 1 und alle Kredite in der Fristigkeitsklasse 4. Dann folgt (100 x 0,9) - (100 x 0,2) = 70.

Detailliertere Aussagen sind möglich, wenn die Liquiditätsfaktoren für das Geschäft mit Nichtbanken und das Interbankgeschäft gesondert ermittelt werden. Die in Tabelle 4 und Abbildung 11 wiedergegebenen Daten über das Geschäft der Eurobanken mit Nichtbanken zeigt, daß sich die Transformationsfaktoren im Beobachtungszeitraum von 16,21 auf 31,08 nahezu verdoppelt haben. Die Fristentransformation und damit auch die Liquiditätsschaffung durch das Eurobanksystem hat damit auch absolut ein beachtliches Niveau erreicht.

Tabelle 4 Liquiditätsfaktoren und Transformationsfaktoren im Geschäft der Londoner Eurobanken mit Nichtbanken

Zeit	Liqu.faktoren d.Forderungen	Liqu.faktoren d.Verbindl.	Transformationsfaktoren
7/69	53,77	69,98	16,21
7/70	52,61	71,42	18,81
10/71	49,38	65,44	16,06
10/72	47,39	64,97	17,58
9/73	51,37	66,96	15,23
5/74	47,80	68,90	21,10
5/75	38,27	69,60	31,33
2/76	37,59	68,62	31,03
11/76	36,48	69,86	33,38
5/77	37,25	68,33	31,08

Quelle: Tabelle 15

Abbildung 11 Liquiditätsfaktoren und Transformationsfaktoren im Geschäft der Londoner Eurobanken mit Nichtbanken

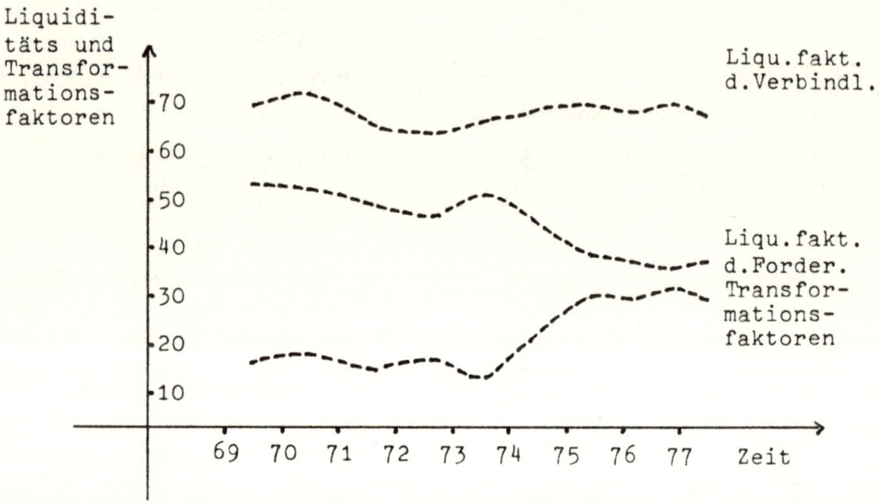

Quelle: Tabelle 4

Abbildung 11 verdeutlicht jedoch auch, daß diese Entwicklung nicht kontinuierlich vor sich gegangen ist. An einen die Jahre 1969 bis 1973 umfassenden Zeitraum relativ konstanter schließt sich eine von 1974 bis zum Frühjahr 1975 reichende Zeit stark steigender Transformationsfaktoren an. Seither wird das erreichte hohe Niveau der Fristentransformation durch das Eurobanksystem gehalten. Allerdings zeigt eine genauere Betrachtung der Liquiditätsfaktoren, daß sich ein Trend zu einer steigenden Fristentransformation schon viel früher, nämlich im Verlauf des Jahres 1972 eingestellt hätte, wenn nicht die Liquiditätsfaktoren der Forderungen in außergewöhnlicher Weise angewachsen wären. Diese Zunahme ist darauf zurückzuführen, daß der Anteil der Kredite mit einer Laufzeit von über einem Jahr von 37,3 % im Oktober 1972 auf nurmehr 29,8 % im September 1973 zurückging. Eine wesentliche Ursache für diese vorübergehende Unterbrechung des Trends zu steigender Fristentransformation dürfte in der verstärkten Aufnahme kurzfristiger Spekulationskredite im Verlauf der Währungskrisen des Jahres 1973 zu suchen sein[1]. Denn immerhin betrug der Anteil der Kredite mit einer Laufzeit von mehr als einem Jahr schon im Frühjahr 1974 wieder 40,1 %. Zudem dürfte eine Verhaltensweise eine Rolle gespielt haben, die aus der Zinsstrukturtheorie bekannt ist. Danach halten sich Schuldner mit der Aufnahme langfristiger Kredite in Zeiten hoher Zinsen zurück, wenn sie sinkende Zinssätze erwarten. Sie finanzieren ihre Vorhaben vielmehr kurzfristig vor und konsolidieren sie bei niedrigeren Zinsen dann endgültig und langfristig. Für die Annahme, daß derartige Verhaltensweisen der Nichtbanken für den außergewöhnlich hohen Liquiditätsfaktor der Forderungen von Eurobanken im Jahre 1973 wesentlich mitverantwortlich waren, spricht, daß die Anteile der Kredite mit einer Laufzeit von über einem Jahr mit Beginn der ausgeprägten Zinsbaisse seit 1974 von 40,1 % im März 1974 auf 59,2 % im Mai 1975 und 60,7 % im Mai 1977 anstiegen. Diese beiden Faktoren, die vorübergehend das Ausmaß der Fristentransformation durch Eurobanken verringern konnten, wurden durch die Konsequenzen der Ölkrise, die im Herbst 1973 ausbrach, überlagert. Sie unterstützten in der folgenden Zeit bis Mitte 1975 eine starke Zunahme der Fristentransformation. Seitdem lassen sich relativ konstante Transformationsfaktoren beobachten, was darauf hinzudeuten scheint, daß die auffällige Entwicklung der Vorperiode zumindest unterbrochen ist.

Niehans und Hewson haben in ihrer Untersuchung die Meinung vertreten, die Daten der Bank von England, die auch dieser Untersuchung zugrundeliegen, vermittelten ein erheblich über-

---

1) Deutsche Bundesbank (1973 a), S. 46 ff.

triebenes Bild der tatsächlichen Fristentransformation[1]. Sie begründen ihre Ansicht mit dem Hinweis, daß Eurobanken überwiegend Roll-over-Kredite vergäben, die ihnen üblicherweise die Möglichkeit böten, den Kredit zu jedem "roll-over-term" zu kündigen, wenn ihnen eine Anschlußfinanzierung nicht möglich sei. Deshalb sei es erforderlich, den Fristigkeitsberechnungen die roll-over Perioden nicht aber die vereinbarten Kreditlaufzeiten (commitment periods) zugrundezulegen. Diese Ansicht kann nicht überzeugen. Zwar enthalten Roll-over-Kreditverträge üblicherweise sog. escape-Klauseln, die eine vorzeitige Kreditkündigung rechtlich absichern würden, doch kann eine Eurobank eine solche Klausel nur in Ausnahmefällen auch tatsächlich in Anspruch nehmen. Wenn sie nämlich einen Kredit kündigt, weil ihr die Anschlußfinanzierung nicht gelingt, offenbart sie die Grenzen ihres Refinanzierungspotentials und veranlaßt den Schuldner, zu leistungsfähigeren Konkurrenten zu wechseln. Die tatsächliche Fristentransformation durch Eurobanken dürfte deshalb eher auf der Basis der "commitment periods" als auf derjenigen der "roll over periods" zu ermitteln sein. Die Gefahr, daß in extremen Ausnahmesituationen allgemein Kreditkündigungen erfolgen können und auf diese Weise eine umfangreiche Liquiditätsvernichtung stattfindet, ist jedoch nicht auszuschließen.

Mit diesen Ausführungen ist jedoch noch nichts über die Bedeutung der Liquiditätsschöpfung des Eurobanksystems gesagt, da es an einem Vergleichsmaßstab fehlt. Um einen solchen zu erhalten, hat Hewson versucht, die Fristentransformation in vier nationalen Bankensystemen abzuschätzen und mit derjenigen von verschiedenen Untergruppen des Eurobanksystems zu vergleichen[2].

---

1) Vgl. Niehans, Hewson (1976), S. 13.

2) Vgl. Hewson (1975), S. 48 ff.

Dabei kommt er für das Jahr 1973 für die Gruppe der Konsortialbanken zu dem Ergebnis, daß sie: "... a more significant degree of maturity transformation, not only quite noticeable more than any other group of Eurobanks, but also more than two of the domestic banking systems" aufwiesen[1]. Unter Hinweis auf die geringe Zinsmarge auf den Euromärkten bezeichnet er dieses Resultat seiner Untersuchungen allerdings als unwahrscheinlich und führt es auf spezielle Berichtspraktiken der Konsortialbanken zurück.
Nun zeigen aber die Tabellen 8 und 10, daß nicht nur die Fristentransformation der Konsortialbanken seit 1973 beträchtlich gestiegen ist, sondern auch, daß die ursprünglichen Differenzen zwischen der Fristentransformation der verschiedenen Bankengruppen inzwischen nahezu verschwunden sind. Wenn, wie Hewson vermutet, Konsortialbanken tatsächlich eine spezielle Berichtspraxis anwenden, dann muß aus den empirischen Untersuchungen gefolgert werden, daß diese Praxis inzwischen von allen Eurobanken übernommen worden sein muß. Dafür gibt es in den Veröffentlichungen der Bank von England jedoch keinerlei Anhaltspunkt. Folglich liegt die Annahme nahe, die Fristentransformation und damit auch die Liquiditätsschaffung des Eurobanksystems habe sich derjenigen nationaler Bankensysteme angeglichen.
Zusammenfassend kann somit festgestellt werden, daß die Fristentransformation und damit die Schaffung von Liquidität im Geschäft der Eurobanken mit ihren Nichtbankkunden im Untersuchungszeitraum beträchtlich angestiegen ist und ein auch im Vergleich mit nationalen Bankensystemen hohes Niveau erreicht hat.

---

1) Hewson (1975), S. 67.

Ganz anders stellt sich die Situation im Interbankgeschäft dar. Die in der Tabelle 5 wiedergegebenen Transformationsfaktoren, die Werte zwischen -1,10 und 1,85 annehmen, belegen nämlich, daß Fristentransformation so gut wie gar nicht erfolgt. Tabelle 15 im Anhang zeigt zudem, daß die ohnehin äußerst

Tabelle 5 Liquiditätsfaktoren und Transformationsfaktoren im Interbankgeschäft der Londoner Eurobanken

Zeit	Liqu.faktoren d.Forderungen	Liqu.faktoren d. Verbindl.	Transformationsfaktoren
7/69	72,38	71,63	-0,75
7/70	70,70	70,16	-0,54
10/71	67,41	66,31	-1,10
10/72	65,09	65,35	0,26
9/73	64,24	64,74	0,50
5/74	65,45	65,55	0,10
5/75	64,08	64,98	0,90
2/76	64,24	64,86	0,62
11/76	64,48	65,37	0,89
5/77	64,29	66,14	1,85

Quelle: Tabelle 15

geringfügige Transformation fast vollständig innerhalb von zwei Fristenklassen ausgeglichen wird, die bei einer Zusammenfassung der Klassen 1 und 2 sowie 3 und 4 entstehen. Diese Ergebnisse belegen somit eindeutig, daß sich die Interbanktransaktionen der Eurobanken nahezu ausschließlich auf die internationale Liquiditätsvermittlung konzentrieren. Diese Feststellung wird zusätzlich durch die wechselnden Vorzeichen der Transformationsfaktoren unterstrichen. Die Vorzeichenwechsel zeigen nämlich an, daß das Eurobanksystem zeitweise sogar eine geringfügig negative Fristentransformation im Interbankgeschäft betreibt. Diese Tatsache ist im wesentlichen auf die bedeutende Rolle zurückzuführen, welche die Filialen amerikanischer und japanischer Banken traditionell am Eurogeldmarkt spielen. Sie stellen im Rahmen ihres Interbankgeschäftes hauptsächlich ihren Mutterinstituten gelegentlich längerfristig refinanzierte Sichteinlagen zur Verfügung, obgleich ein solches Verhalten für unabhängig operierende, allein an den Marktzinssätzen orientierte Banken nicht profitabel wäre[1].

Das explosive Wachstum der Verbindlichkeiten der Londoner Eurobanken gegenüber anderen Banken, das in Abbildung 12 dargestellt ist, vermittelt einen ungefähren Eindruck von

Abbildung 12 Verbindlichkeiten der Londoner Eurobanken im Interbankgeschäft

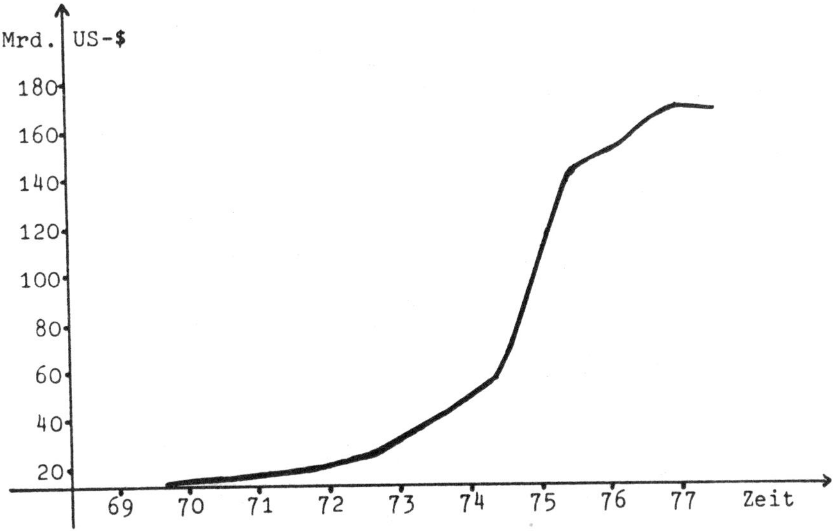

Quelle: Tabelle 15

1) Vgl. Niehans (1971), S. 289 f.

der Entwicklung und Größe ihrer Liquiditätsvermittlungskapazität und damit von der Größenordnung der Transaktionen zwischen Eurobanken und peripheren Banken zum Zwecke internationalen Liquiditätsausgleichs. Wenn man berücksichtigt, daß diese Zahlen zwar einen wichtigen Ausschnitt, nicht aber den gesamten Umfang solcher Interbanktransaktionen widerspiegeln[1], dann wird deutlich, in welchem Umfang das Eurobanksystem im internationalen Finanzsystem die Funktion eines Vermittlers von Liquidität zwischen einzelnen Banken und zwischen nationalen Bankensystemen übernommen hat.

3.1.3. Internationale Bankenkooperation als Instrument zur Förderung des Wachstums internationaler Liquiditätsschaffung und -vermittlung

Die Ergebnisse der Untersuchung im vorangegangenen Abschnitt legen den Schluß nahe, das Eurobanksystem schöpfe in erheblichem und zudem tendenziell weiter zunehmendem Ausmaß Nettoliquidität für den Nichtbankensektor und gleiche sich in dieser Hinsicht nationalen Bankensystemen weiter an; zudem vermittle es in erheblichem Umfang Liquidität im Rahmen seines Interbankgeschäftes.

Das Wachstum dieses Potentials ist ohne Rekurs auf die Strukturwandlungen, denen das Eurobanksystem durch die internationale Kooperationsbewegung in den Jahren seit 1969 ausgesetzt war, nicht befriedigend zu erklären. Erst diese neue Organisationsform erlaubt es dem Eurobanksystem, alle Möglichkeiten der Fristentransformation, welche die neu ent-

---

1) Die Bank von England (Quarterly Bulletin, 4/1975, S. 341) schätzt, daß die Londoner Eurobanken etwa 50 % des Geschäftsvolumens der Euromärkte, so wie es von der BIZ ermittelt wird, auf sich vereinigen.

wickelten bzw. verfeinerten Finanzierungstechniken enthalten[1], vollständig auszuschöpfen[2].

Eine eindrucksvolle Bestätigung für diese Fähigkeit ergab sich im Anschluß an die Ölkrise im Herbst 1973, als das Eurobanksystem in beträchtlichem Ausmaß in das Recycling der Öl-Devisen eingeschaltet wurde. Aus Tabelle 6 ergibt sich, daß die Ölexportländer in den Jahren 1974 bis 1976 nach Schätzung der BIZ durchschnittlich 35 % ihrer gesamten anlagefähigen Überschüsse und ebenfalls im Durchschnitt dieser Jahre 80 % der kurzfristig zu investierenden Mittel an den Euromärkten anlegten. Damit entfiel ein wesentlicher Teil der Mittel, die insgesamt den Euromärkten zuflossen, auf wenige große Investoren. Diese hatten eine bemerkens-

---

1) Vgl. die Abschnitte 1.4.1. und 1.4.2.

2) Selbst die Bankpraktiker wurden durch die enorme Elastizität des internationalen Banksystems überrascht und verunsichert. Das zeigen diverse öffentliche Hinweise und Warnungen bekannter Bankiers in bezug auf das Ausmaß der internationalen Fristentransformation. Rockefeller (zitiert nach Hewson, Sakakibara, 1975 a, S. 146) erklärte z. B.: "First, the banks cannot continue indefinitely to take very short-term money and lend it out for long periods of time. We hope that this problem will be alleviated to some extent by countries in the Middle East agreeing to place funds at longer maturity as they become more familiar with the recycling process". Vgl. dazu auch Herlt (1974), S. 39 und "Niemand weiß, wer wem was gibt" (1974), S. 26. Der anhaltend hohe Transformationsfaktor (vgl. Tabelle 4) läßt jedoch darauf schließen, daß sich die Praxis inzwischen an die neuen Möglichkeiten gewöhnt hat.

Tabelle 6 Aufteilung der anlagefähigen Überschüsse der Öl-exportierenden Länder

	1974	1975	1976
	Milliarden US-Dollar		
BANKGUTHABEN UND GELDMARKTANLAGEN			
Dollareinlagen in den USA	4,0	0,6	1,6
Sterlingeinlagen in Großbritannien	1,7	0,2	-1,4
Einlagen auf Fremdwährungsmärkten	22,8	9,1	12,6
Schatzwechsel in den USA und Großbritannien	8,0	-0,4	-2,2
Zusammen	36,5	9,5	10,6
LANGFRISTIGE ANLAGEN			
Besondere bilaterale Abkommen	11,9	12,4	10,3
Kredite an internationale Institutionen	3,5	4,0	2,0
Staatspapiere in den USA und Großbritannien	1,1	2,4	4,4
Sonstige	4,0	7,4	8,0
Zusammen	20,5	26,2	24,7
Neuanlagen insgesamt	57,0	35,7	35,3

Quelle: BIZ, (1977), S. 98.

werte Liquiditätspräferenz[1)] und bevorzugten für ihre Investitionen in auffälliger Weise die größten der internatio-

1) Vgl. Schmitz (1975), S. 103, Rockefeller, zitiert nach Hewson, Sakakibara (1975), S. 146 und "How international bankers view the future" (1975), S. 927 ff.

nal aktiven Banken[1]. Als Folge dieser Präferenzstruktur der wichtigsten Anleger konnten somit gerade diejenigen international aktiven Banken eine besondere Rolle bei der Rückschleusung der Ölexporterlöse in den internationalen Finanzkreislauf übernehmen, die durch Kooperation untereinander eng verflochten sind.

Nicht zuletzt deshalb ist es für das Verständnis der Ursachen und möglichen Konsequenzen der beschriebenen Entwicklung an den Euromärkten hilfreich, die veränderte Struktur des internationalen Bankensystems zu berücksichtigen. Ein solches Vorgehen liefert eine Reihe theoretisch bzw. empirisch abgestützter Argumente, die eine enge Beziehung zwischen der verstärkten Liquiditätsschaffung und -vermittlung an den Euromärkten und dem Ausbau internationaler Bankenkooperation als wahrscheinlich erscheinen lassen.

Die Auswertung der Daten aus den Tabellen 8 und 9 im Anhang deutet darauf hin, daß gerade die vielfältigen Organisationsformen internationaler Kooperation[2] besonders geeignet sind, die erheblichen Unterschiede zu überbrücken, die offensichtlich zwischen den Präferenzen der Kapitalanleger (überwiegend kurzfristige Bindungsabsicht) und denjenigen der Kreditnehmer (vielfach langfristige Verschuldungswünsche) an den internationalen Finanzmärkten bestehen. Tabelle 16 enthält die relativen Anteile der einzelnen Fristigkeitsklassen an den gesamten Forderungen und Verbindlichkeiten von vier verschiedenen Untergruppen der Londoner Eurobanken. Auf der Basis dieser Daten lassen sich für jede einzelne dieser Gruppen Liquiditäts- und Transformationsfaktoren errechnen. Diese sind in den Tabellen 7 und 8 zusammengestellt. Tabelle 7

---

1) Vgl. Mast (1975), S. 11 f., Asseily (1974), S. 16 f., Yassukovich (1975), S. 74 f. sowie BIZ (1975), S. 141.

2) Vgl. Abschnitt 1.3., S. 10 ff.

zeigt, daß sich die zeitliche Struktur der Gesamtverbindlichkeiten aller untersuchten Bankengruppen im Untersuchungszeitraum nur geringfügig verändert hat, und daß keine wesentlichen Unterschiede zwischen den verschiedenen Bankengruppen bestehen. Demgegenüber vermindern sich die Liquiditätsfaktoren der Forderungen aller Bankengruppen zwischen 1973 und 1977 beträchtlich, wobei die Konsortialbanken über den gesamten Untersuchungszeitraum erheblich niedrigere Liquiditätsfaktoren aufweisen als alle anderen Bankengruppen. Die

Tabelle 7 Liquiditätsfaktoren einzelner Gruppen der Londoner Eurobanken im Gesamtgeschäft

Zeit	Kons.bkn.		brit.Bkn.		Amer.Bkn.		Sonst.Bkn.[1]	
	Ford.	Verb.	Ford.	Verb.	Ford.	Verb.	Ford.	Verb.
3/73	52,08	64,15	59,46	62,54	63,04	66,92	64,38	67,27
5/74	50,69	65,17	58,89	64,39	63,10	68,17	62,70	66,03
5/75	47,97	66,56	51,00	63,21	59,87	68,58	58,74	65,85
5/76	46,89	66,22	50,56	63,40	60,82	67,88	57,02	65,19
5/77	47,87	65,93	51,35	64,88	60,28	67,53	57,65	65,18

berechnet mit Hilfe von Daten aus Tabelle 16 im Anhang

Konsequenzen dieser Entwicklung zeigt Tabelle 8. Sie enthält die Transformationsfaktoren für die einzelnen Bankengruppen und belegt damit deren jeweiligen Beitrag zur gesamten Liquiditätsschaffung. Für alle Bankengruppen sind die Werte

1) Die Spalte "Sonst.Bkn." entspricht der Spalte "Other Overseas Banks" im Quarterly Bulletin der Bank of England.

Tabelle 8 Transformationsfaktoren einzelner Gruppen der Londoner Eurobanken im Gesamtgeschäft

Zeit	Konsort.bkn.	brit.Bkn.	Amerik.Bkn.	Sonst.Bkn.
3/73	12,07	3,08	3,88	3,00
5/74	14,48	5,50	5,07	3,33
5/75	18,59	12,21	8,71	7,11
5/76	19,33	12,84	7,06	8,17
5/77	18,06	13,53	7,25	7,54

berechnet mit Hilfe der Daten aus Tabelle 7

im Untersuchungszeitraum beträchtlich - zwischen 50 % und 340 % - gestiegen. Doch die Transformationsfaktoren der Konsortialbanken übertreffen diejenigen der anderen Bankengruppen während des gesamten Zeitraumes erheblich. Im Durchschnitt überstiegen sie diejenigen der britischen Banken um mehr als 40 % und diejenigen der amerikanischen und der sonstigen Eurobanken um mehr als 60 %.

Auf den ersten Blick scheint damit die These, internationale Bankenkooperation habe in entscheidender Weise zur Steigerung der Fristentransformation und damit zum Wachstum der Liquiditätsschaffung an den Euromärkten beigetragen, empirisch gut belegt zu sein. Bei einer genaueren Auswertung des verfügbaren Datenmaterials zeigt sich jedoch, daß eine so belegte Aussage zwar in die richtige Richtung zielt, doch lediglich einen Teilaspekt des Gesamtphänomens internationaler Bankenkooperation erfaßt. Ein vollständigeres zugleich aber auch komplexeres Bild ergibt sich erst, wenn das Gesamtgeschäft der einzelnen Bankengruppen weiter - in Interbank- und Nichtbanktransaktionen - aufgeschlüsselt wird. Eine derartige Untergliederung liegt den Tabellen 9 und 10 zugrunde. Tabelle 9 zeigt, daß sich im Untersuchungszeitraum die Liquiditätsfaktoren der Forderungen sowohl bei den Konsortialbanken als auch bei den britischen und amerikanischen Banken

Tabelle 9 Liquiditätsfaktoren einzelner Gruppen Londoner Eurobanken im Geschäft mit Nichtbanken

Zeit	Kons.bkn.		brit.Bkn.		Amer.Bkn.		Sonst.Bkn.	
	Ford.	Verb.	Ford.	Verb.	Ford.	Verb.	Ford.	Verb.
3/73	46,97	57,80	51,80	64,92	52,71	68,74	51,37	65,00
5/74	37,94	63,69	47,87	69,61	53,02	70,44	52,21	65,21
5/75	32,76	66,99	37,86	70,31	41,49	71,62	45,64	64,93
5/76	32,11	71,28	34,04	71,20	37,81	69,15	43,53	66,56
5/77	32,04	70,46	34,04	73,75	36,51	74,30	41,78	67,17

berechnet mit Hilfe der Daten aus Tabelle 17 im Anhang

um ein Drittel und bei den sonstigen Eurobanken um etwa ein Fünftel vermindert haben. Gleichzeitig sind die Liquiditätsfaktoren der Verbindlichkeiten besonders der Konsortialbanken und der britischen Banken beträchtlich angestiegen. Als Ergebnis dieser Entwicklungen sind die Transformationsfaktoren im Geschäft mit Nichtbanken, die in Tabelle 10 aufgeführt sind, seit 1973 zwischen 350 % bei den Konsortialbanken und 86 % bei den sonstigen Eurobanken gestiegen. In der absoluten Höhe unterscheiden sie sich mit Ausnahme derjenigen der sonstigen Eurobanken inzwischen kaum mehr. Das bedeutet,

Tabelle 10 Transformationsfaktoren einzelner Gruppen der Londoner Eurobanken im Geschäft mit Nichtbanken

Zeit	Konsort.bkn.	brit.Bkn.	Amerik.Bkn.	Sonst.Bkn.
3/73	10,83	13,12	16,03	13,63
5/74	25,75	21,74	17,42	13,00
5/75	34,23	32,45	30,13	19,29
5/76	39,17	37,16	31,34	23,03
5/77	38,42	39,71	37,79	25,39

berechnet mit Hilfe der Daten aus Tabelle 11

daß sich die relativen Beiträge der britischen und amerikanischen Banken zur Liquiditätsschaffung im Geschäft mit Nichtbanken von denjenigen der Konsortialbanken kaum unterscheiden.
Die differierenden Transformationsfaktoren der verschiedenen Bankengruppen im Gesamtgeschäft lassen sich deshalb allein auf die höchst unterschiedlichen Bilanzstrukturen der einzelnen Bankengruppen zurückführen. Tabelle 11 zeigt nämlich, daß der Anteil der Nichtbankforderungen an den Gesamtforderungen der Konsortialbanken mit nahezu 50 % erheblich größer ist als bei den britischen Banken mit durchschnittlich 38 %, den US-Banken mit 22 % und den sonstigen Eurobanken mit 21 %. Umgekehrt verhält es sich mit dem Anteil der Nichtbankeinlagen an den Gesamteinlagen der Bankengruppen. Er beträgt bei den Konsortialbanken durchschnittlich 9 %, bei den britischen Banken 21 %, den amerikanischen 17 % und den sonstigen Eurobanken 15 %. Diese Zahlen scheinen darauf hinzudeuten, daß die Konsortialbanken in vergleichsweise stärkerem Umfang der Liquiditätsschaffung im Geschäft mit Nichtbanken, alle anderen Eurobanken der Liquiditätsvermittlung im Geschäft zwischen Banken dienen.

<u>Tabelle 11</u> Anteil des Geschäftes mit Nichtbanken am Gesamtgeschäft verschiedener Gruppen Londoner Eurobanken

Zeit	Kons.bkn.		brit.Bkn.		Amer.Bkn.		Sonst.Bkn.	
	Ford.	Verb.	Ford.	Verb.	Ford.	Verb.	Ford.	Verb.
3/73	44,43	6,10	35,34	17,65	21,63	14,33	16,88	9,64
5/74	49,15	7,03	36,17	20,73	23,19	15,76	17,21	18,79
5/75	49,49	14,92	36,13	20,02	23,04	14,95	19,09	13,89
5/76	50,84	6,72	42,46	18,51	21,66	14,42	24,95	13,97
5/77	48,78	9,10	40,94	25,96	21,59	26,04	25,29	20,66

Quelle: Bank of England, Quarterly Bulletin, div. Ausgaben

Legt man jedoch der Analyse die absoluten Zahlen über die Forderungen und Verbindlichkeiten gegenüber Nichtbanken zugrunde, wie sie in Tabelle 12 wiedergegeben sind, dann wird ganz deutlich, daß der relativ größere Beitrag der

Tabelle 12 Forderungen und Verbindlichkeiten einzelner Gruppen der Londoner Eurobanken gegenüber Nichtbanken in Mrd. US-Dollar

Zeit	Kons.bkn.		brit.Bkn.		Amer.Bkn.		Sonst.Bkn.	
	Ford.	Verb.	Ford.	Verb.	Ford.	Verb.	Ford.	Verb.
3/73	1,5	0,2	3,6	1,8	3,8	2,5	1,2	0,7
5/74	2,6	0,4	5,4	3,1	6,0	4,1	1,4	1,5
5/75	5,3	1,6	16,1	7,6	15,6	9,3	4,4	3,2
5/76	5,4	0,7	15,0	6,5	14,7	9,8	10,1	5,7
5/77	6,2	0,9	15,8	8,0	16,2	9,3	12,9	7,8

Quelle: Bank of England, Quarterly Bulletin, div. Ausgaben

Konsortialbanken zur Liquiditätsschaffung für den Nichtbanksektor durch die absolut beträchtlich größeren Beiträge der anderen Eurobanken zumindest ausgeglichen, wenn nicht gar übertroffen wird. Hat sich somit der Einfluß internationaler Bankenkooperation auf die Schaffung und Vermittlung von Liquidität in der internationalen Finanzsphäre entgegen dem ursprünglichen Eindruck als nur begrenzt wirksam erwiesen? Diese Meinung, die bei einer Verkürzung des Kooperationsbegriffes lediglich auf die Konsortialbanken entstehen könnte, ist sicherlich unzutreffend. Werden nämlich alle Ebenen, auf denen internationale Kooperation in der Praxis stattfindet, in die Betrachtung einbezogen, so ergeben sich gewichtige Argumente für die These, der Gesamtkomplex der internationalen Bankenkooperation habe wesentlichen Anteil an der Zunahme internationaler Liquiditätsschaffung und -vermittlung.

Das in Abbildung 1 dargestellte Organigramm, typisch für die Kooperationsgruppen, zeigt deutlich eine zweigliedrige Organisation der Zusammenarbeit[1]. Jede einzelne der kooperierenden Banken verfügt über eigene Tochterinstitute bzw. Filialen in den Zentren der Euromärkte. Diese Banken wickeln überwiegend das Eurogeschäft ihrer Mutterinstitute ab, sind aber dennoch in die Club-Organisation eingebunden. Es ist deshalb sehr wahrscheinlich, daß ein großer Teil des enormen Interbankgeschäftes der britischen, der amerikanischen und der sonstigen Eurobanken der firmeninternen und der Club-internen aber dennoch internationalen Liquiditätsvermittlung dient. Darüberhinaus werden Zins- und Wechselkursarbitragegeschäfte sowie der internationale Zahlungsverkehr überwiegend im Interbankverkehr und zu einem beträchtlichen Teil unter Zwischenschaltung dieser Eurobanken abgewickelt. Diese Tatsache erklärt die relativ und absolut große Bedeutung der Euromarkttöchter international tätiger Banken für den Prozeß internationaler Liquiditätsvermittlung, wie sie in Tabelle 13 zum Ausdruck kommt.

Tabelle 13 Forderungen und Verbindlichkeiten einzelner Gruppen der Londoner Eurobanken gegenüber Banken in Mrd. US-Dollar

Zeit	Kons.bkn.		brit.Bkn.		Amer.Bkn.		Sonst.Bkn.	
	Ford.	Verb.	Ford.	Verb.	Ford.	Verb.	Ford.	Verb.
3/73	1,9	3,2	6,6	8,4	13,8	15,1	5,8	6,3
5/74	2,6	4,8	9,6	11,9	20,0	22,0	6,7	6,6
5/75	5,4	9,0	22,7	30,3	46,4	52,8	18,7	19,9
5/76	5,2	9,6	20,3	28,4	53,2	58,1	30,3	34,9
5/77	6,6	11,4	23,4	28,9	59,3	56,0	39,0	41,5

Quelle: Bank of England, Quarterly Bulletin, div. Ausgaben

1) Diese Aussage gilt sinngemäß auch für die organisatorisch etwas anders konstruierte Kooperationsgruppe, deren Organigramm in Abbildung 2 wiedergegeben ist.

Darüberhinaus zeigen die Tabellen 11 und 12, daß diese Eurobanken ihr beträchtliches Kreditgeschäft mit Nichtbanken zu einem großen Teil im Interbankgeschäft refinanzieren. Diese Tatsache deutet darauf hin, daß sie im Rahmen der Organisation ihrer Mutterbanken - aber auch der Kooperations-Clubs, denen diese jeweils angehören - die Funktion übernommen haben, eine internationale Kreditallokation nach privatwirtschaftlichen Effizienzkriterien, weitgehend unbeeinflußt von staatlichen wirtschafts- und währungspolitischen Steuerungsversuchen herbeizuführen.
Die beachtliche Rolle, die gerade britische und amerikanische Banken dabei spielen, unterstreicht die traditionell dominierende Stellung Londons als internationaler Finanzplatz sowie die fortwährende Leitwährungsfunktion des US-Dollar ebenso wie die bedeutende Position der amerikanisch beherrschten multinationalen Konzerne als Transakteure auf den internationalen Finanzmärkten.
Weit deutlicher als bei allen anderen Gruppen der Londoner Eurobanken weist die Bilanzstruktur der Konsortialbanken auf ihre Rolle im Rahmen der internationalen Bankenorganisationen hin. Wie Tabelle 11 zeigt, refinanzieren sie ihre Kredite an Nichtbanken fast vollständig bei Banken und bilden somit regional oder funktional weitgehend spezialisierte Institutionen, denen im Rahmen internationaler bankwirtschaftlicher Verbundsysteme die besondere Aufgabe zufällt, vor allem finanzielle Ressourcen aus dem Interbankbereich in den Nichtbankensektor hinüberzuleiten. Ihre für die anderen Eurobanken außergewöhnliche Bilanzstruktur deutet - obwohl es sich natürlich nicht um einen eindeutigen Beweis handelt - darauf hin, daß die Konsortialbanken ihren ja ebenfalls international aktiven Gesellschafterbanken als

Instrumente der Kreditdiversifikation und damit der Risikostreuung dienen. Dies geschieht so, daß die Gesellschafter im Wege des Interbankgeschäftes die Mittel zur Verfügung stellen, mit deren Hilfe die Konsortialbanken sich an der Gewährung von Krediten beteiligen bzw. Kredite selbst gewähren können. Durch die Einschaltung der Konsortialbanken können die Gesellschafterbanken dann regionale oder funktionale Limits, die sie sich oder ihren Euromarkttöchtern zur Risikobegrenzung gesetzt haben, ausweiten, ohne ihr eigenes Kreditrisiko entsprechend zu steigern.

Das allgemeine Staunen über die Elastizität des Eurobanksystems angesichts der immensen Recyclingprobleme im Anschluß an die Ölkrise läßt sich deshalb mit einiger Berechtigung dahingehend interpretieren, daß selbst die Fachwelt die Bedeutung der Kooperationsbewegung im internationalen Bankensystem und die Dimension der dadurch erschlossenen neuen Leistungspotentiale nicht zutreffend einzuschätzen vermochte[1]. **Somit gilt die folgende Bemerkung, die schon** im Jahresbericht der BIZ aus dem Jahre 1971 zu finden ist, heute in weit stärkerem Maße als damals: "Es gibt kein starres, am Markt zur Verfügung stehendes Angebot an Mitteln, das sich von einem zum anderen Land bewegt. Vielmehr kann der Markt seine eigenen Geldquellen erweitern, indem er von verschiedenen Finanzmärkten Mittel an sich zieht, um die Nachfrage der Schuldner zu befriedigen, die die geforderten Zinsen bezahlen"[2].

---

1) Vgl. Deutsche Bundesbank (1974), S. 48 ff. und (1975 b), S. 63.

2) Vgl. BIZ (1971), S. 178.

3.2. Eine theoretische Analyse des Einflusses internationaler Bankenkooperation auf die Geldschöpfungsfunktion des Eurobanksystems

Neben der Schaffung und Vermittlung von Liquidität erfüllt ein Bankensystem definitionsgemäß die Funktion der Produktion von Zahlungsmitteln. Probleme, die sich aus dieser Fähigkeit und dem sich daraus ergebenden Einfluß auf die realen Größen einer Volkswirtschaft ableiten lassen, spielten in der Geldtheorie besonders seit Beginn des 20. Jahrhunderts eine beherrschende Rolle. Bei einer derartigen theoretischen Vorprägung war es kein Wunder, wenn die theoretischen und wirtschaftspolitischen Probleme der Geldschöpfungsfähigkeit des Eurobanksystems auch die Diskussion über die Bedeutung und den Einfluß der Euromärkte bis in die neueste Zeit hinein dominierten. Nur unter Berücksichtigung dieser konzeptionellen Tradition ist es verständlich, daß in einem großen Teil der Literatur, die sich mit den Implikationen der Euromärkte befaßt, inadäquate Analogien verwendet und demzufolge ungeeignete analytische Konzepte entwickelt werden. Aus diesem Grund ist es unumgänglich, der Beschäftigung mit dem eigentlichen Problem, nämlich dem Einfluß internationaler Bankenkooperation auf die Geldschaffung im internationalen und im nationalen Bereich, eine kritische Auseinandersetzung mit der vorherrschenden Ansicht zur Geldschöpfung an den Euromärkten voranzustellen. Erst dann sollen die spezifischen Einwirkungen internationaler Bankenkooperation auf den internationalen Geldschöpfungsprozeß und davon ausgehende Einflüsse auf die nationale Geldmenge diskutiert werden.

3.2.1. Voraussetzungen der Geldangebotstheorie und ihre Übertragbarkeit auf das Eurobanksystem

Theoretischen Modellen zur Beschreibung der Wirkungsweise und der Auswirkungen von Finanzsystemen liegt erst seit relativ kurzer Zeit ein Ansatz zugrunde, der alle Arten von Finanzunternehmen in die Analyse einbezieht[1]. Über lange Zeit beruhten solche Modelle ausschließlich auf dem Ansatz multipler Giralgeldschöpfung, der in seinen Grundzügen auf Phillips zurückgeht[2]. Ihm liegt die Vorstellung zugrunde, Verfügbarkeit von Zentralbankgeld, sog. Überschußreserven, veranlasse Banken, zusätzliche Kredite in Form neu geschaffener Sichteinlagen zu gewähren. Die Verwendung derselben zu Zahlungszwecken lasse einen Teil der ursprünglichen Überschußreserve anderen Banken des Systems zufließen, die damit in die Lage versetzt würden, erneut Kredite zu gewähren und auf diese Weise den Geldschaffungsprozeß fortzusetzen. Das Bankensystem als Ganzes sei folglich in der Lage, seine Sichteinlagen und damit die Geldmenge um ein Mehrfaches der ursprünglichen Überschußreserve zu erhöhen. Der Geldschöpfungsprozeß könne durch eine unendliche geometrische Reihe, sein Ergebnis durch deren Summenformel, den Multiplikatorausdruck, beschrieben werden.

Der geschilderte Ablauf des Multiplikatorprozesses und damit die Plausibilität des Ansatzes beruht ganz wesentlich auf den beiden grundlegenden Annahmen, daß die Transformation von Überschußreserven in Kredite für jede Bank des Systems

---

1) Vgl. Gurley, Shaw (1971) und Tobin (1967), S. 1 - 11.

2) Vgl. Phillips (1920) und Neldner (1976), S. 21 ff.

profitabel ist[1], und daß die Nichtbanken bereit sind, ihre Depositenbestände im Rahmen eines Kreditexpansionsprozesses auszuweiten. Die Schaffung von Geld ist für eine Bank dann profitabel, wenn die Grenzerträge der Kreditvergabe die Grenzkosten der Refinanzierung einschließlich der Kosten der Risikovorsorge und Administration übertreffen. Dies ist insbesondere dann der Fall, wenn eine administrative Regulierung des Banksystems, zum Beispiel durch Erlaß von Höchstzinsverordnungen oder Mindestreserveregelungen, eine Kreditexpansion bis zum Marktgleichgewicht, das sich bei vollkommener Konkurrenz einstellen würde, verhindert und somit eine Überschußnachfrage nach Krediten aufrecht erhält[2]. Nichtbanken empfinden es dann als vorteilhaft, ihre Depositenbestände im Rahmen einer Kreditexpansion auszuweiten, wenn ihre Forderungen neben möglichen monetären auch weitere nicht substituierbare nichtmonetäre Erträge abwerfen. In diese Kategorie von Erträgen gehört z. B. der direkte Zugang zum volkswirtschaftlichen Zahlungsmechanismus, den Sichteinlagen bei Banken aufgrund ihrer Zahlungsmitteleigenschaft bieten. Wenn zusätzliche Kreditvergabe auf jeder Stufe des multiplen Expansionsprozesses das Volkseinkommen und damit das volkswirtschaftliche Transaktionsvolumen erhöht, dann induziert

---

1) Diese Aussage gilt trotz der umfangreichen Geldmarktgeschäfte, die anzeigen, daß viele Banken offensichtlich keine profitablen Möglichkeiten sehen, Kredite an Nichtbanken zu geben. Eine Bank nimmt jedoch nur dann Geldmarktkredite auf, wenn für sie die "Profitabilitätsbedingung" gilt. Der Geldmarkt dient folglich nur der Allokation der Überschußreserven bei den Banken, die über die ertragreichsten Anlagemöglichkeiten verfügen.

2) Vgl. Tobin (1967), S. 1 ff. und insbesondere S. 8 sowie Hewson, Sakakibara (1975 a), S. 120 ff. Auch die freiwillige Unterhaltung von Liquiditätsreserven sowie Kreditrationierungen als Form monopolistischen Verhaltens können zu einer Überschußnachfrage nach Krediten führen und damit dazu beitragen, eine positive Zinsspanne aufrecht zu erhalten. Vgl. Küllmer (1975), S. 83 f. und Hodgeman (1960), S. 258 ff.

sie somit zusätzliche Nachfrage nach Geld darstellenden Sichtdepositen[1].
Entwickelte Finanzsysteme sind durch die Existenz zweier Typen von Intermediären gekennzeichnet. Emittenten allgemein anerkannter Zahlungsmittel werden als monetäre und solche von nicht Geld darstellenden Aktiva als paramonetäre Finanzintermediäre bezeichnet. Jedes der beiden Systeme von Finanzintermediären besitzt theoretisch die Fähigkeit, einen Multiplikatorprozeß der weiter oben beschriebenen Art auszulösen[2]. Allerdings bestehen ganz wesentliche Differenzen in der Ablaufmechanik dieser Expansionsprozesse, die auf die unterschiedlichen Eigenschaften der Forderungen zurückführbar sind. Im System monetärer Finanzintermediäre schlägt sich als Folge der Zahlungsmitteleigenschaft von Sichtdepositen ein Teil eines jeden Kredites, den eine Bank gibt, automatisch in Form von Überschußreserven bei anderen Banken nieder und löst dort ein weiteres Kreditangebot mit den gleichen Folgen und somit einen multiplen Kredit- und Geldschöpfungsprozeß aus. Im System paramonetärer Finanzintermediäre dagegen kann in der Regel nur insofern ein multipler Prozeß der Forderungsschaffung initiiert werden, als Transaktionen von Finanzunternehmen c.p. eine Einkommenssteigerung und in deren Gefolge höhere Ersparnisse nach sich ziehen. Diese können bruchteilig in das System zurückfließen und dem Expansionsprozeß so multiplen Charakter verleihen[3]. Ein Prozeß mit einer derartigen

---

1) Vgl. Masera (1972), S. 151 f.

2) Multiplikatorprozesse für Systeme paramonetärer Finanzintermediäre werden u. a. bei Smith (1959, S. 535), Owens (1974, S. 128 f.) und Furness (1972, S. 136 f.) dargestellt.

3) Vgl. Smith (1959), S. 537 f.

Ablaufmechanik beansprucht viel mehr Zeit und ist erheblich umfangreicheren Reserveverlusten ausgesetzt, als der Kreditschöpfungsprozeß des Bankensystems[1]. Deshalb ist die multiple Kreditschöpfung durch ein System paramonetärer Finanzintermediäre so unsicher und wahrscheinlich so gering[2], daß seine volkswirtschaftlichen Auswirkungen mit einem Multiplikatoransatz, in dessen Zentrum ja gerade die multiple Forderungsschaffung steht, nicht adäquat zu erfassen sind. Die Überlegungen münden somit in das Resultat, daß Multiplikatormodelle generell geeignet sind, wichtige monetäre Implikationen der Euromärkte theoretisch zu erfassen, wenn gleichzeitig gilt, daß die Kreditexpansion für Eurobanken profitabel ist und Eurodepositen Zahlungsmitteleigenschaft aufweisen.

Die vergleichsweise enge, aber dennoch positive Zinsspanne bei Eurokreditgeschäften[3] kann als Konsequenz von im Tobin'schen Sinn subperfekter Konkurrenz auf den Eurofinanzmärkten interpretiert und damit Profitabilität der Eurokreditexpansion unterstellt werden. Die Zahlungsmitteleigenschaft von Eurosichteinlagen kann im Anschluß an die Argumentation in Abschnitt 2.3.2. ebenfalls als Realität betrachtet werden. Zusammenfassend darf deshalb davon ausgegangen werden, daß wesentliche Geldmengeneffekte, die von Euro-Finanztransaktionen induziert werden, grundsätzlich unter Verwendung eines

---

1) Vgl. Smith (1959), S. 538 und Dieckheuer (1975), S. 112.

2) Vgl. Smith (1959), S. 538, Dieckheuer (1975), S. 111 f. und Furness (1972), S. 140 f.

3) Vgl. Schreiber (1976), S. 726 und "Für mehr Transparenz am Euro-Kreditmarkt" (1977), S. 23. In diesem Aufsatz wird interessanterweise darauf hingewiesen, daß sich die Zinsspanne für Eurokreditgeschäfte, die sog. spread, zwischen 1973 und 1977 von 0,95 % auf 1,69 % ausgeweitet hat.

Multiplikatorkonzeptes erfaßbar sind[1].

3.2.2. Konzeptionelle Mängel der "vorherrschenden Theorie" des Geldangebotes durch das Eurobanksystem

Die überwiegende Zahl der Untersuchungen über die Geldschöpfung an den Euromärkten[2] bedient sich des traditionellen Multiplikatormodells mit fixen Koeffizienten[3]. Dabei wird das Eurobanksystem als "fractional reserve system" analog nationalen Bankensystem interpretiert[4], das Verhältnis zwischen Basisbanksystem und Eurobanken mit demjenigen zwischen Zentralbank und Geschäftsbanken verglichen[5] und demzufolge Basis-Sichteinlagen zentralbankgeldähnliche Funktion für das Eurobanksystem zugesprochen. Das maximale Geldschöpfungsvolumen des Eurobanksystems G wird dann üblicherweise mittels des in Gleichung 3 wiedergegebenen arithme-

---

1) Holzheu (1971, S. 131 f.) ist der gleichen Meinung, wenn er schreibt, auf der Basis eines gegebenen Bestandes an New Yorker Dollar-Depositen finde am Eurodollarmarkt Kreditschöpfung statt, weil die Depositen intensiver genutzt, ihre Umschlaghäufigkeit folglich gesteigert werde. Gleichzeitig sei ein Prozeß multipler Kredit- und Geldschöpfung möglich, wenn der Eurodollar als Zahlungsmittel Verwendung fände. Diese Aussagen gälten analog auch für alle anderen Euromärkte.

2) Die Modellableitung erfolgt in der Regel für den Eurodollarmarkt als größtem Teilmarkt des Eurofinanzsystems, jedoch selten ohne den Hinweis, die Aussagen seinen analog auf alle anderen Teilmärkte zu übertragen.

3) Vgl. Friedman (1971), S. 102 ff., Lee (1973), S. 867 ff., Bell (1964), S. 494 ff., Fratianni, Savona (1971), S. 110 ff. und Keinath (1973), S. 13 ff. sowie die bei diesen Autoren angegebenen Literaturstellen.

4) Vgl. Friedman (1971), S. 105.

5) Vgl. Lee (1973), S. 868. Bilanztechnische Ableitungen des multiplen Geldschöpfungsprozesses im Eurobanksystem finden sich vielfach in der Literatur, so z. B. bei Holzheu (1971), S. 132 f., Scanlon (1970), S. 33 ff. und Keinath (1973), S. 18 ff.

tischen Ausdrucks als Funktion der Überschußreserve Ü[1], der Abflußquote m, der Reservesätze auf Bank- und Nichtbankeinlagen, q und p, sowie der durchschnittlichen Länge der Interbankketten l[2] umschrieben.

$$(3) \quad G = Ü \frac{1}{1 - (1-m)\,(1-p)\,(1-q)^{\,l-1}}$$

Gelangt das Eurobanksystem in den Besitz zusätzlicher Überschußreserven in Form von Basiseinlagen, dann bestimmt die Höhe der als institutionelle Größen betrachteten Koeffizienten m, p, q und l das Ausmaß der zusätzlichen Schaffung von Eurodepositen. Auf der Grundlage dieses formalen Ausdrucks wurden eine ganze Reihe von Versuchen unternommen, um empirisch abgesicherte Aussagen über die Koeffizientenwerte und damit das Ausmaß der Geldschöpfung auf dem Eurodollarmarkt zu erhalten. Die errechneten Multiplikatorwerte differieren jedoch erheblich. So ermittelt Klopstock[3] beispielsweise einen Wert, der zwischen 0,5 und 0,9, Lee[4] einen, der für die Periode 1963 bis 1969 bei durchschnittlich 1,51 und Makin[5] einen, der für die Zeit von 1964 bis 1970 bei durch-

---

1) Eurobanken gelangen durch Zufluß von Basis-Sichteinlagen, die Aufnahme von Krediten bei Basisbanken oder Umtausch konvertibler Währungen in Basiswährungen in den Besitz von Reserven. Diese ergeben abzüglich der Liquiditätsreserven bei Basisbanken die verfügbaren Überschußreserven.

2) Als Folge der großen Bedeutung des Interbankgeschäftes an den Euromärkten (vgl. Abschnitt 3.1.2.) ist es nicht auszuschließen, daß Eurobanken Reserven auch auf Interbankeinlagen halten. Wäre dies der Fall, dann stiege der insgesamt für Reservezwecke notwendige Einlagenteil mit wachsender Interbank-Kette zwischen ursprünglicher Einlage und endgültiger Kreditvergabe an einen Nichtbank-Kunden, und damit würde die Summe der insgesamt schaffbaren Kredite abnehmen. Vgl. Swoboda (1970), S. 301 f.

3) Vgl. Klopstock (1968), S. 8

4) Vgl. Lee (1973), S. 871.

5) Vgl. Makin (1972), S. 389 f.

schnittlich 18,45 liegt. Die Variationsbreite der Ergebnisse, die sich alle auf ähnliche Zeiträume beziehen, läßt sich nicht allein auf Lücken im Datenmaterial zurückführen. Vielmehr enthält der theoretische Ansatz, auf dem die Untersuchungen aufbauen, beträchtliche konzeptionelle Mängel, welche die Aussagekraft der Ergebnisse erheblich einschränken. So enthalten alle Schätzungen durchgehend bedeutende intuitive Komponenten, da die monetären Aggregate, die den Koeffizienten zugrunde liegen, nicht exakt abgrenzbar sind. Die üblichen Schätzungen für die Reservesätze liegen für p bei etwa 10 %[1] und für q zwischen 5 % und "kaum signifikant"[2]. Bezüglich der Länge der Interbankketten gehen gängige Berechnungen davon aus, daß Guthaben durchschnittlich drei- bis viermal zwischen den Eurobanken weitergegeben werden, ehe es zu einem Kredit an eine Nichtbank kommt[3]. Heftig umstritten ist die Höhe der sog. Abflußquote, also der Anteil der eingeräumten Kredite, der das Eurobanksystem endgültig verläßt[4]. Das ist verständlich, denn da die anderen Reserveverlustmöglichkeiten relativ begrenzt sind, hängt der Wert des Multiplikators überwiegend von der Höhe der Abflußquote ab[5]. Klopstock und Mayer als Vertreter der einen Seite halten den Umfang der Reserveverluste für groß genug, multiple Geldschaffung an den Euromärk-

---

1) Vgl. Holzheu (1971), S. 132, Lee (1973), S. 874 und Fratianni, Savona (1971), S. 391.

2) Vgl. Friedrich (1970), S. 344 und Fratianni, Savona (1971), S. 391.

3) Vgl. Keinath (1973), S. 85 und Friedrich (1970), S. 340.

4) Die Art der Auseinandersetzung erinnert stellenweise an Kontroversen zwischen Denkschulen und läßt deshalb nicht nur vom Diskussionsgegenstand her Erinnerungen an die Kontroverse zwischen Banking- und Currency-Schule wach werden.

5) Vgl. Hewson, Sakakibara (1975 a), S. 119.

ten auszuschließen[1]. Die Exponenten der anderen Seite, beispielsweise Bell und Friedman, weisen darauf hin, daß das Verhalten der Marktteilnehmer entscheidend von den Zinsbedingungen an den Euromärkten im Verhältnis zu den Alternativmärkten abhänge. Die Aussagen über die Präferenzen der Wirtschaftssubjekte könnten folglich nicht verallgemeinert werden[2]. Angesichts des äußerst lückenhaften Datenmaterials lassen sich die kontroversen Standpunkte zumindest vorerst nicht empirisch erhärten bzw. widerlegen. Deshalb gilt noch immer die kritische Anmerkung Machlup's: "There are no well-specified reserve assets held by Eurobanks, nor do these banks obey any uniform and stable reserve requirements or reserve practices. Thus, we know neither the multiplicand nor the multiplier"[3].
Doch selbst wenn die enormen Probleme einer exakten Abgrenzung und empirischen Erfassung der monetären Aggregate, die dem Ansatz zugrunde liegen, gelöst werden könnten[4], blieben mit den fixen Koeffizienten weiter gravierende Mängel in der Konzeption erhalten; denn die Verwendung fixer Koeffizienten ist nur dann gerechtfertigt, wenn neben anderen Voraussetzungen unterstellt werden könnte, daß die Aktivitäten des Eurobanksystems vollständig kontrolliert, bzw. daß sich seine Überschußreserven im wesentlichen außerhalb des eigenen Ein-

---

1) Vgl. Klopstock (1968), S. 7 ff. und Mayer (1971), S. 233 ff.

2) Vgl. Friedman (1971), S. 102 ff. und Bell (1964), S. 494 ff.

3) Machlup (1972 b), S. 11.

4) Vgl. z. B. die Diskussion zwischen Heubes (1975, S. 81 ff.) und Svindland (1975, S. 91 ff.).

flußbereichs befinden würden[1]. Gerade diese Annahme trifft aber auf das Eurobanksystem nicht zu. Es besteht vielmehr aus Entscheidungseinheiten, die keiner zentralen Kontrolle einer Zentralbank unterliegen, und deren Unabhängigkeitsgrad deshalb denjenigen nationaler Banken in der Regel übertrifft[2]. Ein Multiplikatormodell, welches das Geldangebotsverhalten der Eurobanken beschreiben will, muß folglich deren Ziel- und Verhaltensfunktionen explizit berücksichtigen. Das kann nur so geschehen, daß die Koeffizienten als Funktionen der relevanten Ertrags- und Risikogrößen definiert werden[3]. Ein erster Schritt in diese Richtung wurde von Hewson und Sakakibara in einer vom IMF veröffentlichten Studie unternommen. Sie formulieren und quantifizieren darin einen zinsabhängigen Eurodollar-Multiplikator und berücksichtigen dabei

---

1) Vgl. Hewson (1975), S. 126 ff.

2) Wäre das nicht so, dann gäbe es keinen Grund dafür, daß sich viele nationale Banken tatsächlich dem Einfluß der eigenen Zentralbank durch Verlagerung von Aktivitäten auf die Euromärkte bzw. Gründung eigener Euro-Tochtergesellschaften zu entziehen suchen. Vgl. "Dem Eurobankgeschäft Zügel anlegen" (1977), S. 27.

3) Eine solche stärkere Berücksichtigung von Ziel--und Verhaltensfunktionen einzelner Eurobanken bei der Ableitung von Multiplikatormodellen würde es auch erlauben, weitere Konzentrationseffekte auf das Bankenverhalten, wie z. B. Reservehaltungs- und Refinanzierungspraktiken als besonders größenbeeinflußte Verhaltensweisen, modellmäßig zu erfassen.
Für nationale Bankensysteme wurden in letzter Zeit einige solcher Modelle entwickelt, die auf einen Ansatz zurückgehen, der von Brunner und Meltzer entwickelt wurde. Vgl. Brunner (1961), S. 80 ff., Brunner, Meltzer (1964), S. 244 und Salomo (1971), S. 6 ff.

explizit die Portefeuille-Präferenzen der Marktteilnehmer[1]. Ihr Resultat liegt für die Zeit zwischen 1968 und 1972 im Bereich von 0,63 bis 1,61, je nach Entwicklung der Zinssätze und der Beteiligung der Zentralbanken am Eurodollarmarkt[2]. Trotz gewisser empirischer Mängel, welche die Aussagekraft der ermittelten Multiplikatorwerte beeinträchtigen[3], weist dieser Ansatz eine wesentliche Verbesserung gegenüber den bisher gebräuchlichen auf; denn er ist grundsätzlich in der Lage, die Interdependenzen zwischen den nationalen und internationalen Finanzmärkten zu berücksichtigen.

Die Aussagekraft von Multiplikatoren dieser Art, die isoliert für einen bestimmten Sektor des Eurobanksystems ermittelt werden, ist allerdings gering. Sie geben nämlich nicht die gesamten Wirkungen an, die das Eurobanksystem auf die internationale Geldmenge ausübt. Deshalb ist der Schluß von einem bestimmten Eurodollar-Multiplikator auf eine entsprechende

---

1) Die Notwendigkeit, die traditionelle Geldangebotstheorie mit abnehmendem Reserveerfordernis und Restriktionsgrad um gleichgewichtstheoretische Vorstellungen zu ergänzen, fußt auf der inzwischen schon klassischen "new view of banking theory", wie sie insbesonder von Tobin (1967, S. 7) artikuliert wurde: "In a world without reserve requirements the preferences of depositors, as well as those of borrowers, would be very relevant in determining the volume of bank deposits. The volume of assets and liabilities of every intermediary, both nonbanks and banks, would be determined in a competitive equilibrium, where the rate of interest charged borrowers by each kind of institution just balances at the margin the rate of interest paid its creditors".
Vgl. auch Hewson, Sakakibara (1974), S. 307 ff.

2) Vgl. Hewson, Sakakibara (1974), S. 325 und Hewson, Sakakibara (1975 a), S. 135 f.

3) Vgl. Zumpfort (1976), S. 131 ff.

Ausweitung der internationalen Geldmenge mit paralleler Inflationierung nationaler Volkswirtschaften unzulässig. Das liegt daran, daß der Substitutionseffekt zu Lasten des Geldschöpfungspotentials nationaler Bankensysteme die isoliert betrachtet expansiven Wirkungen des Eurobanksystems verringern, gegebenenfalls sogar aufheben kann. "... considerable evidence can be found to show that the growth of the Euro-currency market represents to a significant extent a substitution for rather than an addition to, credit expansion in other forms. By its nature, in other words, the Euro-currency market acts partly as a credit-substitution market"[1]. Deshalb müssen die Versuche, Multiplikatoren zu ermitteln, die unabhängig von den nationalen Bankensystemen allein auf Sektoren des internationalen Bankensystems bezogen sind, immer wieder zu lückenhaften und deshalb unbefriedigenden Ergebnissen führen. Der Grund dafür liegt darin, daß sie die unlösbaren und engen wechselseitigen Beziehungen zwischen den Bankensystem zu

---

1) McClam (1972), S. 284.
Auch Heubes (1975, S. 89 f.) versucht, den Beitrag der Euromärkte zum Wachstum der internationalen Geldmenge unter Berücksichtigung von Substitutionseffekten zu schätzen. Für den Eurodollarmarkt ermittelt er zwar nur einen geringen Expansionseffekt, schränkt dieses Ergebnis unter Hinweis auf mögliche Wirkungen der Außenmärkte für andere Währungen jedoch teilweise wieder ein.

wenig beachten[1].

Die internationale Bankenkooperation hat, wie die ganze bisherige Argumentation verdeutlicht, die Interdependenzen zwischen den wichtigsten nationalen und den internationalen Bankensystemen erheblich verstärkt und damit die Aussagekraft großer Teile der umfangreichen Literatur über die Geldschöpfung auf dem Eurogeldmarkt bzw. einzelner seiner Teilmärkte erheblich eingeschränkt. Das ist der Grund weshalb im folgenden Abschnitt ein Ansatz skizziert werden soll, für den die engen Wechselwirkungen zwischen den Bankensystemen gerade den Ausgangspunkt der Argumentation darstellen.

---

1) Da Friedman (1971, S. 109 ff.) diesen Zusammenhang deutlich herausstellte, überrascht es, wie wenig dieser Tatbestand in der Diskussion, die auf seinem Beitrag aufbaute, beachtet wurde. Zu den wenigen, die darauf hingewiesen haben, gehören Mayer (1971, S. 233 ff.) und Menrad (1976, S. 229 f.) Menrad betont mit Nachdruck die Unzweckmäßigkeit einer isolierten Betrachtung der Euromärkte. Die Interdependenz aller Geldmärkte mache es vielmehr notwendig, isolierte Betrachtung einzelner Geldmärkte durch ein Weltmodell zu ersetzen, in dem auch Reservepositionen beim IMF und Sonderziehungsrechte ihren Platz haben müßten. Unter diesem Blickwinkel werden empirische Messungen von Eurodollar-Multiplikatoren, die auf der Basis kurzfristiger Verbindlichkeiten des US-Bankensystems gegenüber ausländischen Banken vorgenommen werden, noch fragwürdiger. Sie implizieren nämlich, unter Außerachtlassung internationaler Interdependenzen, die These, die Aufteilung der Liquiditätsreserven auf die verschiedenen Währungen entspreche der jeweiligen Geldschöpfungskapazität des Eurobanksystems in diesen Währungen. Diese Ansicht trifft jedoch weder bei fixen noch bei flexiblen Wechselkursen zu; denn selbst bei letzteren sind beträchtliche Denominationsvariationen zwischen konvertiblen Währungen möglich. Deshalb kann unterstellt werden, daß die Kreditgewährung aber auch die Liquiditätsreservehaltung in erheblichem Ausmaß in der Währung erfolgt, für die die Ertrags-Risiko-Kombination von der entscheidenden Bank für vorteilhaft gehalten wird.
Vgl. Somogyi (1972), S. 33, Holzheu (1971), S. 129 und Svindland (1975), S. 93.

3.2.3. Die Interdependenzen zwischen nationalem und internationalem Bankensystem als Ausgangspunkt für eine Theorie des Geldangebotes durch das Eurobanksystem

Die Veröffentlichungen, die sich mit Aspekten der Interdependenz nationaler und internationaler Geldschöpfung beschäftigen, lassen sich entsprechend ihrem methodischen Vorgehen zwei verschiedenen Gruppen zuordnen. Eine Reihe vorwiegend empirisch ausgerichteter Ökonomen versucht, Einzelaspekte des Untersuchungsobjektes, z. B. die Ursachen und das Ausmaß der Eurodollar-Refinanzierung amerikanischer Banken, mit Hilfe statistisch-ökonometrischer Untersuchungen zu ermitteln[1]. Die angesichts unzureichenden Datenmaterials notwendigerweise begrenzten Zielsetzungen dieser Arbeiten schränkt ihre Aussagefähigkeit bezüglich des hier diskutierten Problems erheblich ein. Andere Autoren versuchen, mangels einer entwickelten Theorie die Substitution nationaler durch internationale Finanzmärkte mit Hilfe ökonomischer Plausibilitätsüberlegungen darzustellen[2]. Beide Ansätze sind zwar geeignet, deutlich zu machen, wie fragwürdig die aufwendigen Versuche sind, einen speziellen Eurodollar-Multiplikator zu berechnen, für beide Ansätze gilt aber auch, daß sie dann, wenn sie einer Analyse der Wechselwirkungen zwischen nationalen und internationalen Bankensystemen zugrunde gelegt werden, notwendig unvollkommen sind, da sie sich auf Einzelaspekte oder einzelne Teilmärkte des Gesamtsystems beschränken. Deshalb soll in Ergänzung der erwähnten Arbeiten im folgenden ein Ansatz dargestellt werden, der es erlaubt, speziell die Inter-

---

1) Vgl. Black (1971), S. 83 ff., Steib (1973), S. 875 ff. und Levin (1974), S. 103 ff.

2) Vgl. Zumpfort (1976), S. 69, McClam (1972), S. 323 ff. und Heubes (1975), S. 89 f.

dependenzen zwischen der Geldschöpfung auf dem Binnen- und dem Außenmarkt für jede Eurowährung theoretisch zu erfassen. Der Ansatz beruht auf einer Erweiterung der multiplikatortheoretischen Überlegungen der vorhergehenden Abschnitte. Ausgangspunkt der Argumentation sind die zwar allgemein anerkannten, in der Diskussion jedoch kaum beachteten Existenz- und Expansionsbedingungen des Eurobanksystems[1]. Wie aus der Definition des Begriffes "Außenmarkt" folgt[2], setzt die Kreditexpansion durch Banken, die auf diesen Märkten aktiv sind, die Existenz eines Basisbanksystems einschließlich Zentralbank für jede einzelne Handelswährung voraus. Dabei differieren die Kredit-Produktionsfunktionen für nationale Banken und für Eurobanken jedoch insofern, als Banken nationale Kredite auf der Basis von Zentralbankgeld (base money), Eurokredite dagegen auf der Basis von Sichteinlagen im Basisbank-

Abbildung 13

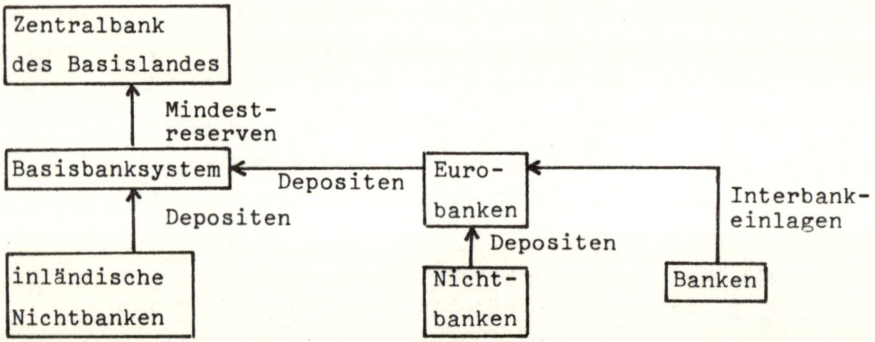

---

1) Die Argumentation stützt sich in wesentlichen Teilen auf einen von Willms (1976, S. 214 ff.) entwickelten Ansatz.

2) Vgl. Abschnitt 1.1. Anmerkung 2 auf S. 7.

system zur Verfügung stellen. Wie in Abbildung 13 dargestellt wird, "verbrauchen" Banken für Eurokredite also indirekt Zentralbankgeld des jeweiligen Basislandes in Form von Mindestreserven, die auf Verbindlichkeiten gegenüber Eurobanken zu halten sind. Als Folge dieser Tatsache besitzen die Banken somit die Fähigkeit, den Umfang des gesamten Depositenvolumens in einer Währung, das auf der Grundlage einer gegebenen Zentralbankgeldmenge geschaffen werden kann, zu variieren. Da dieses Depositenvolumen aus Basis- und Eurodepositen besteht, vermögen die Banken somit im internationalen Zusammenwirken die Struktur des Depositenvolumens, d. h. den jeweiligen Anteil von Basis- und Eurodepositen zu verändern und auf diese Weise das Verhältnis zu beeinflussen, in dem nationale und internationale Kreditexpansion in der betroffenen Währung vor sich gehen[1]. Mit Hilfe eines Geldbasismultiplikator-Ansatzes, der auf ein dreistufiges Bankensystem bezogen ist, läßt sich dieser Zusammenhang verdeutlichen[2]. Werden in einer bestimmten Währung denominierte Eurodepositen in die Geldmenge in dieser Währung einbezogen, so läßt sich analog dem üblichen Verfahren[3] ein erweiterter Multiplikator m_G ableiten, der die Beziehung zwischen der gesamten, also um die Eurodepositen erweiterten, Geldmenge und der Geldbasis (Zentralbankgeldmenge) in dieser Währung angibt[4].

---

1) "... if the amount of reserves in a country is given, the individual absorption of a part of it by the Eurobanks leaves less reserves available for domestic creation. As a result the expansion of Euro-deposits reduces the creation of domestic deposits. However, the total volume of deposits which can be created on a given reserve base will increase". Willms (1976), S. 214 f.

2) Ähnliche Multiplikator-Ansätze finden sich in der Literatur zur Beschreibung multipler Kreditschöpfungsprozesse in einem dreistufigen Finanzsystem, das aus der Zentralbank, monetären und paramonetären Finanzintermediären besteht, Vgl. z. B. Chick (1973), S. 69 f.

3) Vgl. Siebke, Willms (1974), S. 123 ff. und Woll, Vogl (1976), S. 65 ff.

4) Vgl. Willms (1976), S. 221 ff. insbesondere S. 228 f.

Analog kann die Geldbasis mittels eines Multiplikators m_E auch mit dem Eurodepositenvolumen allein in Beziehung gesetzt werden. Beide Multiplikatoren lassen sich auf der Grundlage einer engen (m_{G1} und m_{E1}) und einer weiten (m_{G2} und m_{E2}) Fassung des Geldbegriffes formulieren. Als Koeffizient der formalen Ausdrücke, die auf diese Weise entstehen, dienen die Barquote, die Mindestreservesätze auf Basiseinlagen im Besitz von In- und Ausländern, die freiwillige Reservequote der Eurobanken sowie die Quoten zur Erfassung der Struktur des gesamten Depositenvolumens hinsichtlich des Anteils von Basis- und Eurodepositen bzw. Sicht- und Termineinlagen[1]. Dabei wird die Barquote vereinfachend als konstante Größe, der Mindestreservesatz auf Basiseinlagen als Instrumentvariable, die von der jeweiligen Zentralbank bestimmt wird, und die Liquiditätsreservehaltung der Eurobanken ebenso wie der Wert der Strukturkoeffizienten als Ergebnis von Portefeuille-Entscheidungsprozessen interpretiert[2]. Die skizzierten Multiplikatorbe-

---

1) Die detaillierte Ableitung und Diskussion der verschiedenen Multiplikatoren ist für die hier analysierte Fragestellung weniger wichtig. Sie findet sich in aller Ausführlichkeit bei Willms (1976, S. 221 ff.) und soll deshalb nicht wiederholt werden.

2) Obwohl Eurobanken in der Regel keinen Mindestreserveerfordernissen unterliegen, unterhalten sie wie alle Banken freiwillige Reserven zur Deckung unerwarteter Liquiditätsabflüsse. Die Höhe dieser Reserven wird im Rahmen eines alle Bankaktivitäten umfassenden Portefeuille-Entscheidungsprozesses bestimmt, wie ihn z. B. Hodgeman (1963, S. 46 ff.), Meigs (1962, S. 42 ff.) und Salomo (1971, S. 29 ff.) dargestellt haben. Danach wird davon ausgegangen, daß das Reservevolumen als Folge von economies of risk nur unterproportional mit dem Einlagevolumen zunimmt und in Reaktion auf die Höhe der Alternativkosten der Reservehaltung mit sinkenden Eurokredit- und steigenden Refinanzierungssätzen wächst. Die Höhe der Strukturkoeffizienten ergibt sich als Resultat von Portefeuille-Entscheidungen in Reaktion auf Änderungen der Ertrags- und Risikodifferentiale zwischen den Anlagealternativen.

ziehungen beschreiben somit ein Interaktionssystem, das aus dem nationalen und dem Außenmarkt in dieser Währung besteht. In diesem System verursachen Veränderungen der Werte von Instrumentvariablen durch die Zentralbanken ebenso Einflüsse auf die interne und externe Geldmengenkomponente wie die Reaktion national wie international orientierter Wirtschaftssubjekte auf Änderungen ihrer Aktionsdeterminanten.
Willms hat, da andere Daten fehlen, nur die Multiplikatoren m_{G2} und m_{E2} jeweils für die USA, die Bundesrepublik Deutschland und die Schweiz einschließlich der jeweiligen Außenmärkte für den Zeitraum von 1964 bis 1974 errechnet[1]. Die Zeitreihen seiner Ergebnisse sind in den Abbildungen 14.1. bis 14.3. dargestellt. Alle Abbildungen enthalten zudem die "nationalen" Multiplikatoren m_1 und m_2, welche die Beziehung zwischen der Geldbasis und den nationalen Geldmengen M_1 und M_2 widerspiegeln. Für alle drei Währungen zeigen die Ergebnisse während des Untersuchungszeitraumes bis auf wenige Ausnahmen steigende Werte für m_{G2} und m_{E2}. Dabei fällt auf, daß m_{E2} für alle drei Währungen einem eindeutigen Aufwärtstrend folgt. Dieser wurde zu keinem Zeitpunkt unterbrochen, während m_{G2} - besonders in der BRD und in der Schweiz - zwar insgesamt zunimmt, durch abnehmende Werte für m_2 jedoch zeitweise auch sinkt. Der Multiplikator m_1 ist in allen Staaten

1) Willms ermittelt die Werte an Hand von Datenmaterial der "International Financial Statistics" des IMF über die jeweilige Geldbasis der betreffenden Länder bzw. verschiedener Jahresberichte der BIZ über die Netto-Eurodepositenvolumina in den drei berücksichtigten Währungen. Mangels anderen statistischen Materials muß er dabei unterstellen, daß die Anteile der verschiedenen Währungen am gesamten Nettovolumen der Euro-Währungsmärkte mit ihren Anteilen an den Bruttoverbindlichkeiten der Banken aus den acht an die BIZ berichtenden Ländern übereinstimmen.

Abbildung 14.1. Geldbasismultiplikatoren für die BRD

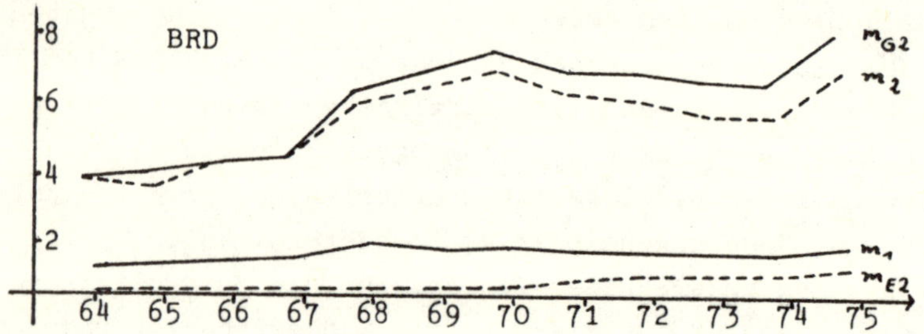

Abbildung 14.2. Geldbasismultiplikatoren für die Schweiz

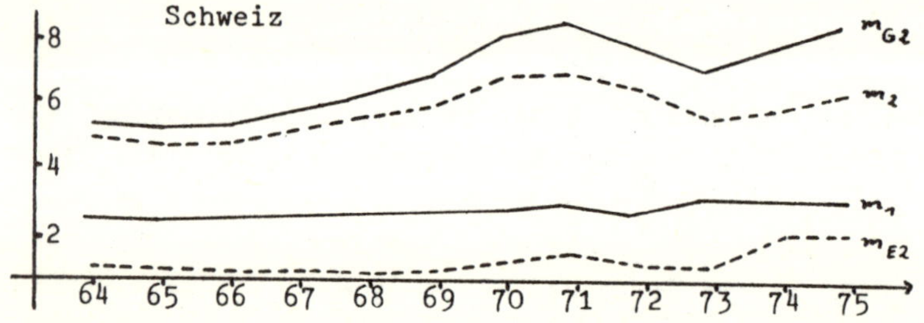

Abbildung 14.3. Geldbasismultiplikatoren für die USA

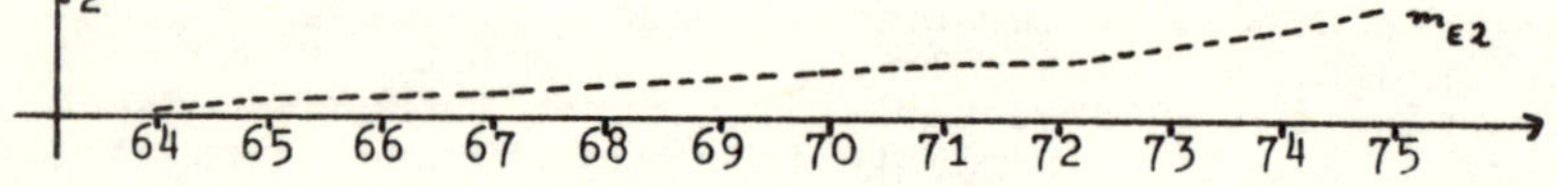

über den gesamten Zeitraum hinweg annähernd konstant. Die Zunahme des Anteils von Eurodepositen am gesamten Depositenvolumen M_{G2} in allen drei Währungen, die durch die Entwicklung von m_{E2} für alle untersuchten Außenmärkte belegt wird, dokumentiert, daß die externe Komponente der Bruttoliquidität in der jeweiligen Währung zugenommen hat, ohne eine gleich große Substitution zu Lasten der internen Komponente verursacht zu haben[1]. Dieses Ergebnis der Willms'schen Untersuchung bestätigt damit die Schlußfolgerungen, die in Abschnitt 2.3.3. aus der theoretischen Analyse der Konsequenzen internationaler Bankenkooperation für die Struktur international diversifizierter Portefeuilles gezogen wurden.

Da Willms mangels ausreichender Daten leider keine Aussagen über die Entwicklung der Multiplikatoren m_{G1} und m_{E1} macht, ist man bezüglich ihrer ungefähren Werte auf Plausibilitätsüberlegungen angewiesen. Unterstellt man, die Relationen zwischen m_1 und m_2 seien denjenigen zwischen m_{E1} und m_{E2} bzw. m_{G1} und m_{G2} ähnlich, so kann man aus dem stärkeren Wachstum von m_{E2} und m_{G2} gegenüber m_2 eine entsprechend größere Zunahme von m_{E1} bzw. m_{G1} gegenüber m_1 folgern. Eine derartige Überlegung ist allerdings viel zu wenig fundiert, um weitergehende Folgerungen zu erlauben. Erst eine umfangreichere und detaillierte statistische Erfassung der Transaktionen an den Außenmärkten wird eine solche Möglichkeit bieten. Dennoch lassen sich trotz der Unvollständigkeit des statistischen Materials und der entsprechend lückenhaften empirischen Untermauerung des Ansatzes einige wesentliche Aussagen in bezug auf den hier untersuchten Fragenkomplex treffen. Für alle Währungen, für die ein bedeutender Außenmarkt entstanden ist, setzt sich die gesamte Geldmenge aus einer externen und einer

---

1) Als Maß für die Bruttoliquidität wird das gesamte Geldvolumen M_{G2} unter Einschluß von Termineinlagen verwendet. Ihre externe Komponente wird mit Hilfe des Aggregates aus Eurosicht- und -termindepositen bestimmt. Da im Terminus der in Abschnitt 3.1.2. entfalteten Argumentation Bruttoliquiditätsschaffung in wesentlichen Teilen der Liquiditätsvermittlung entspricht, stimmen die Ergebnisse der Abschnitte 3.1.2. und 3.2.3. überein.

internen Komponente zusammen, die beide grundsätzlich Zahlungsmittelfunktionen im gleichen Umfang ausüben können. Die Banken produzieren diese Zahlungsmittel unter Einsatz der Produktionsfaktoren sachliche und personelle Ressourcen sowie Zentralbankgeld. Da die Schaffung einer Einheit Eurosichtdepositen in der Regel weniger Zentralbankgeld in Form von Mindestreserven absorbiert als diejenige einer Einheit inländischer Sichteinlagen, erfordert die Schaffung von Eurosichteinlagen einen vergleichsweise niedrigeren Einsatz des Produktionsfaktors Zentralbankgeld. Bei gegebener Faktorausstattung kann somit durch Einschaltung der Außenmärkte eine größere Gesamtgeldmenge bzw. eine gegebene Geldmenge mit geringerem Faktoreinsatz geschaffen werden[1]. Die Möglichkeit, derartige Produktivitätsvorteile zu nutzen, förderte die Versuche der Banken, den Teil der gesamten Geldmenge in einer Währung, der nicht allein dazu diente, Transaktionen zwischen Inländern im Inland abzuwickeln, in zunehmendem Ausmaß unter günstigeren Produktionsbedingungen an den Außenmärkten bereitzustellen. Auf diese Weise können Banken die gesamte Geldmenge in einer Währung trotz gleichbleibender Geldbasis ausweiten, wenn eine entsprechende Nachfrage sie veranlaßt, Depositen an den Außenmarkt zu verlagern. Geldexporte und -importe in der eigenen Währung können folglich gleichzeitig die gesamte, die interne und die externe Geldschöpfung in einer Währung beeinflussen. Die aufgezeigte Interdependenz ist jedoch keineswegs auf die Beziehung zwischen Binnen- und Außenmarkt jeder einzelnen Eurowährung beschränkt. Das permanente, nahezu vollkommene Arbitragegleichgewicht zwischen den einzelnen Teilmärkten des Eurofinanzsystems garantiert, daß

---

1) Vgl. dazu die Äußerungen von R. Dohm anläßlich des 4. Symposiums zur Bankgeschichte in Frankfurt a. M., abgedruckt in "Dem Eurobankgeschäft Zügel anlegen" (1977), S. 27.

Daten- oder Verhaltensänderungen, die sich in Anpassungstransaktionen niederschlagen, unmittelbar auf alle Teilmärkte übergreifen[1].
Angesichts des gegenwärtigen Standes der Untersuchung von Interdependenzen zwischen den Basisbanksystemen und Sektoren des Eurobanksystems muß die Argumentation notwendigerweise "embryonale" Züge aufweisen und in weiten Teilen vergleichsweise unbestimmt sein[2]. Trotz dieser Mängel lassen die vorausgegangenen Ausführungen jedoch erkennen, daß der skizzierte Ansatz in der Lage ist, die geringe Relevanz deutlich zu machen, die den Versuchen zukommt, Geldschöpfungsmultiplikatoren für einzelne Teilmärkte des Eurogeldmarktes zu bestimmen; und daß er darüberhinaus in der Lage ist, die Wirkungswege zutreffend zu beschreiben, über die das Eurobanksystem seinen Einfluß auf die Geldschöpfung in den einzelnen Währungsräumen ausübt. Auf dem Hintergrund der bisherigen Argumentation, die eine enge Beziehung zwischen internationaler Bankenkooperation, Förderung der Außenmärkte für wichtige internationale Transaktionswährungen und Entwicklung des Eurobanksystems hergestellt und belegt hat, braucht nicht noch einmal besonders herausgearbeitet zu werden, daß dieser Ansatz auch geeignet ist, gerade die Bedeutung internationaler Bankenkooperation wesentlich zutreffender zu beschreiben, als die üblichen Eurodollar-Multiplikatoren.

---

1) Vgl. Filc (1975), S. 169 ff.

2) Die Argumentation ist hinsichtlicher der modelltheoretischen Beschreibung verschiedener Aspekte der Interdependenzbeziehungen zwischen Außen- und Binnenmärkten sowie insbesondere hinsichtlich deren empirischer Untermauerung - z. B. mittels Berechnung der Zinselastizitäten von Bank- und Nichtbanktransaktionen - erweiterungsfähig.

4. WIRKUNGEN INTERNATIONALER BANKENKOOPERATION AUF DEN SPIELRAUM NATIONALER ZENTRALBANKPOLITIK

In den vorausgegangenen Kapiteln der Arbeit wurde das Phänomen "internationale Bankenkooperation" beschrieben, seine Entwicklung und seine Wirkungsrichtungen portefeuille-theoretisch erklärt und seine wesentlichen Einflüsse auf die Funktion der internationalen Finanzmärkte theoretisch abgeleitet und - soweit möglich - auch empirisch untermauert. Nunmehr richtet sich das Interesse auf die Bedeutung der dargestellten Wirkungen internationaler Bankenkooperation für den Ablauf des Einwirkungsprozesses und den Wirkungsgrad nationaler Zentralbankpolitik.

4.1. Die Bedeutung von Finanzmärkten für die Zentralbankpolitik

Um gesamtwirtschaftliche Ziele zu erreichen, stehen den geldpolitischen Instanzen eines Landes verschiedene Instrumente zur Verfügung. Diese werden mit dem Ziel eingesetzt, geldpolitische Impulse auszulösen, deren Übertragung vom monetären in den realen Sektor der Volkswirtschaft in der gewünschten Weise zu veranlassen und so die Entscheidungen der Wirtschaftssubjekte zu beeinflussen, die letztlich den Konjunktur- und Wachstumsprozeß bestimmen. Der Ablauf dieses Transmissionsprozesses wird von den beiden Denkrichtungen, welche die neuere geldtheoretische und geldpolitische Diskussion bestimmen, den sog. Postkeynesianern und den sog. Monetaristen, im wesentlichen auf die gleiche Weise beschrieben, obwohl sie die absoluten Wirkungen der Geldpolitik

gegensätzlich beurteilen[1]. Übereinstimmend wird unterstellt, daß die Wirtschaftssubjekte ihr Vermögen entsprechend Nutzen- bzw. Gewinnmaximierungsprinzipien auf alle denkbaren Anlageobjekte wie Geld, Depositen, Wertpapiere, Kredite, langlebige Konsumgüter und Realkapital aufteilen. Der Anteil der einzelnen Anlageobjekte und damit die Vermögensstruktur wird dann als Funktion der pekuniären und der nicht-pekuniären Ertragsraten der alternativen Vermögensobjekte betrachtet. Im Rahmen eines solchen Kalküls sind Kredite für die Gläubiger Aktiva und damit Anlageobjekte, deren Ertragsraten von den Kreditzinsen bestimmt werden. Für den Schuldner sind Kredite dagegen Passiva, die als negative Aktiva und folglich Anlageobjekte mit negativem Vorzeichen betrachtet werden.
Bei einem deart ablaufenden Transmissionsprozeß muß die Geldpolitik die erwartete Ertragsrate auf Realkapital variieren, wenn sie die Investitionsentscheidungen beeinflussen will. "This required rate of return on capital is the basic criterion of the effectiveness of a monetary action. To alter the terms on which the community will accumulate real capital- that is what monetary policy is all about"[2]. Sie ist dazu in der Lage, obwohl ihr lediglich Instrumente zur direkten oder indirekten Einwirkung auf Ertragsraten finanzieller Aktiva zur Verfügung stehen. Ausgehend von einem fiktiven allgemeinen Portefeuille-Gleichgewicht, d. h. einer Situation, in der die Bestände aller Vermögensobjekte in den Portefeuilles

---

1) Jeweils typische Erklärungen dieses Prozesses finden sich für die Monetaristen bei Brunner (1970), S. 1 ff. und für die Postkeynesianer bei Tobin (1961), S. 26 ff. Weitere ausführliche Literaturangaben sind zu finden bei Woll, Vogl (1976), S. 33 f. und Spencer (1974), S. 24 ff.

2) Tobin, Brainard (1963), S. 60, vgl. auch Brunner (1970), S. 2 ff.

der Wirtschaftssubjekte an die gegebenen Daten angepaßt sind[1], sei z. B. angenommen, die Zentralbank betreibe eine expansive Offenmarkt-Politik, indem sie den Zins auf Offenmarktpapiere senkt. Hierdurch löst sie Substitutionsprozesse aus, die zunächst auf alle anderen Finanzmärkte übergreifen, indem zusätzliche Nachfrage die Ertragsraten auf alle anderen finanziellen Aktiva senkt. Dies geschieht sowohl dadurch, daß die Kurse der umlaufenden Papiere steigen, als auch dadurch, daß die Rendite neu emittierter Titel sinkt[2]. Gleichzeitig sehen sich die Banken veranlaßt, die Kreditzinsen zu senken, um auf diese Weise zusätzliche Kredite geben und so die tatsächlichen an die gewünschten Zentralbankgeldbestände anpassen zu können. Die so verminderten Erträge auf einige Aktiva lösen ihrerseits weitere Portefeuille-Anpassungen aus, die letztlich sowohl die Bestandshöhe als auch die Ertragssätze aller anderen Vermögensobjekte - also auch realer Kapitalgüter - tangieren. Ein neues Portefeuille-Gleichgewicht wird erst nach Ablauf eines langwierigen Anpassungsprozesses erreicht. In seinem Verlauf werden Änderungen des Nettovermögens, des Sozialproduktes oder erwarteter Preisänderungsraten eingeleitet, die ihrerseits wiederum auf die Bestände von Vermögensgütern und folglich deren Ertragsraten zurückwirken. Die Ertragsrate auf Realkapital bildet dabei das entscheidende Bindeglied zwischen den Bestandsgrößen "Vermögensbestände" und den Stromgrößen "Investitionen" und "Konsum". Sie beeinflußt nämlich sowohl die Neuproduktion von Realkapital, das Ausmaß, in dem Dienstleistungen als Realkapitalsubstitut genutzt werden, als auch die Höhe der vermögensab-

---

1) Vgl. Dieckheuer (1975), S. 37.

2) Beide Prozesse sind ineinander überführbar, da Ertragsrate und Kurs eines finanziellen Aktivums sich umgekehrt proportional verhalten.

hängigen Konsumnachfrage[1].
Es ist offensichtlich, daß den Märkten für finanzielle Aktiva im Rahmen dieser Transmissionsvorstellung entscheidende Bedeutung für die Geldpolitik zukommt. Wenn somit mögliche Auswirkungen internationaler Bankenkooperation auf die nationale Zentralbankpolitik herausgearbeitet werden sollen, dann bildet das Finanzsystem als Aggregat aller Märkte für Finanzaktiva den notwendigen Ansatzpunkt für eine diesbezügliche Analyse.

4.2. Möglichkeiten und Konsequenzen einer Förderung von Konzentrationstendenzen in nationalen Bankensystemen

Der folgende Abschnitt beschäftigt sich mit wahrscheinlichen Wirkungen, denen die Wettbewerbsstruktur eines nationalen Bankensystems ausgesetzt ist, wenn einzelne Banken dieses Systems international kooperieren. Angesichts der im vorigen Abschnitt erläuterten Funktion eines Finanzsystems liegt nämlich die Vorstellung nahe, auch sein Konzentrationsgrad könne auf das Ausmaß und die Geschwindigkeit der Übertragung geldpolitischer Impulse einwirken, weil der Konzentrationsgrad c.p. als Indikator für den Handlungsspielraum der einzelnen Elemente des Systems dienen könne. Da viele geldpolitische Instrumente der Zentralbanken unmittelbar die Aktionsparameter der Geschäftsbanken beeinflussen, ist das Bankensystem

---

1) Vgl. Dieckheuer (1975), S. 36 ff.

in diesem Zusammenhang von besonderem Interesse[1]. Es ist im Rahmen dieser Arbeit natürlich weder möglich noch beabsichtigt, eine vollständige Theorie der Beziehungen zwischen Konzentrationsgrad eines Bankensystems und dem Wirkungsprozeß bzw. der Effizienz monetärer Stabilisierungspolitik zu entwickeln. Es ist jedoch möglich, einige Wirkungsstränge offenzulegen, über die internationale Bankenkooperation auf die Wettbewerbsstruktur nationaler Bankensysteme und damit den institutionellen Rahmen und die Erfolgswahrscheinlichkeiten der Zentralbankpolitik einwirken kann.

Im Gefolge der Entstehung und des rapiden Wachstums der Eurogeld- und -kapitalmärkte ist ein hochentwickeltes internationales Bankensystem entstanden, das zunehmend charakteristische Merkmale eines nationalen Bankensystems angenommen hat. Dazu gehört insbesondere eine weitgehende Homogenität der angebotenen Leistungen in Form gleicher Konditionen für Kredite, die hinsichtlich Fristigkeit, Bonitätsanforderungen und Denomination vergleichbar waren. Dazu gehört außerdem ein hoher Mobilitätsgrad der finanziellen und persönlichen Ressourcen mit der Folge, daß sich die Produktionsbedingungen

---

1) Es ist erstaunlich, daß dieser Aspekt der Konzentration im Bankensektor nur eher beiläufig diskutiert wurde. Eine der ganz seltenen systematischen theoretischen Untersuchungen dieses Problems findet sich - allerdings nur auf das kanadische Bankensystem bezogen - bei Jones und Laudadio (1973, S. 109 ff.). Die meisten Arbeiten über Probleme der Bankenkonzentration erfolgten unter wettbewerbspolitischen Gesichtspunkten und konzentrierten sich hauptsächlich auf Probleme der betriebs- und volkswirtschaftlichen Effizienz der Produktion von Bankleistungen. Eher beiläufig wurden zudem im Rahmen der neueren Kredit- und Geldangebotstheorie Konzentrationswirkungen auf die Faktoren der Giralgeldschöpfung untersucht. Vgl. Stein (1975), S. 76 ff. und S. 122 f., Solomon (1970), S. 323 ff., Wettbewerbsprobleme im Kreditgewerbe (1976), S. 9 ff. sowie Salomo (1971), S. 47 ff.

für alle euromarktfähigen Banken angleichen[1]. So hat sich der Wettbewerbsraum, der alle, nicht nur die euromarktfähigen Banken umfaßt, erheblich ausgedehnt[2]. Die Ambivalenz dieses vordergründig nur konkurrenzfördernden, bei genauer Betrachtung aber auch konzentrationsfördernden Vorganges offenbart sich insbesondere darin, daß vor allem bei international orientierten Transaktionen zwar alle Banken eines Systems von der Konkurrenz erfaßt, aber nur die großen unter ihnen in den internationalen Markt integriert werden. Diese Beschränkung des Marktzuganges hat sich im Gefolge der Ölkrise noch verstärkt; denn die Struktur der Anlegerseite der Eurofinanzmärkte, die sich zugunsten weniger Öl exportierender Staaten verändert hat, sort dafür, daß sich die Präferenzen weniger aber finanziell sehr bedeutender Staaten für die größten Banken der Welt stärker auswirken als dies bei einer ausgewogeneren Anlegerstruktur der Fall wäre. Aus dieser Einlagenkonzentration folgt eine bonitätsorientierte Zweiteilung der Eurogeld- und -kapitalmärkte, die sich in niedrigen Refinanzierungssätzen für erste Adressen und hohen Raten für kleinere Banken ausdrückt[3]. Da diese mangels einer ausreichenden eige-

---

1) Vgl. Swoboda (1971), S. 122 ff.

2) Vgl. International Economic Relations (1976), S. 184 ff.

3) Vgl. Asseily (1974), S. 17 und Yassukovich (1975), S. 45 ff. Diese Entwicklung ist ein Ausdruck dafür, daß nicht alle typischen Merkmale nationaler Bankensysteme angeglichen wurden. Dazu gehört insbesondere die Differenzierung von im übrigen gleichen bankgesetzlichen Regelungen. Sie dienen dazu, jeder einzelnen Bank den Zugang zur einheitlichen Produktionstechnologie unabhängig von individuellen Eigenheiten zu ermöglichen. Als Beispiel für Eingriffe, die nach derartigen Kriterien differenziert sind, gilt die übliche Berechnungsmethode zur Ermittlung des Mindestreservesolls. Die Differenzierung nach Bankgröße, Domizil und Einlagenstruktur dient dem Ziel, die Auswirkungen der Geldpolitik auf die Banken trotz Unterschieden im Zugang zum Geldmarkt und der Produktivität der Geldschöpfung anzugleichen.

nen Einlagenbasis zur Refinanzierung auf das Interbankgeschäft angewiesen sind, hat sich ihre Situation so sehr verschärft, daß die meisten kleineren Banken im Gefolge einiger Bankenkonkurse im Jahre 1974 aus dem internationalen Devisen- und Geldhandel und zusätzlich dem Eurokreditgeschäft ausgeschieden sind[1]. Die Ursache dafür liegt bei der Technik, die im Rahmen von Roll-over-Krediten angewandt wird, die Zinssätze durch einen bonitätsabhängigen Aufschlag auf LIBOR zu ermitteln. Bei Zinssätzen von 0,5 % über LIBOR, wie bei erstklassigen Schuldnern üblich, ist die Mitgliedschaft in Kreditkonsortien für Banken, die selbst bis zu 2 % über LIBOR für die eigene Refinanzierung aufwenden müssen, ausgeschlossen. Wollen sie dennoch am Euromarkt aktiv bleiben, so sind sie auf risikoreiche Kredite an zweitklassige Schuldner angewiesen[2]. Angesichts der Bedeutung internationaler Transaktionen für die Finanzierung und Abwicklung des Außenhandels, den Ausgleich von Liquiditätsdivergenzen und die Möglichkeit der Risikostreuung muß die beschriebene Entwicklung zwangsläufig zu einer weiteren Benachteiligung sog. zweiter und dritter Adressen führen[3].

Internationale Bankenkooperation ist geeignet, diesen Prozeß weiter zu fördern; denn einerseits schafft sie, wie ausführlich dargestellt, die Voraussetzungen, um neuartige Aktiva, Passiva und Dienstleistungen zu produzieren und bietet gleichzeitig die Möglichkeit, speziell im Auslandsgeschäft Kosten

---

1) Vgl. Debs (1975), S. 122 ff., v. d. Adel (1976), S. 2 sowie Junne (1976), S. 152 ff.

2) In die Gruppe der bonitätsmäßig schlechter beurteilten Banken fielen neben den kleineren zeitweise selbst führende Institute besonders zahlungsbilanzschwacher Länder. Vgl. Mast (1974), S. 11 und Schreiber (1976), S. 726.

3) Vgl. Quinn (1975), S. 943 f.

zu senken bzw. Skalenerträge zu realisieren[1]. Andererseits wird die Partizipation an internationalen Kooperationen - speziell hinsichtlich des Kerns intensiv kooperierender Banken - auf die kleine Gruppe allererster Bankadressen der führenden Industrieländer beschränkt. Diese grenzen durch Kundenaufteilung sowie die Vereinbarung von Zweigstellenbeschränkungen, Ausschließlichkeitsklauseln, Konditionen- und Rationalisierungskartellen den kooperationsinternen Wettbewerb ein. Dabei verfolgen sie das Ziel, ihren Marktanteil gegenüber den konkurrierenden Kooperationsgruppen zumindest zu sichern sowie durch Steigerung ihrer relativen liquiditätsmäßig-finanziellen Leistungsfähigkeit gegenüber nicht kooperierenden Banken auszuweiten[2]. Da diese infolgedessen wesentliche Komponenten des bankbetrieblichen Leistungsspektrums, die zudem für ihre größten Firmenkunden ständig größere Bedeutung erlangen, nicht oder nicht zu konkurrenzfähigen Kosten anbieten können, wird ihr Aktivitätsspielraum zunehmend eingeengt und ihr direktes und indirektes Wachstumspoten-

---

1) Vgl. Carli (1971), S. 24 f. Folgt man Bell und Murphy (1968), die einen engen Zusammenhang zwischen Produktivitätsfortschritten und Bankgröße unterstellen, so liegt die These nahe, auch internationale Bankenkooperation mache, da sie Fusion "simuliert" ohne sie allerdings juristisch zu vollziehen, die Anwendung neuer Finanztechnologien und damit die Realisierung von Skalenerträgen wahrscheinlicher.

2) Vgl. die Aussagen von Klaue, wiedergegeben in Wettbewerbsprobleme im Kreditgewerbe (1976), S. 72 ff. und S. 151 ff.

tial gegenüber kooperierenden Konkurrenten begrenzt[1]. Dabei sind sie selbst auf dem Inlandsmarkt der zunehmend stärkeren Konkurrenz der Auslandsfilialen internationaler Großbanken ausgesetzt, die sich weitgehend lokal refinanzieren wollen und deshalb gerade regionalen und lokalen Banken Konkurrenz machen müssen. Um zu vermeiden, daß der Ausschluß aus dem Auslandsgeschäft nur die Einleitung zur totalen Verdrängung vom Markt darstellt, sind sie zunehmend zu Zusammenarbeit und Fusion mit größeren Banken gezwungen[2].

Internationale Bankenkooperation fördert folglich den Prozeß der Differenzierung von Produktionsbedingungen bankbetrieblicher Leistungen insbesondere im internationalen und Auslandsgeschäft. Gleichzeitig verschärft sie den Wettbewerb zwischen den Mitgliedern der nationalen Bankensysteme auf diesem Sektor und unterstützt somit die ohnehin bestehenden Konzentrationstendenzen in den Bankensystemen wichtiger Industrieländer[3].

---

1) Unter "direktem Wachstum" versteht Deppe (1969, S. 15) die unmittelbare Vergrößerung des in der Bank installierten Leistungspotentials bzw. die Vergrößerung der finanziellen Limitationen. Den Begriff "indirektes Wachstum" definiert er mit einer Vergrößerung der Leistungsfähigkeit, die aus Produktivitätseffekten resultiert, indem Leistungseinheiten c.p. das technisch-organisatorische, das Liquiditäts- oder das Sicherheitspotential einer Bank in geringerem Maße beanspruchen.

2) Vgl. Junne (1976), S. 150 ff.

3) Dieser Vorgang läßt sich empirisch nicht leicht belegen. Das liegt an der Aufgliederung der offiziellen Bankenstatistik und der Strategie der aufnehmenden Banken. Solange sich diese darauf beschränken, kleinere Institute ihrem Einflußbereich zuzuordnen, indem sie Kapitalanteile erwerben, die Firma jedoch unverändert bestehen lassen, wird die übernommene Bank weiterhin in der bisherigen statistischen Bankenkategorie erfaßt, obwohl sie faktisch inzwischen in die Kategorie gewechselt ist, der die aufnehmende Bank angehört. Die offizielle Bankenstatistik kann somit nur dann Belege für diesen Vorgang, der offensichtlich dem Ziel dient, unabhängige Konkurrenten aus dem Markt zu verdrängen, liefern, wenn die Firma der aufgenommenen Bank tatsächlich aufgelöst wird.

Die möglichen Konsequenzen dieser Entwicklung für die Zentralbankpolitik sollen nunmehr untersucht werden. Wird die Förderung der Konzentration zugunsten kooperierender Banken unter dem Aspekt des nationalen Geldangebotes untersucht, dann wirkt sie sich c.p. in einer Zunahme des betriebs- und volkswirtschaftlichen Geldschöpfungspotentials aus. Hierfür ist im Terminus der Geld- und Kreditschöpfungstheorie die Steigerung der internen Verrechnungsmöglichkeiten, die damit verbundene Verringerung der subjektiven Risikoeinschätzung und die daraus ableitbare Abnahme der Verschuldungsaversion der einzelnen kooperierenden Bank verantwortlich[1]. Die Fähigkeit eines

---

1) Die Quote interner Verrechnung kennzeichnet den Bruchteil der innerhalb einer Bank zu verrechnenden Auszahlungsverfügungen an den gesamten unbaren Auszahlungen. Ihre Höhe beeinflußt den Zentralbankgeldverlust pro Einheit neugeschaffenen Kredites und somit die Produktivität der Bankleistung. Vgl. Mühlhaupt (1963), S. 136 f. In der traditionellen Geldtheorie spielen Veränderungen der internen Verrechnungsquote - im Gegensatz zu solchen der Barabhebungsquote - für das gesamtwirtschaftliche Geldangebot keine Rolle, da vollständige Kontrolle des Geldangebotes der Banken durch die Zentralbank unterstellt wird. Diese Auffassung basiert auf der These, es bestehe eine feste Beziehung zwischen der angebotenen Geldmenge und den verfügbaren Reserven, ausgedrückt durch den Giralgeldschöpfungs-Multiplikator mit fixen Koeffizienten. Ein anderes Resultat ergibt sich jedoch, wenn das Geldangebot eines Bankensystems auf der Basis mikroökonomischer Verhaltensweisen abgeleitet wird, wie es in der modernen, von Tobin, Brunner und Meltzer beeinflußten Theorie der Fall ist.
In dieser Sicht wirkt sich eine Steigerung der internen Verrechungsquote in der Erwartung sinkender Reserveverluste und folglich stärkerer Kreditexpansion auf der Basis eines gegebenen Reservevolumens aus. Da zudem eine negative Beziehung zwischen subjektiver Einschätzung des Reserveverlustrisikos sowie der Verschuldungsaversion einerseits und der absoluten Höhe der verfügbaren Überschußreserve andererseits besteht, wirkt sich die Konzentration in einer zusätzlichen Ausweitung der Geldschöpfungsmöglichkeiten der einzelnen Banken und auch des Bankensystems als Ganzem aus. Vgl. Brunner (1961), S. 79 ff., Orr, Mellon (1961), S. 618 ff., Salomo (1971), S. 20 ff. und S. 40 ff. sowie Dieckheuer (1975), S. 121 ff. und S. 157 ff.

Bankensystems, die verfügbare Zentralbankgeldmenge effizienter zu nutzen, wird immer dann in einer vergleichsweise größeren Geldschöpfung resultieren, wenn ein solches Verhalten den mikroökonomischen Zielfunktionen entspricht. Und dies wird regelmäßig in Situationen der Fall sein, in denen die Zentralbank im Zeichen restriktiver Politik versucht, die Kreditexpansion des Bankensystems einzudämmen. Folglich muß damit gerechnet werden, daß es der Zentralbank zunehmend schwerer fallen wird, die Reaktion der Kreditinstitute auf geldpolitische Restriktionen zu steuern, solange diese über freie Liquiditätsreserven verfügen. Es ist möglich, daß diese Tatsache in einer Verstärkung der zeitlichen Verzögerung in den Auswirkungen geld- und kreditpolitischer Maßnahmen zum Ausdruck kommt und derartige "operational time lags" dann so lang werden, daß in bestimmten Situationen die Geldpolitik eher destabilisierend als stabilisierend auf den Wirtschaftsprozeß einwirkt[1].

In die gleiche Richtung wirken sich die zunehmende Bereitschaft und die umfassenderen Möglichkeiten der größeren und insbesondere der kooperierenden Banken zu grenzüberschreitendem Interbankverkehr aus[2]. Auf die Beziehung zwischen der Größe einer Bank und ihrer Bereitschaft, Refinanzierungskredite aufzunehmen, wurde schon hingewiesen[3]. Mit wachsender Bereitschaft nehmen häufig auch die Möglichkeiten zu, internationale Geldmarktgeschäfte abzuwickeln, wenn die partnerschaftliche Zusammenarbeit der Banken einschließt, daß Transaktionslimits, die der Risikobegrenzung dienen,

---

1) Vgl. Müller (1968), S. 274 ff. insbesondere S. 279.

2) Vgl. Abschnitt 3.1.1. und 3.1.3. sowie Deutsche Bundesbank (1971), S. 20 f. und (1973 a), S. 3.

3) Vgl. Anmerkung 1 auf S. 149.

zwischen größeren Banken im allgemeinen und innerhalb kooperierender Gruppen im besonderen ausgeweitet werden. Die Unterstützung von Konzentrationsprozessen in nationalen Bankensystemen fördert somit eine Intensivierung grenzüberschreitender Geschäftsbeziehungen. Daß damit zugleich zahlreiche neue Umgehungsmöglichkeiten binnenwirtschaftlicher Restriktionen eröffnet werden, wird in Abschnitt 4.4. erörtert.

Andererseits ist es jedoch nicht auszuschließen, daß ein Bankensystem, das einen hohen Konzentrationsgrad aufweist, der Zentralbank zusätzliche Kontrollmöglichkeiten eröffnet. "Among domestic factors that enhance efforts by the authorities to regulate interest rates and allocate credit are these: a high degree of concentration in commercial banking, ..."[1]. So scheint insbesondere die Praxis der kanadischen und in geringerem Umfang auch der schweizerischen Zentralbank[2] zu zeigen, daß beispielsweise die geldpolitische Effizienz der "moral suasion"[3], insbesondere, wenn sie

---

1) Hodgeman (1973), S. 150.

2) Vgl. die verschiedenen Vereinbarungen und Gentlemen's Agreements zwischen der Schweizerischen Nationalbank und den Schweizer Banken, abgedruckt in Schweizerische Nationalbank (1976), S. 65 ff. Außerdem berichtet die Nationalbank (1976, S. 13 f.) "Mit dem gleichen Ziel (Einhaltung des Geldmengenzieles, d. Verf.) erfolgte drittens der Abschluß eines Gentlemen's Agreement mit jenen Banken, die Filialen und Tochtergesellschaften im Ausland unterhalten. Die beteiligten Institute verpflichten sich darin, ihre Filialen und Tochtergesellschaften im Ausland anzuweisen, Transaktionen mit offensichtlich gegen den Schweizerfranken gerichtetem spekulativem Charakter zu unterlassen. Die Banken selbst erklären sich bereit, von der Schweiz aus keine Euro-Frankendepots oder Direktanlagen ausländischer Kunden in Schweizerfranken für Rechnung ihrer ausländischen Niederlassungen und Tochtergesellschaften zu tätigen".

3) moral suasion "is used to mean efforts by the central bank to achieve, through suggestion, discussion and persuasion, specific changes - sometimes temporary - in policies or practices of private financial organizations". Submissions by the Bank of Canada (1962), S. 37 f.

diskretionär gehandhabt wird, beachtlich ist[1]. Gerade das Beispiel der schweizerischen Nationalbank, die in der Vergangenheit die Freiheit der internationalen Geld- und Kapitalbewegungen immer drastischer regulieren mußte, zeigt aber auch, daß die Nettoeinwirkungen der Konzentration auf die Effizienz der Zentralbankpolitik höchst wahrscheinlich negativ waren und es auch weiterhin sind.

4.3. Die Bedeutung zunehmender internationaler Kapitalmobilität für die Effizienz nationaler Geldpolitik

Die Abschnitte 2.3.3. und 3.1.2. lieferten theoretische und empirische Ergebnisse, die für die folgende Argumentation zentrale Bedeutung haben. Erstens erweist sich internationale Kooperation als geeignet, die Ertrags- und Risikodifferenzen zwischen Basis- und Euroaktiva und -passiva in einer Weise zu verändern, daß es für weitere Wirtschaftssubjekte vorteilhaft wird, ihre Portefeuilles international zu diversifizieren und dabei den Anteil von Euroaktiva und -passiva zu steigern. Zweitens vermindert internationale Kooperation wesentliche Bestandteile der Transaktionskosten und veranlaßt damit eine große Anzahl von Wirtschaftssubjekten, auf eine Datenänderung mit einer ausgeprägteren Variation der Währungsstruktur ihrer Portefeuilles zu reagieren, als dies bis dahin vorteilhaft gewesen wäre. Beide Ergebnisse der theoretischen Analyse führen zu der Schlußfolgerung, die ja auch durch die Ergebnisse des Abschnittes 3.2.3. bestätigt wurde, daß unter Umständen ein größerer Teil der für die

---

1) Jones und Laudadio (1973, S. 133) bezeichnen "moral suasion" sogar als "probably the prime instrument of monetary policy" im hochkonzentrierten Bankensystem Kanadas. Zur Situation in der Schweiz vgl. Schulthess (1977), S. 5.

Geldpolitik relevanten Portefeuille-Transaktionen außerhalb des traditionellen Einflußgebietes nationaler Zentralbankpolitik abgewickelt werden kann; denn die Zentralbanken sind an ein Aktionsfeld gebunden, "which is bound by their countries' frontiers and is thus increasingly inadequate in the face of a reality that now clearly transcends those frontiers"[1]. Zudem haben die Zentralbanken zu berücksichtigen, daß der Kalkül universal orientierter Wirtschaftssubjekte zunehmend auch nationale, also in Basiswährung denominierte Finanztransaktionen erfaßt. Transaktionen dieser Art werden erleichtert, weil internationale Bankenkooperation die Entstehung eines kommunizierenden Netzes internationaler Finanzmärkte, welches um den Eurodollarmarkt gruppiert ist, gefördert und damit sowohl die Zahl der verbundenen nationalen und internationalen Finanzmärkte als auch die Intensität ihrer Verbindung gesteigert hat[2]. Diese Aussagen werden durch die empirischen Ergebnisse untermauert, die belegen, daß die Schaffung und Vermittlung von Liquidität durch die internationalen Finanzmärkte im Zuge internationaler Bankenkooperation beträchtlich zugenommen hat[3]. Die Existenz eines zumindest von der einzelnen Zentralbank unabhängigen Liquidi-

---

1) Carli (1971), S. 31.

2) Die internationalen Finanzmärkte breiteten sich schnell über ihren ursprünglichen Standort London, dessen bankwirtschaftlichem know how sie ihre Existenz verdanken, hinaus auf zusätzliche Zentren aus, wie z. B. Luxemburg, die Bahamas, die Cayman Islands, Hongkong, Singapur und verschiedene Metropolen des Nahen Ostens. Vgl. Mast (1975), S. 5, Werner (1976), S. 8 sowie "Okay, Kaycay" (1973), S. 153 ff. und Deutsche Bundesbank (1975 a), S. 41.

3) Vgl. Abschnitt 3.1.2.

tätsschaffungspotentials[1] fördert die effizientere Nutzung eines gegebenen Bestandes an international verwendbarem Geld analog der Funktion paramonetärer Finanzintermediäre im nationalen Bereich. Die Möglichkeit, Liquidität im globalen Rahmen vermitteln zu können, verschafft dem internationalen Bankensystem die Fähigkeit, einzelnen Finanzmärkten Liquidität entziehen und sie anderen zuführen zu können. Zusammenfassend läßt sich feststellen, daß der internationale Wirkungsverbund geldpolitischer Maßnahmen intensiviert wurde und folglich monetäre Impulse schneller und intensiver von einem Land auf das andere übertragen werden können[2].

Die Konsequenzen, der zunehmenden internationalen Kapitalmobilität für die nationale Zentralbankpolitik, sind ausführlich in der Literatur über die Entstehung und die Auswirkungen der Euromärkte analysiert worden[3]. Deshalb genügt eine vergleichsweise kurze, zusammenfassende Darstellung des Zusammenhanges. Dabei muß besonders auf das jeweils herrschende Wechselkurssystem eingegangen werden, da dieses sowohl die Effizienz der Geldpolitik als auch den Übertra-

---

1) Die Euromärkte werden zwar gelegentlich als "exterritoriale Quellen von Primärliquidität" oder als "monetäre Nebenregierung" bezeichnet (Emminger, 1970, S. 1072), sind jedoch entgegen dieser verbreiteten Ansicht nicht unkontrolliert. "Most countries do, in fact, exercise effective controls over the participation of their own residents in the Euro-currency market." (McClam, 1972, S. 358 f.) Doch gerade im Versuch isolierter Kontrolle liegt bei zudem stark differierenden nationalen Maßnahmen eine wichtige Ursache für das weitere Wachstum der Euromärkte. Vgl. Filc (1976), S. 156 f.

2) Vgl. Swoboda (1971), S. 125 f.

3) Vgl. Swoboda (1971), S. 121 ff., Carli (1971), S. 19 ff. sowie Ossola (1973), S. 29 ff. Weitere Literaturangaben finden sich bei Junne (1976), S. 233 ff.

gungsmechanismus monetärer Impulse bestimmt[1]. Der Einfachheit halber wird im folgenden unterstellt, der Ansatzpunkt einer Einwirkung internationaler Transaktionen auf den nationalen Wirtschaftsablauf sei im wesentlichen die Veränderung der Geldmenge bei fixen und der Wechselkurse bei flexiblen Wechselkursen[2]. Die folgenden Ausführungen bauen auf dem Transmissionskonzept der monetären Zahlungsbilanztheorie[3] auf, um Mängel der traditionellen Ansätze zu umgehen[4].

4.3.1. Kapitalmobilität und Effizienz der Geldpolitik bei fixen Wechselkursen

Es sei angenommen, in einem System fixer Wechselkurse werde die Geldmenge im Inland erhöht[5]. In diesem Fall entsteht - allgemeines Portefeuille-Gleichgewicht unterstellt - eine Differenz zwischen tatsächlicher und gewünschter Kassenhaltung. Diese veranlaßt die Wirtschaftssubjekte, ihre Portefeuilles zugunsten in- und ausländischer Güter, Dienstleistungen und Finanzaktiva umzustrukturieren. Die Anpassungs-

---

1) Vgl. Mundell (1963), S. 475 ff. Eine gute Zusammenfassung der Diskussion zur monetären und fiskalischen Stabilitätspolitik bei fixen und flexiblen Wechselkursen erfolgt bei Stern (1973), S. 305 ff.

2) Somit bleiben mögliche Mechanismen eines direkten internationalen Preiszusammenhanges unberücksichtigt, obwohl derart wirkende Einflüsse internationaler Bankenkooperation durchaus denkbar sind. Vgl. The International Transmission of Inflation (1973), S. 81 ff. sowie Junne (1976), S. 120 ff.

3) Vgl. hierzu insbesondere Darstellung und Kritik der analytischen Konzepte des Elastizitäts- und des Absorptionsansatzes bei McKinnon (1969), S. 199 f.

4) Vgl. Johnson (1972), S. 229 ff. sowie Claassen (1975), S. 1 ff. und die hier aufgeführte Literatur.

5) Die folgende Argumentation läßt sich sinngemäß auch auf andersartige Variationen monetärer Größen übertragen, wie z. B. die Änderung der volkswirtschaftlichen Liquiditätspräferenz oder das Entstehen von Spekulationen über Wechselkursänderungen.

transaktionen erhöhen, soweit sie sich auf inländische Güter und Dienstleistungen beziehen, das Einkommen[1] und folglich auch die Geldnachfrage[2], soweit sie inländische Finanzaktiva betreffen, deren Preise. Letzteres entspricht einer Zinssenkung und fördert ebenfalls die Bereitschaft, zusätzliches Geld zu halten. Die Nachfrage nach ausländischen Gütern, Dienstleistungen und Finanzaktiva[3] verschlechtert gleichzeitig die Zahlungsbilanz, was bei fixen Wechselkursen die Zentralbank zwingt, zur Aufrechterhaltung der Parität inländische Währung gegen Devisen anzukaufen und somit das Überschußangebot an Geld abzubauen. Der Anpassungsprozeß findet sein Ende, wenn sich der inländische Geldmarkt wieder im Gleichgewicht befindet[4].

---

1) Kurzfristig beeinflußt die Geldmenge, wenn überhaupt, nur das Nominaleinkommen. Mittel- und langfristig können sowohl das reale Volkseinkommen als auch das Preisniveau betroffen werden. Ein Lösungsansatz für die genaue Aufteilung des Gesamteffektes auf beide Wirkungsrichtungen steht jedoch noch aus. Langfristig wird in der monetären Zahlungsbilanztheorie Vollbeschäftigung unterstellt. Das impliziert, daß die Geldmenge lediglich einen Einfluß auf das Preisniveau ausübt. Autoren, die der postkeynesianischen Richtung zugeordnet werden, weisen der Geldmenge demgegenüber durchaus auch Einfluß auf das reale Volkseinkommen zu. Vgl. Dieckheuer (1975), S. 43 f., Claassen (1975), S. 1 ff. sowie Abele (1970), S. 125 ff.

2) Diese Aussage fußt auf der empirisch recht gut gestützten These einer relativ stabilen Beziehung zwischen der Geldnachfrage und dem Einkommen. Vgl. dazu Siebke, Willms (1974), S. 105 f.

3) Die einkommensbedingte Steigerung der Nachfrage nach ausländischen Finanzaktiva wird zusätzlich unterstützt durch die Nettozinsdifferenz zugunsten des Auslandes, die als Folge der inländischen Käufe finanzieller Aktiva entstanden ist.

4) Trotz gleichen Resultates unterscheiden sich die Transmissionsmechanismen im traditionellen und im monetären Ansatz dahingehend, daß im ersteren relative Preisunterschiede realer Güter zwischen dem In- und dem Ausland, in letzterem dagegen die Anpassung der tatsächlichen an die gewünschte Kassenhaltung im Mittelpunkt stehen.

Analog verläuft die Entwicklung im Ausland. Die vermehrte Exportnachfrage erhöht hier das Einkommen und schafft eine Überschußnachfrage am Geldmarkt, der durch eine Verbesserung der Handels- und Kapitalbilanz entgegengewirkt wird. Bei fixen Wechselkursen führt dieser Vorgang zu einer Expansion der Geldmenge. Da in der Regel Transaktionen, die Finanzaktiva betreffen, schneller durchgeführt werden als solche, die sich auf Güter und Dienstleistungen beziehen, wirken internationale Kapital- und Geldtransaktionen in einem Fixkurssystem dahin, Geldmengenänderungen als Instrument nationaler Wirtschaftspolitik zu konterkarieren[1].

Begrenzte Möglichkeiten, eine Geldpolitik zu treiben, die nicht den internationalen Gegebenheiten entspricht, bestehen jedoch auch bei fixen Wechselkursen. So können z. B. Zinsdifferenzen gegenüber dem Ausland aufrecht erhalten werden, wenn Paritätsänderungserwartungen vorherrschen oder wenn Schwankungen der Wechselkurse innerhalb der Bandbreiten Termindeports oder -reports entstehen lassen. Darüberhinaus kann die Zentralbank mit Hilfe von Terminkursmanipulationen im Rahmen ihrer Swappolitik ein Zinsniveau, das vom internationalen Trend abweicht, solange verteidigen, wie sie gewillt ist, die damit verbundenen Kosten zu übernehmen[2].

---

1) Diese Feststellung ist keineswegs originell, sondern entspricht vollständig der traditionellen volkswirtschaftlichen Lehrmeinung, die sich bis auf Ricardo und Hume zurückführen läßt. Claassen (1970, S. 302) bewertet diese Aussage so: "Wir schämen uns bald dieser banalen Aussage. Es sind Binsenwahrheiten, die - so wie die Welt heute ist - wohl stets wiederholt werden müssen. Die Zusammenhänge sollten eigentlich auch vom früheren Goldstandard bekannt sein, in dem die Paritäten fix bleiben und in dem der Ausgleich der Zahlungsbilanz über Inflation und Deflation (in Verbindung" mit Zinsveränderungen) bewirkt wurde. ... Ein System fester Wechselkurse ist inkompatibel mit einer autonomen, von den außenwirtschaftlichen Gegebenheiten unabhängigen Geld- und Fiskalpolitik".

2) Vgl. Liepmann (1971), S. 127 ff. und Swoboda (1971), S. 126.

Diese Aussage gilt uneingeschränkt nur für ein kleines Land mit begrenzten Währungsreserven. Für den Fall eines großen Landes ist die Aussage zu modifizieren; denn eine Geldmengen- und Nachfrageerhöhung in diesem Land ist geeignet, die Nachfrage und das Preisniveau weltweit zu erhöhen und somit positive Zahlungsbilanz- und expansive Geldmengeneffekte in allen anderen Ländern auszulösen. Somit ist das große Land in der Lage, expansionsbedingte Kapitalabflüsse zu vermeiden und selbst bei fixen Wechselkursen die erhöhte Geldmenge zumindest eine Zeitlang aufrecht zu erhalten. Dieser Zeitraum wird weiter verlängert, wenn die Währung des betreffenden Landes von anderen Ländern als Währungsreserve gehalten wird[1].

Zusammenfassend läßt sich somit feststellen, daß Auswirkungen internationaler Bankenkooperation, die dazu beitragen, die internationale Mobilität des Kapitals zu steigern, die Endogenisierung der nationalen Geldmenge insbesondere kleiner Volkswirtschaften fördern, indem sie die Kosten autonomer Geldpolitik beträchtlich erhöhen. Sie unterstützen damit den Prozeß, der nationale Volkswirtschaften zunehmend zu Regionen der allein noch geschlossenen Weltwirtschaft macht.

4.3.2. Kapitalmobilität und Effizienz der Geldpolitik bei flexiblen Wechselkursen

Es sei wiederum angenommen, eine Zentralbank betreibe expansive Geldpolitik, nun aber bei flexiblen Wechselkursen. Sie bewahrt also vollständige Abstinenz am Devisenmarkt. Ihre Währungsreserven bleiben folglich konstant und die externe Geldversorgungskomponente ändert sich nicht. In dieser Si-

---

1) Vgl. Kohn (1975), S. 4 f.

tuation verursacht sie wiederum eine Diskrepanz zwischen der tatsächlichen und der gewünschten Kassenhaltung mit den schon beschriebenen Folgen einer verstärkten Nachfrage nach in- und ausländischen Gütern, Diensten und Finanzaktiva, internen Preissteigerungen und einer Verschlechterung der Zahlungsbilanz. Im Gegensatz zum System mit fixen Wechselkursen führen die Importnachfrage und die Kapitalexporte nunmehr aber zu einer Abwertung der heimischen Währung, da die Zentralbank an den Devisenmärkten nicht eingreift. Auf diese Weise wird der Anreiz zu Portefeuille-Anpassungen gemildert, der ursprünglich von den internationalen Preis- und Zinsdifferenzen ausging. Gleichzeitig nimmt die Nachfrage des Auslandes nach einheimischen Gütern und Diensten als Folge der Abwertung zu und löst einen expansiven Einfluß auf das inländische Einkommen und folglich auch die Geldnachfrage aus. Der durch die ursprüngliche Geldmengensteigerung initiierte Anpassungsprozeß findet erst dann sein Ende, wenn die Geldnachfrage so stark gewachsen ist, daß sie das ursprüngliche Überschußangebot absorbiert und damit den Geldmarkt wieder ins Gleichgewicht gebracht hat. Im Gegensatz zum System fixer Wechselkurse ist jetzt der Wechselkurs die endogene Variable, während die Geldmenge instrumentalen Charakter für die Zentralbankpolitik erhält.
Die Darstellung beschreibt in idealtypischer Weise den Ablauf der Störung eines ökonomischen Systems durch Veränderungen monetärer Größen und den dadurch induzierten Prozeß der Anpassung aller relevanten Variablen an neue langfristige Gleichgewichtswerte[1]. Die Tatsache, daß der Anpassungsprozeß bei flexiblen Wechselkursen traditionell in dieser Weise beschrieben wird, erklärt sicherlich, warum die Geldpolitik

---

1) Ausführliche und detaillierte Darstellungen des beschriebenen Anpassungsprozesses finden sich bei Fleming (1962), S. 369 ff., Mundell (1968 a), S. 245 f. Sohmen (1972), S. 70 ff. und Black (1977), S. 10 ff.

bei flexiblen Wechselkursen und Kapitalmobilität allgemein als effektives Instrument zur Beeinflussung von Volkseinkommen und Beschäftigung betrachtet wird. Dies gilt umso mehr, als vieles dafür spricht, daß im System flexibler Wechselkurse auch der Unterschied zwischen den Wirkungen monetärer Politik im großen und im kleinen Land geringer ist als bei fixen Wechselkursen. Zwar können Kapitalexporte des großen Landes die Zinssätze im Rest der Welt drücken, doch steht nun dem kleinen Land das Mittel der Aufwertung der eigenen Währung gegen diesen Einfluß zur Verfügung. Im Falle einer solchen Reaktion werden die inflationistischen Wirkungen, welche die Geldmengenexpansion durch das große Land in diesem selbst haben, bei flexiblen Wechselkursen größer sein als im Fixkurssystem[1].
In der Literatur wird die Existenz eines stabilen langfristigen Systemgleichgewichts zwar generell unterstellt, jedoch über die Möglichkeiten kurzfristiger Komplikationen auf dem Weg zum Gleichgewicht diskutiert. Diese werden entweder auf sehr hohe Kapitalmobilität oder die Existenz kurzfristig unelastischer Wechselkurserwartungen zurückgeführt.

Mundell rekurriert auf die für dynamische ökonomische Systeme bekannte Beobachtung, daß Oszillationen um die Gleichgewichtswerte der Variablen auftreten, wenn Differenzen in den Geschwindigkeiten bestehen, mit denen sie auf Datenänderungen reagieren. Er zeigt, daß ein hoher Grad an Kapitalmobilität dazu führen kann, daß der Wechselkurs und das Zinsniveau mit unterschiedlicher Geschwindigkeit auf die Veränderung geldpolitischer Instrumente reagieren und es auf diese Weise zu Oszillationen der beiden Variablen um ihre

---

1) Vgl. zu dieser Problematik Kohn (1975), S. 6 sowie Johnson (1969), S. 12.

Gleichgewichtswerte kommen kann[1]. Da die Amplituden mit dem Grad an Kapitalmobilität wachsen, kann sich seine Steigerung durch internationale Bankenkooperation durchaus in einer zumindest kurzfristigen Störung der Bewegung des ökonomischen Systems zum Gleichgewicht auswirken.

Niehans, Dornbusch und Black dagegen diskutieren mögliche Konsequenzen, welche Unterschiede in den Elastizitäten der kurz- und der langfristigen Wechselkurserwartungen in bezug auf Wechselkursänderungen für die Geldpolitik haben könnten[2]. Bestehen nämlich derartige Elastizitätsdifferenzen, dann können Unterschiede zwischen dem aktuellen und dem antizipierten Wechselkurs zu beträchtlichen spekulativen Kapitalbewegungen führen[3]. Diese können im Fall eines Landes, das beispielsweise expansive Geldpolitik betreibt, entgegen der traditionellen Darstellung dazu führen, daß Kapital importiert, die Einkommensexpansion gedämpft und die Zahlungsbilanz verschlechtert wird. Dornbusch vertritt jedoch die Auffassung, daß Kapitalbewegungen dieser Art zwar kurzfristig zu Resultaten führen können, die vom traditionell dar-

---

1) Vgl. Mundell (1968 b), S. 161 ff.

2) Vgl. Niehans (1975), S. 275 ff., Dornbusch (1976), S. 234 ff. und Black (1977), S. 19 ff.

3) Die Diskussion der Bedeutung von Unterschieden der Erwartungselastizitäten in der kurzen und in der langen Frist ist in den Problemkomplex einzuordnen, der im Zusammenhang der Beziehungen zwischen der Spekulation und der Stabilität des Devisenmarktes analysiert wurde. Als Folge dieser Untersuchung wird Spekulation dann als destabilisierend betrachtet, wenn eine Wechselkursveränderung als Anlaß dient, weitere Änderungen in die gleiche Richtung zu erwarten, die Spekulation also Trends der Vergangenheit in die Zukunft projiziert. Vgl. Steinmann (1970), S. 32 ff., Hochgesand (1974), S. 100 ff. und Schimmler (1974), S. 9 ff. sowie die dort angegebene Literatur.

gestellten Anpassungsmechanismus abweichen, daß sich unter plausiblen Annahmen aber langfristig dennoch ein Gleichgewicht in der wie üblich beschriebenen Weise einstellen wird[1].

Die theoretischen und die empirischen Untersuchungsergebnisse der Kapitel 2 und 3 sprechen gleichermaßen dafür, daß internationale Bankenkooperation sowohl die Ertragselastizität internationaler Kapitalbewegungen als auch die transferierbaren Kapitalvolumina beträchtlich gesteigert hat. Deswegen kann nicht ausgeschlossen werden, daß sie damit auch das Volumen spekulativer Kapitalbewegungen fördert, die auf kurzfristigen Erwartungen beruhen. Ist dies tatsächlich der Fall, dann trägt sie zugleich dazu bei, die Anpassung ökonomischer Variabler an Daten, die von der Zentralbank im Rahmen ihrer Geldpolitik verändert wurden, zu verlangsamen. Das ist gleichbedeutend mit einer zumindest kurzfristigen Auflockerung des Wirkungszusammenhanges zwischen dem Einsatz geldpolitischer Mittel und der gewünschten Veränderung der Zielgrößen. Steigende Kapitalmobilität kann folglich auf diese Weise einen Effizienzverlust der Zentralbankpolitik in einem System flexibler Wechselkurse verursachen[2].

---

1) Vgl. Dornbusch (1976), S. 234 ff.

2) Die Deutsche Bundesbank (1975 b, S. 55 f.) beschreibt die Währungskrisen im Frühjahr 1976 unter Verwendung von Wirkungszusammenhängen, die den dargestellten Mechanismus einschließen. "Die Entwicklung der Währungen Italiens und Großbritanniens in den ersten Monaten des Jahres 1976 zeigt, daß bei fehlendem Vertrauen in die innere wirtschaftliche und politische Entwicklung die Wechselkursverschiebungen über das Ziel, d. h. den Ausgleich der Kosten- und Preisdifferenzen, hinausschießen können. Darin kommen einerseits antizipatorische Kapitalabflüsse bzw. im Falle Italiens eine regelrechte Kapitalflucht, andererseits aber auch die unzureichende Lieferfähigkeit der betreffenden Länder infolge von Behinderungen der Produktion durch Streiks und andere Erschwernisse zum Ausdruck. Daß dies einen circulus vitiosus von Kursverfall, steigenden Einfuhrpreisen, übermäßigen Lohnerhöhungen und weiterem Druck auf den Wechselkurs heraufbeschwören kann, liegt auf der Hand."

4.3.3. Kapitalmobilität und Effizienz der Geldpolitik bei kontrolliertem Floaten

In der Realität läßt sich ein reines System flexibler Wechselkurse jedoch nicht beobachten. Vielmehr intervenieren die Währungsbehörden an den Devisenmärkten, "um ungeordneten Marktbedingungen oder erratischen Wechselkursschwankungen"[1] entgegenzuwirken. Sie sind jedoch gehalten, die Richtlinien des IMF für die Handhabung schwankender Wechselkurse zu beachten und sich fundamentalen Markttendenzen nicht entgegenzustellen[2]. Die Notwendigkeit, an den Devisenmärkten zu intervenieren, leiten die Zentralbanken aus den realwirtschaftlichen und damit auch beschäftigungspolitischen Wirkungen veränderter Wechselkurse ab[3].
In einem solchen realistischeren System "kontrollierten Floatens"[4] enthält der Anpassungsprozeß Bestandteile aus beiden der oben beschriebenen Ablaufkonzepte. Deshalb treten

---

1) Ziffer 11 des Communiques der Gipfelkonferenz von Rambouillet im November 1975, zitiert nach Deutsche Bundesbank (1975 b), S. 51.

2) Die Grundsätze der Deutschen Bundesbank für Interventionen am Devisenmarkt (Deutsche Bundesbank, 1974, S. 63) beruhen auf dem Prinzip, "daß nur interveniert werden sollte, um "geordnete Marktverhältnisse" (orderly market conditions) aufrecht zu erhalten, daß aber grundlegenden Markttendenzen nicht entgegengewirkt werden soll (und kann)". Dieser Grundsatz entspricht auch den "guidelines for the management of floating exchange rates", die vom IMF im Januar 1974 verabschiedet wurden. Vgl. auch Schmitz (1975), S. 86.

3) Aus monetaristischer Sicht können realwirtschaftliche Einflüsse von Wechselkursmanipulationen nur sehr kurzfristig wirksam werden, solange nämlich nur, wie die Wechselkursänderung unerwartet auftritt. Langfristig jedoch ist die Erwartungselastizität gleich eins, so daß die Änderungsrate des Wechselkurses den relativen Inflationsraten genau entspricht und realwirtschaftliche Wirkungen nicht mehr oder nur noch marginal wirksam sind. Vgl. Gerber (1976), S. 209.

4) Vgl. Timm (1965), S. 143 ff., Artus (1976), S. 312 ff. sowie Pöhl (1977), S. 1 f.

gleichzeitig Wechselkurs- und Geldmengeneffekte in einem vom Interventionsausmaß bestimmten Verhältnis auf, bis in der früher dargestellten Weise das ursprüngliche Geldmarktgleichgewicht wieder erreicht wird. Die Konsequenzen internationaler Bankenkooperation für die Zentralbankpolitik ergeben sich deshalb in einem System kontrollierten Floatens als Kombination der weiter oben beschriebenen Wirkungen bei fixen und bei flexiblen Wechselkursen.

4.4. Die Verminderung der Wirksamkeit von Kapitalverkehrskontrollen

Die Schaffung von Liquidität durch das Eurobanksystem führt zu einer intensiveren Nutzung international verwendbaren Geldes und erhöht damit die monetäre Gesamtnachfrage der Welt. Diese wirkt mittels der Mechanismen, die in den Abschnitten 4.3.1. und 4.3.2. beschrieben wurden, sowohl über die Leistungs- als auch die Kapitalverkehrsbilanz auf die Zwischenziele und Zielgrößen nationaler Zentralbankpolitik ein[1]. Doch auch durch die Fähigkeit, Liquidität weltweit zu vermitteln, d. h. sie einzelnen nationalen Märkten entziehen, anderen zuführen zu können, schränkt das Eurobanksystem die Handlungsfähigkeit der Zentralbanken ein. Bei fixen Wechselkursen wird zumindest ihre kurzfristige Effizienz wahrscheinlich eingeschränkt. Es ist deshalb nicht

---

1) Darüberhinausgehend sind Übertragungsmechanismen denkbar, die sich nicht in der Zahlungsbilanz eines Landes niederschlagen. Junne (1976, S. 114 ff.) erwähnt in diesem Zusammenhang die Verstärkung des Lohn-Preis-Zusammenhanges bei Klein- und Mittelunternehmen, die Ausweitung des staatlichen deficit spending und die Intensivierung des direkten internationalen Preiszusammenhanges als Folge des Internationalisierungsprozesses der Wirtschaft.

verwunderlich, daß die Zentralbanken - insbesondere in der Zeit vor dem Übergang zum System kontrollierten Floatens - zunehmend versucht haben, die privaten grenzüberschreitenden Kapitaltransaktionen zu reglementieren und einzuschränken, um ein Gegengewicht zur ständigen Steigerung von Volumen und Elastizität internationaler Kapitalbewegungen zu schaffen. Dieser Prozeß der "Entliberalisierung" wurde in Zeiten währungspolitischer Ruhe verlangsamt, jedoch nur selten wirklich revidiert, so daß das Restriktionsniveau stufenweise auf die inzwischen erreichte beträchtliche Höhe angehoben wurde[1].

Das Ziel restriktiver Maßnahmen bestand im Fixkurssystem darin, weitere, den Devisenbestand bzw. die Ziehungslinien übersteigende Reserveverluste zu vermeiden oder unerwünschte Geldmengeneffekte zu verhindern. Im System flexibler Wechselkurse bestand es darin, unerwünschte Wechselkursbewegungen zu unterbinden und im System kontrollierten Floatings darin, das gewünschte Ausmaß bzw. das Verhältnis von Geldmengen- und Wechselkurseffekten zu steuern. Unabhängig vom Wechselkurssystem bestand das Ziel also letztlich immer darin, die Möglichkeiten, die den Wirtschaftssubjekten zur Änderung der Währungsstruktur ihrer Portefeuilles zur Verfügung stehen, im Sinne der Zentralbankpolitik zu manipulieren.

---

1) Vgl. die umfangreiche Liste der Vorschriften, die in den OECD-Ländern zur Manipulation von Kapitalbewegungen erlassen worden sind und die Wiedergegeben sind in Controls on Capital Flows (1972), S. 71 f.
Vgl. auch Twenty Fifth Annual Report on Exchange Restrictions (1974), S. 6 ff., Schmitz (1975), S. 54 ff., Die Restriktionen im internationalen Zahlungsverkehr (1973), S. 7 ff. sowie Swidrovsky (1975), S. 61 ff.

Demgegenüber zeigen wiederholte Erfahrungen, daß sich Banken mit Hilfe bisher unüblicher Verhaltensweisen, neuartiger Finanzierungsinstrumente und effizienterer Transaktionstechniken so an die Vielzahl der den Finanzverkehr hemmenden Vorschriften der Währungsbehörden anpassen, daß es ihnen nach kurzer Umorientierungszeit zumeist gelingt, den tatsächlichen an den Zustand anzunähern, der bei integrierten Finanzmärkten vorherrschen würde[1)]. Auch internationale Bankenkooperation verdankt ja ihre Existenz nicht zuletzt ihren restriktionsmindernden Auswirkungen, denn: "Restrictions on the free flow of capital drive banks into more sophisticated forms of international cooperations"[2)]. Es ist die Aufgabe dieses Abschnittes, Finanzinstrumente und -techniken darzustellen, die vornehmlich von international kooperierenden Banken entwickelt worden sind oder von ihnen angewandt werden und dem Zweck dienen, Restriktionen der beschriebenen Art zu umgehen oder ihre Auswirkungen abzuschwächen.
Drei Wege zur Umgehung von Kapitalverkehrsbeschränkungen, die von einzelnen Staaten eingeführt werden, haben in dem hier diskutierten Zusammenhang besondere Bedeutung.

Der erste besteht in der Möglichkeit, Finanzgeschäfte teilweise auf die Euromärkte zu verlagern. Auf diesen Weg wird in den meisten Literaturbeiträgen über die geld- und währungspolitischen Auswirkungen der Euromärkte immer wieder hingewiesen[3)]. Auf diese Weise kann unter Einschaltung von

---

1) Vgl. Liedschulte (1975), S. 156 ff. und Brink (1972), S. S. 286.

2) Ferrari (1971), S. 73.

3) Vgl. Ossola (1973), S. 40 f., Junne (1976), S. 161 ff. sowie Machlup (1971 a), S. 160 ff. Holzheu (1971, S. 130) erwähnt in diesem Zusammenhang die Möglichkeiten, sich unter Rückgriff auf typische Euromarkt-Techniken Verzinsungsverboten für Ausländereinlagen, Höchstzinsvorschriften und Kapitalexportbeschränkungen zu entziehen.

Konsortialbanken, denen dank ihrem Domizil die Euromärkte als Refinanzierungsquellen offenstehen, von Finanztechniken Gebrauch gemacht werden, die eine Änderung der Währungsstruktur der international diversifizierten Portefeuilles ermöglichen, ohne daß nationale Währungsbehörden dies verhindern könnten. Dazu gehören insbesondere die schon beschriebenen multi-currency-Kredite und roll-over-Kredite mit Währungsoptionsklauseln. Werden die Möglichkeiten der Geschäftsverlagerung in großem Umfang genutzt, dann kann in Zeiten restriktiver Geldpolitik das inländische Kreditpotential weitgehend für solche Kreditnehmer geschont werden, die keinen Zugang zu den Euromärkten haben. In dieser Möglichkeit, Kreditgeschäfte zwischen den Binnen- und den Außenmärkten verlagern zu können, treffen sich zudem die Interessen der Kreditnehmer, die eine weitgehend restriktionsfreie Sphäre suchen und die Interessen der kreditgebenden Banken, welche die Produktivität ihrer Kreditschöpfung steigern wollen[1]. Auf diese Weise kann die Kreditgewährung in einer bestimmten Währung bei konstanter Geldbasis und ohne daß Kapitalimporte nötig wären, so beeinflußt werden, wie es ohne Außenmärkte nur durch eine - mittels Kapitalverkehrskontrollen nunmehr offiziell verhinderte - Mittelaufnahme im Ausland und Veräußerung der Gegenwerte an die Zentralbank möglich wäre[2].

---

1) Vgl. Abschnitt 3.2.3.

2) Aus der Auffassung, Zentralbankpolitik sei vor allem nationale Stabilisierungspolitik, folgt die überwiegend einseitige Einführung von Kapitalverkehrskontrollen. Hewson, Sakakibara (1975 b, S. 377 ff.), Feder (1973, S. 207 ff.) und Savona (1974, S. 169 ff.) weisen darauf hin, daß sich einseitige Kontrollen bei integrierten Märkten als sehr verwundbar erwiesen hätten. Höhere Erfolgschancen hätten dagegen international koordinierte Aktionen, da sie alle Zu- und Abflüsse an den Euromärkten und damit die Basis des Angebotes an restriktionsmindernden Transaktionen träfen. Derartige Aktionen sind nach Darstellung von Brandes (1968, S. 186 f.) nur vereinzelt und zeitlich begrenzt von der BIZ durchgeführt worden.

Andere Möglichkeiten, gegen den Willen der nationalen Behörden Liquidität zwischen den nationalen Finanzmärkten zu verlagern, bieten Finanztechniken, die speziell von kooperierenden Banken entwickelt wurden[1]. So werden Emissionsbeschränkungen und Bardepotregelungen durch Zusammenwirken von internationalen Finanzierungsgesellschaften multinationaler Konzerne mit multinationalen Konsortialbanken umgangen. Dies geschieht in der Weise, daß Anleihen der Finanzierungsgesellschaften, ausgestattet mit der unbedingten Garantie der Konzernmuttergesellschaft, über die Konsortialbank am Eurokapitalmarkt untergebracht und die Gegenwerte durch Abbau künstlicher Forderungen zwischen den Konzerngesellschaften in das Inland transferiert werden[2]. Der Beitrag internationaler Bankenkooperation zur Abwicklung dieses Liquiditätstransfers besteht dabei in der Weiterentwicklung und Ausweitung internationalen Kassenmanagements. Abbildung 15 zeigt, wie im Zusammenwirken zwischen Konzernen und Eurobanken jeweils zentral geleitete multinationale Clearingsysteme entstehen, die dazu dienen, das Volumen konzerninterner aber grenzüberschreitender Finanztransaktionen zu steuern[3].

---

1) Banken haben zum Zweck der Aufweichung von Kapitalverkehrskontrollen verschiedene traditionelle Instrumente der Außenhandelsfinanzierung weiterentwickelt. Dazu gehören die Übernahme von Bürgschaften, die Vermittlung von Krediten, die Organisation von Kreditsubstitution und in letzter Zeit zunehmend Formen internationalen Factorings und Leasings. Vgl. Liedschulte (1975), S. 174 ff.

2) Vgl. Liedschulte (1975), S. 160 und Boyer (1965), S. 26 ff.

3) Vgl. Wündisch (1973), S. 48.

Abbildung 15 Zahlungsströme zwischen Konzerngesellschaften bei alternativen Kassenmanagement-Systemen[1]

15.1. vor Einführung eines zentralisierten internationalen Kassenmanagements

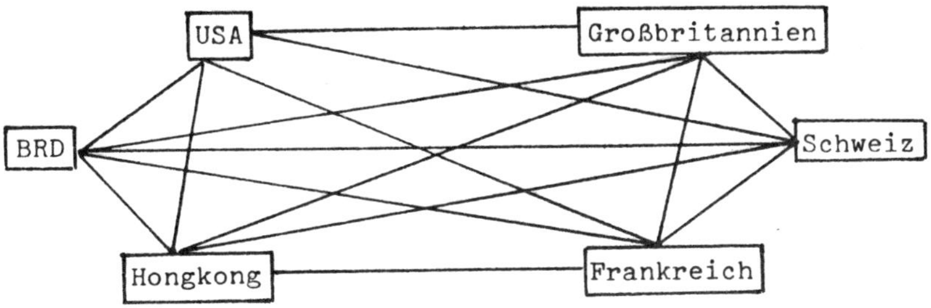

15.2. nach Einführung eines zentralisierten Kassenmanagements mit "multi-currency clearing"

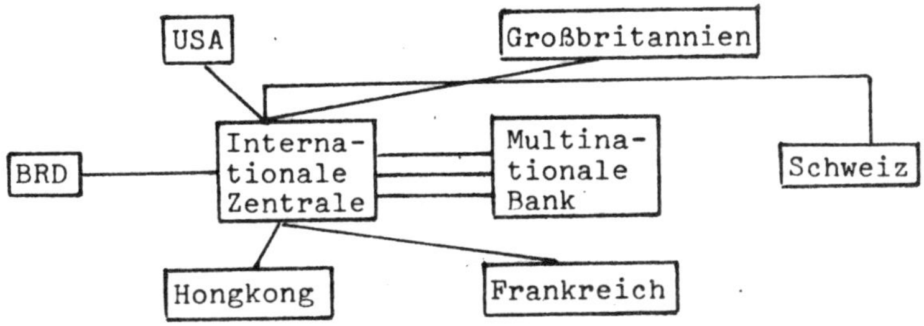

1) In Anlehnung an Wündisch (1973, S. 53) entwickelt.

Dieses System bietet den Unternehmen die Möglichkeit, neben den Zahlungsfristen auch die Richtung, das Volumen und den Zeitpunkt sämtlicher monetärer Transaktionen eines Konzerns so zu manipulieren, daß die finanziellen Erfordernisse des Gesamtkonzerns trotz Restriktionsversuchen nationaler Währungsbehörden in optimaler Weise an internationale Zinsdifferenzen, Erwartungen über Wechselkursentwicklungen und spezielle Eigenschaften nationaler und internationaler Finanzmärkte angepaßt werden können[1]. Internationales Kassenmanagement kann deshalb dazu dienen, Kredite, die im Ausland bzw. an den Euromärkten aufgenommen wurden, von einer Konzerngesellschaft an eine andere zu vermitteln, wenn es der kapitalsuchenden Gesellschaft aufgrund der Währungspoltik ihres Domizillandes verwehrt ist, sich direkt im Ausland zu verschulden. Zu diesem Zweck werden konzerninterne Finanztransaktionen als Zahlungen für zur Verfügung gestellte Technologien oder Managementleistungen deklariert und somit Kapitalverkehrskontrollen entzogen. Dies ist möglich, da solche Transaktionen zahlungsbilanzstatistisch der Leistungs- und nicht der Kapitalverkehrsbilanz zugeordnet werden[2].

Neben der beschriebenen Organisation internationaler Forderungskompensation und -steuerung haben kooperierende Banken Techniken institutionalisierter Kreditvermittlung entwickelt. Diese erlauben es den Banken, Finanzierungsbedürfnisse auch solcher Kunden, die nicht euromarktfähig sind, zu erfüllen und sich dabei währungspolitischen Restriktionen zu entziehen,

1) Vgl. Money Crises and the Operation of Multinational Firms (1974), S. 89 ff., Mellors (1973), S. 258 sowie Möglichkeiten und Grenzen einer europäischen Union (1976), S. 58 f.

2) Vgl. Junne (1976), S. 42 f.

soweit diese isoliert erlassen werden. Instrumente solcher Aktivitäten sind Kreditprogramme, deren Funktion schon in Abschnitt 1.4.2. dargestellt wurde. Mit Hilfe solcher Kreditprogramme wird es auch kleinen Unternehmen erleichtert, sich am jeweils günstigsten Finanzmarkt zu finanzieren, zumal wenn die Gegenwerte der Auslandskredite gegebenenfalls firmenintern in das Inland transferiert werden können[1].

Die geldpolitischen Wirkungen der aufgeführten Finanztechniken werden im einzelnen vom jeweils herrschenden Wechselkurssystem bestimmt. Bei fixen Wechselkursen erschweren sie nationale Geldmengenplanungen, bei flexiblen Wechselkursen behindern sie die Verteidigung von Wechselkurszielen mit Hilfe von Kapitalverkehrsrestriktionen. Die dargestellten Beispiele werden im täglichen Bankgeschäft durch den Erfindungsreichtum und die Phantasie internationaler Finanzmanager laufend ergänzt und machen somit deutlich, daß internationale Bankenkooperation ein wesentlicher Anteil an der Aufweichung von Kapitalverkehrskontrollen zukommt, indem sie zur regionalen und funktionalen Ausweitung des Einzugsbereiches der Euromärkte und zur Weiterentwicklung der auf ihnen angewandten Finanzierungstechniken beigetragen hat und weiterhin beiträgt[2].

---

1) Als ungefährer Anhaltspunkt für die Dimension der Kredite, die im Rahmen dieser Programme vergeben wurden, mag die Meldung der Europartner (1973, S. 7) dienen, wonach schon 1973, d. h. erst ein Jahr nach Einführung des Trans-Credit-Programms, das Volumen einen Gegenwert von weit mehr als 150 Mio. DM erreicht hatte. Es ist zudem der Hinweis sehr interessant, daß die Schuldnerstruktur breit gefächert sei.

2) Dieses Resultat wird durch den resignierten Kommentar der Bundesbank (1973 b, S. 46) unterstrichen, die an den Erfolgen immer schärfer gefaßter Bestimmungen zur Kontrolle der internationalen Kreditvermittlung offensichtlich zweifelt. "Die statistische Erfassung der Finanzkredite war aber schon immer unvollständig; die Unterwerfung dieser Kredite unter das Bardepot und die Genehmigungspflicht nach § 23 AWG dürfte überdies der Erfüllung der statistischen Meldepflicht nicht förderlich sein".

4.5. Die Wirkung eines wachsenden Außenmarktes in der eigenen Währung auf die Steuerung der Geldmenge

In Abschnitt 3.2.3. wurde ein theoretisches Konzept dargestellt, das es erlaubt, die bisher weitgehend getrennt analysierten Vorgänge der Geldschöpfung im Inland und am zugeordneten Außenmarkt gedanklich zu integrieren. Wenn dieses Konzept - trotz der aufgezeigten noch verbleibenden Mängel - die Realität grundsätzlich zutreffend widerspiegelt, dann ergibt sich für diejenigen Zentralbanken, für deren Währungen ein hochentwickelter Außenmarkt besteht, zwangsläufig das Problem einer zweckgerechten Geldmengendefinition. Im System fixer Wechselkurse unterlag die inländische Geldmenge nicht der Zentralbankkontrolle. Dies war der wichtigste Grund für die Propagierung und schließliche Realisierung eines Systems flexibler Wechselkurse. In diesem ist die Geldmenge entsprechend der vorherrschenden Theorie nahezu vollkommen von der Zentralbank steuerbar, sofern sie auf die gleichzeitige Manipulation des Wechselkurses mit Hilfe von Devisenmarktoperationen verzichtet.
Diese Aussage gilt nicht mehr ohne Einschränkung, wenn das Geldangebot im Inland und am jeweils zugeordneten Außenmarkt als eng zusammenhängende Vorgänge betrachtet werden. Denn da die externe Geldmengenkomponente üblicherweise aus der offiziellen Geldmengendefinition ausgeklammert wird, werden Depositen am Außenmarkt zu sog. "stateless money": "All Eurocurrencies, including the Eurodollar, may be called "stateless money". I have proposed this term because this money is not included in the published statistics of the money stock of any country. If a resident of Buenos Aires owns a dollar balance in a Bank in London this is not american money, because it is in dollars; and it is not Argentine money, because it is not issued or owed by Argentine agencies or banks. Yet, the owner of the balance regards it as a part of his money balance, and there is little doubt that it is part of

the world's money supply, at least in the wider sense of the term"[1]. Wird die externe Komponente der Geldversorgung in einer Währung aber nicht berücksichtigt, so kann es geschehen, daß allein dadurch der Eindruck sich verändernder Umlaufgeschwindigkeiten des Geldes verursacht wird, daß Depositen, die am Außenmarkt gehalten werden, zur finanziellen Abwicklung von Transaktionen benutzt werden, die real im Inland bzw. mit Beteiligung von Inländern stattfinden. Das einzige, was die Transakteure zu diesem Zweck benötigen, sind Depositenkonten bei einer Eurobank.

Mit zunehmender Bedeutung des Außenmarktes für eine Währung kann somit der statistische Zusammenhang zwischen der offiziellen Geldmenge eines Landes und dem Transaktionsvolumen bzw. dem Nominaleinkommen Schwankungen unterliegen, die von der Zentralbank als Variationen der Umlaufgeschwindigkeit des Geldes interpretiert werden müßten, obwohl es sich um nichts anderes handelt als um eine Verlagerung von Transaktionen an den Außenmarkt. Der Vorteil, den der Übergang zu flexiblen Wechselkursen in Form einer weitgehenden Kontrollierbarkeit der nationalen Geldmenge gebracht hat, kann bei zunehmender Nutzung von Eurodepositen zur Abwicklung finanzieller Transaktionen dadurch geschmälert werden, daß es schwieriger wird, die Umlaufgeschwindigkeit der internen Geldmengenkomponente zutreffend zu prognostizieren[2]. Eine mögliche Konsequenz dieses Zusammenhanges sind Fehlinter-

---

1) Machlup (1971 a), S. 159.

2) Pohl (in Boeck, Gehrmann, 1973, S. 113 f.) deutet, in sicherlich etwas übertriebener Formulierung, in die gleiche Richtung, wenn er darauf hinweist, daß das, was die Zentralbanken durch den Übergang zu flexiblen Wechselkursen gewonnen hätten, durch expandierende Außenmärkte für die eigene Währung wieder verloren zu gehen drohe.

pretationen monetärer Aggregate und zudem wachsende Schwierigkeiten bei der Ermittlung und Realisierung konkreter Vorstellungen über das angestrebte Wachstum der Geldmenge. Dieser Problemkreis bedarf jedoch noch intensiver, insbesondere empirischer Untersuchung, ehe weitere Schlußfolgerungen gezogen werden können. Es wäre hilfreich, wenn die Zentralbanken zusätzlich zu den Aggregaten M_1, M_2 und M_3 entsprechende Aggregate unter Einschluß der externen Geldkomponenten statistisch erfassen und regelmäßig veröffentlichen würden.

In der Wechselwirkung zwischen dem Wachstum der Außenmärkte für die wichtigsten internationalen Transaktionswährungen[1)] und der Durchsetzung technischen Fortschritts in der internationalen Finanzsphäre findet sich somit ein weiterer Anhaltspunkt dafür, daß die internationale Bankenkooperation in der Lage ist, monetäre Stabilisierungspolitik selbst bei flexiblen Wechselkursen komplizierter und ihren Wirkungsprozeß schwerer durchschaubar werden zu lassen.

4.6. Die währungspolitische Bedeutung des Einflusses internationaler Bankenkooperation auf das Volumen und die Verteilung internationaler Liquidität

In den letzten Jahren, verstärkt seit Ausbruch der Ölkrise im Jahre 1973, hat die Beteiligung staatlicher und kommunaler Stellen sowie öffentlicher Unternehmen an Finanztransaktionen auf den internationalen Geld- und Kapitalmärkten stark zugenommen[2)]. Dieses Engagement betraf sowohl die direkte und in-

---

1) Daten über das enorme Wachstum der Außenmärkte für alle wichtigen internationalen Transaktionswährungen finden sich in den Jahresberichten der BIZ.

2) Vgl. BIZ (1974), S. 165 f. und (1975), S. 137 f.

direkte Verschuldung öffentlicher Körperschaften an den Euromärkten[1] als auch die Anlage beträchtlicher Teile der Währungsreserven durch die Zentralbanken[2]. Beide Transaktionsarten beeinflussen das Volumen und die Verteilung internationaler Liquidität[3] und damit auch die Restriktionen und Erfolgsbedingungen nationaler Zentralbankpolitik[4].

Durch internationale Kooperation entstand ein System von Großbanken, die untereinander in Gruppen verbunden sind, über sichere und nahezu unbegrenzte Refinanzierungsmöglichkeiten in allen wichtigen Währungen verfügen und infolgedessen das internationale Bankgeschäft praktisch beherr-

---

1) Vgl. BIZ (1975), S. 138 sowie "Now even Nations Are in Danger of Default""(1974), S. 112 ff. und Benkhoff (1976 b), S. 8 sowie "Zahlungsbilanzlöcher treiben Kredite hoch" (1976 a), S. 4. Besondere Aufmerksamkeit erregten verschiedene Kredite mit Rekordvolumen, wie z. B. ein 2,5 Mrd. Dollar Kredit an Großbritannien im Frühjahr 1974 und ein 1,5 Mrd. Dollar Kredit an Frankreich im Jahre 1973. Vgl. dazu "Clearers rally round" (1974), S. 319.

2) Vgl. IMF (1974), S. 72 und (1976), S. 38.

3) Entsprechend der IMF Definition (IMF, 1964, S. 25) sind unter internationaler Liquidität alle Reserven zu verstehen, die von Zentralbanken zum Zwecke des Ausgleichs von Zahlungsbilanzdefiziten eingesetzt werden können. Da das gesamte Volumen an internationaler Liquidität somit davon abhängt, in welchem Maße die einzelnen Zentralbanken bestimmten Aktiva "Ressourcencharakter" beimessen, finden sich in der Literatur entsprechend unterschiedlich formulierte Abgrenzungen des Begriffes internationale Liquidität, (vgl. z. B. Williamson, 1973, S. 685 ff.). Es besteht jedoch Übereinstimmung darüber, daß Eurodepositen im Besitz von Zentralbanken zur internationalen Liquidität gerechnet werden müssen. Vgl. Friedrich (1970), S. 338 und Fensch (1963), S. 3 ff.

4) Vgl. Grubel (1972), S. 31 ff. sowie Fensch (1963), S. 15 ff.

schen[1]. Diese Banken haben, wie schon beschrieben, die organisatorischen Voraussetzungen (z. B. durch die Einschaltung von Konsortialbanken) dafür geschaffen, eine wirksame internationale Diversifikation ihrer Kreditportefeuilles durchführen zu können. Auf diese Weise haben sie ihre subjektive Risikosituation verbessert und so eine Situation herbeigeführt, in der das von ihnen akzeptierte Kreditvolumen auch c.p. gewachsen ist. International kooperierende Banken haben deshalb neben dem IMF und der Weltbank eine wichtige Funktion im Rahmen internationaler Finanzintermediation unter Einbeziehung offizieller Stellen ebenso wie privater Wirtschaftssubjekte aus allen Teilen der Welt übernommen[2]. Sie ermöglichen insbesondere die Bereitstellung von Zahlungsbilanzkrediten auf roll-over-Basis in bisher nicht gekannten Größenordnungen[3]. Die Bedeutung dieses Vorganges wird von der BIZ sehr hoch eingeschätzt, denn "dadurch konnten praktisch alle Beschränkungen hinsichtlich der Höhe eines Kredites, den der Markt abzuwickeln imstande war, beseitigt werden. Haben beispielsweise im Euroanleihemarkt die größten Emissionen niemals $ 100 Mio. überschritten, ist es im Eurogeldmarkt möglich gewesen, Kredite von $ 1 Mrd. oder mehr zu bewältigen"[4]. Diese Kredite sind das Ergebnis simultan ablaufender und ineinandergreifender Finanzierungsprozesse. Sie umschließen sowohl die Vermittlung internationaler Liquidität zwischen

---

1) "What is evolving, won't be international banking. It will be local banking on an international scale. The end product could well be a couple of dozen giant banks - US and foreign - that dominate banking the world over". "Local banking on an international scale" (1973), S. 106.

2) Vgl. Guth (1978), S. 4 ff., Deutsche Bundesbank (1975 b), S. 61 ff. und Benkhoff (1978), S. 9.

3) Vgl. Hewson, Sakakibara (1975), S. 141 ff.

4) BIZ (1974), S. 165.

Überschuß- und Defizitländern als auch die Transformation privater in internationale Liquidität durch die Refinanzierung von Zahlungsbilanzkrediten mittels Einlagen privater Wirtschaftssubjekte.
Die Änderung ökonomischer Daten, z. B. Variationen der Importnachfrage, der Produktionstechnologien oder internationaler Differenzen von Wachstums- bzw. Inflationsraten, führen zu einer Anpassung von Angebot und Nachfrage auf dem Devisenmarkt. In einem System flexibler Wechselkurse schlagen sich solche Anpassungstransaktionen in Änderungen der Wechselkurse nieder. Wird eine Verschlechterung des Wechselkurses aus wirtschaftspolitischen Gründen nicht akzeptiert, dann ist die Zentralbank zu Devisenmarktinterventionen gezwungen, die einen umso höheren Einsatz von Währungsreserven verlangen, je stärker oder je länger die intern verfolgte Politik von den internationalen Gegebenheiten abweicht. Im System fixer Wechselkurse wirkt sich die Verweigerung der Anpassung an Datenänderungen, die eigentlich eine Abwertung der eigenen Währung notwendig machten, in einem fundamentalen Zahlungsbilanzungleichgewicht aus. Dieses erzwingt umso eher eine Abwertung, je geringer das verfügbare Reservevolumen ist.
In beiden Wechselkurssystemen kann der Anpassungsdruck, dem die Wirtschaftspolitik als Folge eines Zahlungsbilanzdefizits ausgesetzt ist, also nur dann gemildert bzw. kurzfristig ganz ausgeschaltet werden, wenn die betroffene Zentralbank über ausreichende Reserven an internationaler Liquidität verfügt[1].

---

1) Vgl. Grubel (1972), S. 31 ff.

Mangelt es an eigenen Reserven, so bietet der IMF die Möglichkeit, Währungskredite aufzunehmen[1]. Seine Kredite sind jedoch mit währungs- und wirtschaftspolitischen Auflagen verknüpft, die mit steigendem Verschuldungsgrad des kreditnehmenden Landes immer strenger werden. Die Absicht, die mit dieser Regelung verbunden ist, besteht darin, die Defizitländer einem allmählich steigenden Anpassungsdruck auszusetzen. Dessen Intensität hängt jedoch entscheidend davon ab, wie sehr die Mitglieder des IMF auf seine Kredite angewiesen sind. Da die Wirkung internationaler Bankenkooperation, wie ausführlich in den Kapiteln 2 und 3 belegt wurde, wesentlich darin besteht, die Leistungsfähigkeit und die Elastizität des Eurobanksystems zu erhöhen, trägt sie in beträchtlichem Ausmaß dazu bei, die vorhandenen Bestände an internationaler Liquidität effizienter zu nutzen und zusätzliche zu schaffen[2]. Damit hat sie wichtige Voraussetzungen dafür geschaffen, daß sich die Euromärkte zur primären Quelle zusätzlicher internationaler Liquidität entwickelt haben. Dies ist in einem Umang geschehen, daß die Deutsche Bundesbank das Angebot an internationaler Liquidität sogar als allein

---

1) Zu den Kreditfaszilitäten des IMF vgl. Möller (1972), S. 115 f.

2) Die Deutsche Bundesbank (1975 b, S. 61) bemerkt dazu, daß die Steigerung von Leistungsfähigkeit und Elastizität des internationalen Bankensystems zur Folge habe, daß "jedes auf dem internationalen Geldmarkt kreditfähige Defizitland in der Lage (ist, der Verf.), durch Aufnahme von Zahlungsbilanzkrediten zur Ausweitung der Bruttowährungsreserven der Welt beizutragen." Diese Aussage könnte als tautologisch betrachtet werden, da ein Schuldner im strengen Sinne des Wortes nur dann kreditwürdig ist, wenn er auch Kredit erhält. Sie ist es allerdings dann nicht, wenn damit gemeint ist, daß die enormen Möglichkeiten des internationalen Bankensystems zur Schaffung internationaler Liquidität Staaten kreditwürdig gemacht haben, die es ansonsten nicht gewesen wären. Der Zusammenhang, in dem die Bemerkung steht, legt diese Interpretation nahe.

"nachfragebestimmt" bezeichnet hat[1]. Auf diese Weise ist es den Ländern, die mit einem Zahlungsbilanzdefizit konfrontiert waren, erleichtert worden, den daraus erwachsenden Anpassungszwang mit Hilfe ausgedehnter Eurokredite hinauszuschieben und die Auflagen, mit denen ansonsten benötigte IMF-Kredite verbunden gewesen wären, zu unterlaufen.

In einer derartigen Leistungsfähigkeit des internationalen Bankensystems werden beträchtliche Gefahren für die nationale Wirtschaftspolitik gesehen und immer wieder eindringlich beschworen[2]. Sie liegen nicht nur in der explosiv gestiegenen Zinsbelastung gerade der Staaten, die sich schon bisher chronischen Zahlungsbilanzdefiziten gegenüber gesehen haben. Das kaum kontrollierte Wachstum internationaler Liquidität ist darüberhinaus geeignet, die Durchsetzung einer stabilitätsorientierten Wirtschaftspolitik zu behindern. Besondere Risiken und Belastungen nationaler Wirtschaftspolitik birgt insbesondere die Gefahr, daß ein beträchtlicher Anpassungszwang, der zudem mit erheblichen Friktionen verbunden sein kann, dann plötzlich wirksam wird, wenn ein Land seine pri-

---

1) Vgl. Deutsche Bundesbank (1975 b), S. 61.

2) Klasen (1977, S. 3) z. B. warnt: "Zu reichliche und zu leicht verfügbare Kreditmöglichkeiten verführen zur Nachlässigkeit gegenüber den Notwendigkeiten echter Anpassung. ... Inzwischen hat die Auffassung Raum gewonnen, daß an die Stelle der Kreditfinanzierung verstärkt die Anpassung der Zahlungsbilanzen mit Hilfe aller hierfür geeigneten Maßnahmen treten muß". Vgl. auch Schwarzer (1976), S. 29, "Ärger am Euromarkt" (1975), S. 32 sowie "Kein Eurogeld mehr für Rom" (1976), S. 9 und "IWF könnte Super-Zentralbank werden (1975 a), S. 20.

vatwirtschaftliche Verschuldungsgrenze erreicht. "Die Elastizität und Leistungsfähigkeit der internationalen Finanzmärkte hat das direkte und indirekte Recycling der Ölmilliarden in den letzten beiden Jahren erleichtert und vielen Defizitländern bisher über ihre Finanzierungsschwierigkeiten hinweggeholfen. Allerdings gibt es für die weitere Expansion dieser Märkte gewisse Grenzen. Risiko-Erwägungen der beteiligten internationalen Banken sowie die Notwendigkeit, das eigene Haftungskapital dem stark gewachsenen Umsatz anzupassen, könnte das Tempo der weiteren Kreditexpansion bremsen. Das Schuldner-Risiko wird vielfach nicht nur von einzelwirtschaftlichen Bonitätserwägungen, sondern auch von der Verschuldungskapazität und Transferfähigkeit der Schuldnerländer selbst mitbestimmt"[1].

Die enorme Ausweitung der Aktivtransaktionen des Eurobanksystems setzte jedoch ein entsprechend erweitertes Passivgeschäft voraus. Sein Wachstum geht zu einem wesentlichen Teil auf die schon erwähnten Präferenzen offizieller Institutionen für die Euromärkte und hier speziell für die großen, kooperierenden Banken zurück. Tabelle 14 zeigt die Entwicklung der Einlagen von Zentralbanken. Dabei gehen sowohl von Veränderungen der absoluten Höhe als auch der Währungsstruktur von Zentralbankeinlagen an den Eurogeldmärkten Liquiditätswirkungen aus.

---

1) Deutsche Bundesbank (1975 b), S. 63.

Tabelle 14 Zentralbankeinlagen am Eurogeldmarkt in Mrd. SDR

Identifizierte Zentralbankeinlagen im Jahre[1]	An den Euromärkten	davon am Eurodollarmarkt	davon an anderen Euromärkten
1965	1,5	1,5	-,-
1966	2,0	2,0	-,-
1967	2,2	2,2	-,-
1968	3,7	3,7	-,-
1969	4,9	4,9	-,-
1970	10,7	10,4	0,3
1971	11,3	10,3	1,0
1972	20,8	17,8	3,0
1973	25,5	20,8	4,7
1974	39,1	33,8	5,3
1975	47,8	41,2	6,6

Quelle: IMF (1976), S. 38, Tabelle 15
IMF (1973), S. 39, Tabelle 13

1) Die identifizierten Zentralbankeinlagen sind um nicht identifizierte zu ergänzen, die durch "asymetries" entstehen, "arising from the fact that data on U.S. and U.K. currency liabilities are more comprehensive than data on official foreign exchange holdings shown in International Financial Statistics". Das Volumen dieser Einlagen wird vom IMF für die Jahre 1970 bis 1972 auf jeweils 2,1 und 7,5 und 12,7 Mrd. SDR geschätzt. IMF (1973), S. 36 Anmerkung 8.

Die Zentralbankeinlagen, die schon 1975 47,8 Mrd. SDR betrugen, sind zu einem beträchtlichen Teil das Ergebnis eines multiplen Reserveschaffungsprozesses[1], der folgendermaßen abläuft. Rendite-motivierte bzw. politisch verursachte[2] Anlage von Teilen der Währungsreserven in Form von Eurodepositen kann Zinssenkungstendenzen am Eurogeldmarkt und folglich Kapitalbewegungen zugunsten von Ländern mit höherem Zinsniveau auslösen.

Im System fixer Wechselkurse steigen dann in diesen Ländern die Liquiditätsreserven der Geschäftsbanken und die Währungsreserven der Zentralbank. Solange Zentralbanken diese Devisenzuflüsse ganz oder teilweise wieder in Form von Eurodepositen anlegen, setzt sich der Reserveschaffungsprozeß in multipler Weise fort. Die Bruttowährungsreserven der Welt steigen, da den zusätzlich geschaffenen Reserven nirgendwo eine Reservevernichtung gegenübersteht. "In this fashion, dollars may continue to create more dollars as each round raises the multiplier inherent in the process. Theoretically there is no limit to the multiplication process"[3]. Bei

---

1) Auf diesen Prozeß wurde man erst aufmerksam durch das Entstehen einer Differenz zwischen den offiziellen Währungsreserven und den kurzfristigen Verbindlichkeiten der USA und Großbritanniens gegenüber ausländischen Zentralbanken. Der Unterschied wurde zunächst als Ausdruck verstärkter Reservendiversifizierung interpretiert, jedoch mit zunehmendem Umfang dieser Differenz als Resultat eines Reserveschaffungsprozesses auf der Basis von Zentralbankeinlagen am Eurogeldmarkt erkannt. Vgl. Machlup (1971 b), S. 10 ff. und Keinath (1973), S. 98 ff.

2) Renditemotiviert dürften die Anlagen ölexportierender Staaten, westlicher Industrie- und einiger Entwicklungsländer sein, während die Investitionen der östlichen Staatshandelsländer zumindest in der Vergangenheit überwiegend von politischen Motiven geleitet worden sein dürften. Vgl. Brandes (1968), S. 176 f. und Liepmann (1971), S. 26.

3) Machlup (1971 b), S. 12. Vgl. auch Küng (1974), S. 21 f., De Grauwe (1976), S. 46 ff. und Haumer (1973), S. 54.

fixen Wechselkursen verteilen sich somit die durch die Zentralbanken am Eurogeldmarkt angelegten Währungsreserven über das ganze System und gleichen in ihrer Wirkung Offenmarkt-Transaktionen im nationalen Bereich[1].

Bei flexiblen Wechselkursen sind zwar Kapitalzuflüsse, welche die Währungsreserven erhöhen, nicht möglich, ohne daß die Zentralbanken an den Devisenmärkten intervenieren, doch kann die Anlage von Währungsreserven am Eurogeldmarkt ebenfalls eine Reserveexpansion induzieren. Gleichen nämlich Staaten ihre Leistungsbilanzdefizite durch Kreditaufnahme und ihre Leistungsbilanzüberschüsse durch Anlage von Devisenüberschüssen am Eurogeldmarkt aus, dann wird ein "Recycling-Prozeß" ausgelöst, der so lange ablaufen kann, bis die Verschuldungsgrenze der Defizitländer erreicht ist[2]. In Kenntnis dieses Zusammenhanges haben die Zentralbanken des Zehnerklubs seit 1971 darauf verzichtet, ihre Währungsreserven am Eurogeldmarkt anzulegen. Es besteht jedoch weiterhin eine Präferenz der ölexportierenden Länder für Eurodepositen[3].

---

1) Vgl. Niehans, Hewson (1976), S. 15.

2) Die privatwirtschaftliche Verschuldungsgrenze von Defizitländern "wird vielfach nicht nur von einzelwirtschaftlichen Bonitätserwägungen, sondern auch von der Verschuldungskapazität und Transferfähigkeit der Schuldnerländer selbst mitbestimmt. Solche Überlegungen haben dazu geführt, daß Zahlungsbilanzkredite auf den internationalen Märkten in Einzelfällen nicht mehr durch das betreffende Defizitland selbst, sondern unter Zwischenschaltung internationaler Institutionen aufgenommen werden. Die bisher größte Transaktion dieser Art wurde im März und April 1976 abgewickelt, als die Europäische Wirtschaftsgemeinschaft aufgrund einer bereits Anfang 1975 durch Vertrag errichteten Garantiegemeinschaft ihrer Mitglieder auf den Euromärkten Anleihen und mittelfristige Kredite im Gesamtwert von 1,3 Mrd. Dollar aufnahm". Deutsche Bundesbank (1975 b), S. 63.

3) Vgl. Schumann (1976), S. 28 sowie "7,5 Mrd. Öldollar angelegt" (1975 b), S. 25.

Deshalb wird der Reserveschaffungsprozeß in der beschriebenen Weise aufrecht erhalten, da die Leistungsbilanzdefizite, welche durch die Ölpreissteigerung entstanden bzw. erweitert worden sind, mit Hilfe von Eurokrediten finanziert werden[1].

Zusätzliche internationale Liquidität wird außerdem im Rahmen eines Prozesses mit ähnlicher Mechanik geschaffen. Einige Zentralbanken versuchen nämlich, die Risiken zu verringern, denen ihre Währungsreserven im System flexibler Wechselkurse ausgesetzt sind, wenn sie allein in Dollar gehalten werden[2]. Zu diesem Zweck diversifizieren sie die Währungsstruktur ihrer Reservebestände, was z. B. in Tabelle 14 dadurch deutlich wird, daß sich die Anlagen von Zentralbanken seit 1970 zunehmend auch auf die Euromärkte für andere Währungen als den Dollar erstrecken. Die Zentralbanken folgen mit dieser Strategie dem Kalkül privater Wirtschaftssubjekte, die ihr Portefeuille-Risiko ebenfalls durch Auffächerung ihrer Aktivastruktur senken wollen[3]. Als Begleiterscheinung dieses Verhaltens entsteht weitere internationale Liquidität; denn die Zentralbank, die das neue Reservemedium emittiert, kauft im Gegenzug Dollar an und erhöht damit das Volumen der eigenen Währungsreserven, während die diversifizierende Zentralbank lediglich einen Aktivtausch, nicht aber eine Änderung ihres Reservevolumens vornimmt[4]. Werden die zugeflossenen Dollarreserven auch nur teilweise an die Euromärkte zurückgeschleust, dann können sie erneut Devisenzuflüsse auslösen, die entweder wie oben beschrieben, direkt in einen multiplen

1) Vgl. Trautmann (1976), S. 9.

2) Vgl. Boeck, Gehrmann (1973), S. 103.

3) Vgl. Bartel (1974), S. 28 ff.

4) Vgl. Junne (1976), S. 110.

Reserveschaffungsprozeß münden oder einen solchen Prozeß indirekt über erneute Diversifizierungstransaktionen speisen.

Die Ausführungen dieses Abschnittes haben deutlich gemacht, daß Finanztechnologien, die von international kooperierenden Banken geschaffen bzw. weiterentwickelt worden sind, dazu benutzt werden, Kredit-, Anlage- oder Diversifizierungstransaktionen für Zentralbanken abzuwickeln bzw. zu fördern. Damit unterstützt internationale Bankenkooperation eine kaum kontrollierte Ausweitung internationaler Liquidität. Sie verhindert damit zwar einerseits, daß Zwänge zur Anpassung der nationalen Wirtschaftspolitik abrupt wirksam werden, verleitet andererseits aber auch dazu, notwendige interne Anpassungsmaßnahmen zum Ausgleich der Zahlungsbilanz im Vertrauen auf das Reserveschaffungspotential des internationalen Bankensystems hinauszuschieben oder den Versuch zu unternehmen, selbsttätig wirkende Anpassungsprozesse ihrer Konsequenzen wegen nicht zur Wirkung kommen zu lassen.

ZUSAMMENFASSUNG DER ERGEBNISSE

Die vorliegende Arbeit versucht, die Wirkungen internationaler Bankenkooperation auf die internationalen Finanzmärkte und den geldpolitischen Handlungsspielraum der Zentralbanken abzuschätzen.
Zu diesem Zweck wird der Merkmalskomplex "internationale Bankenkooperation" eingangs abgegrenzt und ausführlich beschrieben.
Ausgangspunkt der sich anschließenden theoretischen Analyse ist ein Portefeuille-Modell, das dazu dient, internationale Kooperation als eine vorteilhafte Verhaltensweise international aktiver Banken angesichts der Erosion des Bretton Woods-Systems und des allgemeinen Übergangs zu flexiblen Wechselkursen darzustellen. Gleichzeitig führen die Über-

legungen zu dem Ergebnis, daß internationale Bankenkooperation die Zahl international diversifizierter Portefeuilles erhöht und ihre Struktur zugunsten von Eurodepositen und Eurokrediten verändert haben müßte. Außerdem müßte sie dahingehend wirksam gewesen sein, daß Veränderungen der Währungsstruktur dieser Portefeuilles weniger Kosten verursachen, als dies vorher der Fall gewesen ist. Insgesamt ergibt sich aus der theoretischen Analyse die Schlußfolgerung, daß internationale Bankenkooperation den Einzugsbereich, das Volumen und die Mobilität internationaler Kapitalbewegungen erheblich gesteigert haben müßte.
Die Ergebnisse der empirischen Untersuchung liefern wichtige Hinweise für die Richtigkeit dieser Resultate. Sie belegen, daß sowohl die internationale Vermittlung als auch die Schaffung von Liquidität auf den Euromärkten in erstaunlichem Maße zugenommen haben, seitdem die wichtigsten Geschäftsbanken der größten Industrieländer international eng kooperieren. Es wird weiterhin gezeigt, daß im Zuge dieser Kooperation die wichtigste Voraussetzung für die Geldschöpfung an den internationalen Geldmärkten erfüllt wurde, indem den Eurosichtdepositen faktische Zahlungsmitteleigenschaft verliehen wurde. In diesem Zusammenhang wird deutlich, daß die übliche Analyse des Geldschöpfungsprozesses an den Eurogeldmärkten schwerwiegende konzeptionelle Mängel aufweist; denn sie läßt die Zusammenhänge zwischen nationalen und internationalen Geldmärkten weitgehend außer acht oder vernachlässigt noch zusätzlich wesentliche institutionelle Eigenheiten der Euromärkte. Im Gegensatz dazu werden die Grundzüge eines neuen Ansatzes dargestellt, der ebenfalls auf der Multiplikatortheorie aufbaut, jedoch gerade die

Interdependenzen zwischen den Finanztransaktionen in einer Währung auf dem nationalen Finanzmarkt und dem zugehörigen Außenmarkt zum Gegenstand hat.
Aus den theoretischen und empirischen Ergebnissen der Untersuchung lassen sich anschließend folgende Schlüsse in bezug auf den Handlungsspielraum nationaler Geldpolitik ziehen.
Die internationale Bankenkooperation fördert den Prozeß der Differenzierung der Produktionsbedingungen bankbetrieblicher Leistungen innerhalb nationaler Bankensysteme. Da sie gleichzeitig den Wettbewerb zwischen den Mitgliedern dieser Systeme verschärft, ist sie folglich geeignet, Konzentrationstendenzen innerhalb nationaler Bankensysteme zu unterstützen. Es ist deshalb wahrscheinlich, daß sie dazu beiträgt, Wirkungsverzögerungen der Geldpolitik, die auf einem hohen Grad der Konzentration in Banksystemen beruhen, zu fördern.
Internationale Bankenkooperation intensiviert den internationalen Wirkungsverbund monetärer Transaktionen. Sie ist deshalb mitverantwortlich für Beeinträchtigungen der nationalen Zentralbankpolitik, die zwischen einer nahezu vollständigen Endogenisierung der Geldmenge vor allem kleiner Volkswirtschaften bei fixen Wechselkursen und einer zeitweisen Effizienzverminderung bei flexiblen Wechselkursen anzusiedeln sind. Diese Hemmnisse für die Geldpolitik lassen sich auch durch Kapitalverkehrsrestriktionen zumindest langfristig nicht entscheidend ausräumen. Das liegt daran, daß international kooperierende Banken Finanztechniken entwickeln und anwenden können, die es vielen Wirtschaftssubjekten ermöglichen, die Konsequenzen von Kapitalverkehrsrestriktionen zu verringern oder ganz zu umgehen.
Die enge Beziehung zwischen den nationalen Geldmärkten und ihren korrespondierenden Außenmärkten führt dazu, daß die übliche Abgrenzung der Geldmenge eines Landes bei steigendem relativen Umfang des Außenmarktes zunehmend fragwürdig

wird und möglicherweise zu Fehlinterpretationen von Veränderungen monetärer Aggregate verleitet.
Internationale Bankenkooperation unterstützt Transaktionen, die der Aufnahme von Zahlungsbilanzkrediten oder der Anlage bzw. der Diversifizierung von Währungsreserven an den Euromärkten dienen. Damit fördert sie eine kaum kontrollierte Ausweitung der internationalen Liquidität mit der positiven Konsequenz eines größeren Handlungsspielraumes nationaler Wirtschaftspolitik und der negativen Konsequenz eines verringerten Druckes in Richtung auf eine konsequente Stabilisierungspolitik.
Internationale Bankenkooperation erweist sich somit als eine sehr komplexe Entwicklung im internationalen Finanzsystem, welche die nationale Geld- und Währungspolitik vor Probleme stellt, die wahrscheinlich nur dann zufriedenstellend gelöst werden können, wenn der Kooperation der Geschäftsbanken eine Kooperation aller betroffenen Zentralbanken gegenübergestellt wird.

ANHANG

Tabelle 15 Forderungen und Verbindlichkeiten der Londoner Eurobanken in Mrd. US-$

Zeit	Frist	Total		Gegen Banken		Geg. Nichtb.	
		Ford.	Verb.	Ford.	Verb.	Ford.	Verb.
7/69	0-8						
	8-90	11.4	11.6	10.1	9.2	1.3	2.5
	90-360	3.2	3.7	2.5	2.6	0.7	1.0
	360u.m.	1.3	0.6	0.4	0.4	1.0	0.1
	Alle F.	15.9	15.9	13.0	12.2	3.0	3.6
7/70	0-8						
	8-90	12.6	13.9	10.8	10.9	1.9	3.1
	90-360	4.6	4.8	3.4	3.8	1.2	1.0
	360u.m.	2.1	0.7	0.6	0.6	1.5	0.1
	Alle F.	19.3	19.4	14.8	15.3	4.6	4.2
10/71	0-8	4.9	4.4	4.2	3.6	0.7	0.8
	8-90	10.2	12.8	7.8	10.7	2.4	2.1
	90-360	6.2	6.4	4.4	5.4	1.9	1.0
	360u.m.	3.4	1.1	0.8	0.8	2.7	0.3
	Alle F.	24.7	24.7	17.2	20.5	7.7	4.2
10/72	0-8	5.0	6.0	4.4	4.8	0.6	1.2
	8-90	14.4	16.7	12.2	13.9	2.7	2.4
	90-360	9.1	9.3	6.7	8.0	2.4	1.3
	360u.m	4.8	1.8	1.5	1.3	3.4	0.5
	Alle F.	33.8	33.8	24.8	28.0	9.1	5.4
9/73	0-8	7.4	9.5	6.2	7.4	1.2	2.1
	8-90	21.7	22.6	16.9	19.7	4.8	2.9
	90-360	14.4	14.8	11.0	13.0	3.4	1.8
	360u.m.	6.3	2.8	2.3	2.2	4.0	0.6
	Alle F.	49.8	49.7	36.4	42.3	13.4	7.4
5/74	0-8	11.5	13.9	9.7	10.6	1.8	3.3
	8-90	27.0	30.6	21.6	26.8	5.4	3.9
	90-360	16.7	17.6	13.0	15.6	3.6	2.1
	360u.m.	10.3	3.7	3.0	3.0	7.3	0.7
	Alle F.	65.5	65.8	47.3	56.0	18.1	10.0
5/75	0-8	24.5	35.5	22.0	28.0	2.5	7.5
	8-90	64.4	75.1	55.2	65.6	9.2	2.6
	90-360	36.3	42.3	28.6	38.0	7.7	4.2
	360u.m	39.4	11.7	11.2	10.2	28.1	1.5
	Alle F.	164.6	164.6	117.0	141.8	47.5	22.8
2/76	0-8	28.8	35.3	26.0	28.8	2.1	6.5
	8-90	68.1	84.2	58.5	74.3	9.6	9.9
	90-360	39.6	46.3	31.7	41.5	7.9	4.8
	360u.m.	42.3	12.0	12.7	10.7	29.6	1.3
	Alle F.	178.0	177.8	128.9	155.3	49.2	22.5
11/76	0-8	32.6	42.1	30.3	33.6	2.3	8.5
	8-90	72.0	89.8	63.2	78.0	8.8	11.8
	90-360	42.7	48.6	34.1	43.4	8.6	5.2
	360u.m.	46.5	13.0	14.2	11.6	32.3	1.4
	Alle F.	193.8	193.5	141.8	166.6	52.0	26.9
5/77	0-8	35.3	43.6	32.3	33.7	3.0	9.9
	8-90	74.6	94.1	65.1	76.0	9.5	18.1
	90-360	47.8	55.6	38.0	44.0	9.8	11.6
	360u.m.	49.4	13.5	14.9	8.5	34.5	5.0
	Alle F.	207.1	206.8	150.3	162.2	56.8	44.6

Quelle: Bank of England, Quarterly Bulletin div. Ausgaben

Fortsetzung von
Tabelle 15 Relative Anteile der Fristigkeitsklassen an den Forderungen und Verbindlichkeiten der Londoner Eurobanken

Zeit	Frist	Total Ford.	Total Verb.	Gegen Banken Ford.	Gegen Banken Verb.	Geg. Nichtb. Ford.	Geg. Nichtb. Verb.
	0-8						
	8-90	71.7	73.0	77.7	75.4	44.3	69.4
7/69	90-360	20.1	23.2	19.2	21.3	22.3	27.8
	360u.m.	8.2	3.8	3.1	3.3	33.4	2.8
	Alle F.	100.	100.	100.	100.	100.	100.
	0-8						
	8-90	65.3	71.6	73.0	71.2	41.3	73.8
7/70	90-360	23.8	24.7	23.0	24.8	26.1	23.8
	360u.m.	10.9	3.7	4.0	4.0	32.6	2.4
	Alle F.	100.	100.	100.	100.	100.	100.
	0-8	19.8	17.8	24.4	17.6	9.1	19.0
	8-90	41.3	51.8	45.3	52.2	31.2	50.0
10/71	90-360	25.1	25.9	25.6	26.3	24.7	23.8
	360u.m.	13.8	4.5	4.7	3.9	35.0	7.2
	Alle F.	100.	100.	100.	100.	100.	100.
	0-8	14.8	17.8	17.7	17.1	6.6	22.2
	8-90	44.1	49.4	49.2	49.6	29.7	44.4
10/72	90-360	26.9	27.5	27.0	28.6	26.4	24.1
	360u.m.	14.2	5.3	6.1	4.7	37.3	9.3
	Alle F.	100.	100.	100.	100.	100.	100.
	0-8	14.9	19.1	17.1	17.4	8.9	28.4
	8-90	43.6	45.6	46.3	46.6	35.8	31.9
9/73	90-360	29.0	29.7	30.4	30.7	25.5	23.6
	360u.m.	12.5	5.6	6.2	5.3	29.8	8.1
	Alle F.	100.	100.	100.	100.	100.	100.
	0-8	17.6	21.1	20.5	18.9	9.9	33.0
	8-90	41.2	46.5	45.7	47.9	29.8	39.0
5/74	90-360	25.7	26.7	27.5	27.9	19.9	21.0
	360u.m.	17.5	5.7	6.3	5.3	40.4	7.0
	Alle F.	100.	100.	100.	100.	100.	100.
	0-8	14.9	21.6	18.8	19.7	5.3	32.9
	8-90	39.1	45.6	47.2	46.3	19.4	42.1
5/75	90-360	22.1	25.7	24.4	26.8	16.2	18.4
	360u.m.	23.9	7.1	9.6	7.2	59.1	6.6
	Alle F.	100.	100.	100.	100.	100.	100.
	0-8	15.7	19.9	20.2	18.5	4.3	28.9
	8-90	38.3	47.4	45.4	47.8	19.5	44.0
2/76	90-360	22.2	26.0	24.0	26.7	16.1	21.3
	360u.m.	23.8	6.7	9.9	7.0	60.1	5.8
	Alle F.	100.	100.	100.	100.	100.	100.
	0-8	16.9	21.8	21.4	20.2	4.4	31.6
	8-90	37.2	46.4	44.6	46.8	16.9	43.9
11/76	90-360	22.0	25.1	24.0	26.1	16.5	19.3
	360u.m.	23.9	6.7	10.0	6.9	62.2	5.2
	Alle F.	100.	100.	100.	100.	100.	100.
	0-8	17.0	21.1	21.5	20.8	5.3	22.2
	8-90	36.0	45.5	43.3	46.9	16.7	40.6
5/77	90-360	23.1	26.9	25.3	27.1	17.3	26.0
	360u.m.	23.9	6.5	9.9	5.2	60.7	11.2
	Alle F.	100.	100.	100.	100.	100.	100.

Tabelle 16 Relative Anteile der Fristigkeitsklassen an den Gesamtforderungen und Verbindlichkeiten einzelner Gruppen der Londoner Eurobanken

Zeit	Frist	Konsort.bkn		brit.Banken		US - Banken		Sonst.Banken	
		Ford.	Verb.	Ford.	Verb.	Ford.	Verb.	Ford.	Verb.
	0-8	13,97	15,90	21,89	24,95	16,53	18,35	16,90	23,32
	8-90	32,09	47.86	43,75	45,62	37,23	39,91	44,62	43,75
3/73	90-360	20,86	30,31	23,93	23,32	30,92	32,48	29,67	29,08
	360u.m.	33,08	5,93	10,43	6,11	15,32	9,26	8,81	3,85
	Alle F.	100	100	100	100	100	100	100	100
	0-8	11,78	16,90	14,85	16,50	19,84	20,88	18,64	26,43
	8-90	32,17	49,78	49,71	53,78	34,77	42,08	43,42	44,32
5/74	90-360	21,20	28,18	24,82	25,29	25,38	29,10	27,82	25,04
	360u.m.	34,85	5,14	10,62	4,43	20,01	7,94	10,12	4,21
	Alle F.	100	100	100	100	100	100	100	100
	0-8	11,51	16,47	13,14	20,27	14,72	19,09	16,70	29,09
	8-90	29,68	53,88	44,73	47,43	28,73	42,16	42,22	42,94
5/75	90-360	16,92	26,96	23,92	26,47	21,10	29,21	23,56	22,49
	360u.m.	41,89	2,69	18,21	5,83	35,45	9,54	17,52	5,48
	Alle F.	100	100	100	100	100	100	100	100
	0-8	12,06	17,69	12,74	20,68	14,41	18,18	20,26	26,33
	8-90	26,88	50,03	40,12	43,42	28,65	43,59	39,07	44,19
5/76	90-360	16,68	29,40	26,79	30,01	20,48	29,61	23,68	24,50
	360u.m.	44.38	2,88	20,35	5,89	36,46	8,62	16,99	4,98
	Alle F.	100	100	100	100	100	100	100	100
	0-8	11,27	16,32	15,33	20,23	15,16	20,84	20,34	25,17
	8-90	29,37	51,72	38,70	44,28	28,97	42,93	37,37	45,05
5/77	90-360	17,65	28,83	25,22	29,61	20,84	29,41	24,53	24,63
	360u.m.	41,71	3,13	20,75	5,88	35,03	6,82	17,76	5,15
	Alle F.	100	100	100	100	100	100	100	100

Berechnet mit Hilfe der Daten aus: Bank of England, Quarterly Bulletin, div. Ausgaben, jeweils Tabelle "Maturity analysis of liabilities and claims of UK banks and certain other institutions in foreign currencies"

Tabelle 17 Relative Anteile der Fristigkeitsklassen an den Forderungen und Verbindlichkeiten einzelner Gruppen Londoner Eurobanken gegenüber Nichtbanken

Zeit	Frist	Konsort.bkn		brit.Banken		US - Banken		Sonst.Banken	
		Ford.	Verb.	Ford.	Verb.	Ford.	Verb.	Ford.	Verb.
	0-8	4,09	15,87	10,88	32,13	7,31	28,28	8,95	26,78
	8-90	15,30	38,94	30,13	33,52	37,69	43,39	34,04	37,87
3/73	90-360	16,34	24,04	30,38	18,90	29,17	24,17	27,29	24,41
	360u.m.	64,27	21,15	28,61	15,45	25,83	4,16	29,22	10,94
	Alle F.	100	100	100	100	100	100	100	100
	0-8	3,71	30,85	12,39	40,67	11,38	34,16	14,18	18,92
	8-90	19,55	33,61	25,45	31,64	37,09	40,40	34,63	48,29
5/74	90-360	18,57	17,63	21,58	17,73	21,71	21,10	16,56	26,08
	360u.m.	58,17	17,91	40,58	9,96	29,82	4,34	34,63	6,71
	Alle F.	100	100	100	100	100	100	100	100
	0-8	2,27	31,01	9,81	38,60	7,79	38,02	10,42	24,57
	8-90	13,72	39,56	13,57	36,95	21,54	39,15	25,82	50,39
5/75	90-360	14,29	18,35	13,72	16,06	17,56	18,09	18,11	15,08
	360u.m.	69,82	11,08	62,72	8,39	53,11	4,74	45,65	9,96
	Alle F.	100	100	100	100	100	100	100	100
	0-8	2,31	32,71	5,45	39,37	4,48	27,74	5,06	24,85
	8-90	12,53	44,43	11,59	36,59	19,35	46,59	25,91	44,21
5/76	90-360	14,10	20,55	14,75	17,83	16,66	21,44	23,45	23,53
	360u.m.	71,06	2,31	68,21	6,21	59,51	4,23	45,58	7,41
	Alle F.	100	100	100	100	100	100	100	100
	0-8	1,66	36,11	5,75	40,91	5,58	40,49	6,15	24,62
	8-90	11,86	38,08	11,22	42,87	14,75	43,07	22,40	45,06
5/77	90-360	16,49	20,49	14,69	12,25	17,42	14,75	20,91	24,69
	360u.m.	69,99	5,32	68,34	3,97	62,25	1,69	50,54	5,63
	Alle F.	100	100	100	100	100	100	100	100

Berechnet mit Hilfe der Daten aus: Bank of England, Quarterly Bulletin, div. Ausgaben, jeweils Tabelle: "Maturity analysis of liabilities and claims of UK banks and certain other institutions in foreign currencies"

LITERATURVERZEICHNIS

ABDECKUNG des Wechselkursrisikos, (1975), Hrsg.: Schweizerisches Institut für Außenwirtschafts-, Struktur- und Marktforschung, Zürich

ABECOR im zweiten Anlauf vergrößert, (1974), in: Süddeutsche Zeitung Nr. 97 v. 26.4., S. 10

ABELE, H., (1970), Über geldwirtschaftliche Wachstumsmodelle, in: Zeitschrift für Nationalökonomie Bd. 30, S. 125 - 158

ADEL V. DEN, M., (1976), Der Eurogeld- und Eurokapitalmarkt, Diskussionspaper Nr. 21 des Institutes für das Spar-, Giro- und Kreditwesen, Bonn

ÄRGER am Euromarkt, (1975), in: Die Zeit Nr. 13 v. 21.3., S. 32

ALTMAN, O. L., (1961), Außenmärkte für Dollar, Pfunde und andere Währungen, in: Zeitschrift für das gesamte Kreditwesen, 1961, S. 878

ARTUS, J. R., (1976), Exchange Rate Stability and Managed Floating: The Experience of the Federal Republic of Germany, in: IMF-Staff Papers Vol. XXIII No. 2, S. 312 - 333

ASCHINGER, F., (1971), Das Währungssystem des Westens, Frankfurt a. M.

ASCHINGER, F. E., (1975), Die Schweizer Banken im internationalen Währungsgeschehen, in: Schweizer Banken in der Welt von morgen, Hrsg. Schuster, L., Bern, S. 121 - 140

ASSEILY, A., (1974), Eurocurrency Market at Bay, in: The Bankers' Magazine Vol. 18, S. 13 - 17

BACKES, M., (1977), Kurssicherungsgeschäfte, Berlin

BAEHRING, B., (1973), Are the Germans Happy in Clubs? in: The Banker, Vol. 123, S. 915 - 921

BALL, R., (1972), International Banking gets the Team Spirit, in: Fortune, No. 6, S. 100 - 165

BALOISE, (1975), - Aktuelle Probleme einer Versicherungsgruppe, in: Der Monat, Nr. 6, S. 14 - 16

BANCO di Roma, Commerzbank, Crédit Lyonnais, (1972), Gemeinsamer Bericht

BANKEN, (1972): Internationales Geschäft - internationale Partner, in: Wirtschaftswoche Nr. 48 v. 1.12., S. 74 - 99

BANK für Internationalen Zahlungsausgleich, (1971), (1974), (1975) und (1977), Geschäftsberichte Nr. 41, Nr. 44, Nr. 45 und Nr. 47

BANK of England, Quarterly Bulletin, div. Ausgaben

BARTEL, K., (1974), Die stabilitätspolitische Problematik des Multi-Reservestandards, in: Das Inflationsproblem heute - Stabilisierung oder Anpassung, Berlin, S. 28 - 43

BAUMOL, W. J., (1952), The Transactions Demand for Cash: An Inventory Theoretic Approach, in: Quarterly Journal of Economics, Vol. 66, S. 545 - 556

BAYERISCHE Vereinsbank, (1972 b), Pressemitteilung über das Kooperationsabkommen zwischen der Bayerischen Vereinsbank und der Comp. Financière de Paris et de Pays-Bas v. 27.10., München

BAYERISCHE Vereinsbank, (1972 a), Zum Kooperationsabkommen der Bayerischen Vereinsbank mit der Paribas-Gruppe, in: Vereinsbank-Informationen - Außenhandel, München Nr. 41 v. 8.11.

BELL, G. L, (1964), Credit Creation Through Euro-Dollars?, in: The Banker, Vol. 114, S. 494 - 502

BENKHOFF, W., (1972), Deutsche Banken knüpfen engmaschiges Netz über den Globus, in: Handelsblatt v. 21.12., S. 3

BENKHOFF, W., (1976 a), "Wenn der Käufer nur in Riyal zahlen will..." Exporteure fordern bessere Wechselkurssicherung, in: Handelsblatt v. 8.6., S. 4

BENKHOFF, W., (1976 b), Banken leihen hochverschuldeten armen Ländern immer mehr Geld, in: Handelsblatt v. 17./18.12., S. 8

BENKHOFF, W., (1978), Zwei Jahre nach Jamaika, in: Handelsblatt v. 21.1., wieder abgedruckt in: Deutsche Bundesbank, Auszüge aus Presseartikeln, Nr. 9 v. 26.1., S. 9

BEUSE, A., (o. J.), Orion Pacific - WestLB mit Orion im Fernen Osten, in: Westdeutsche Landesbank, Hausmitteilungen

BEYEN, K. H., (1973), International Trade Finance, in: The Business of Banking, Ed. The Institut of Bankers, London, S. 87 - 102 .

BHATTACHARYA, A. K., (1977), The Asia Dollar Market. International Offshore Financing, New York

The "big four" part company, (1973 a), in: The Banker, Vol. 123, S. 935 - 943

BLACK, St. W., (1971), An Econometric Study of Euro-Dollar Borrowing by New York Banks and the Rate of Interest on Euro-Dollars, in: The Journal of Finance, Vol. 26, S. 83 - 88

BLACK, St. W., (1977), Floating Exchange Rates and National Economic Policy, New Haven, London

BLOHMEYER, K., (1976), Die Deutschen Banken in Übersee haben ein weites Aufgabengebiet, in: Handelsblatt v. 24.8., S. 16

BOARMAN, P. M., (1975), Multinational Firms and the International Monetary System, in: Multinational Corporations and Goverments, Ed. Boarman, P. M and Schollhammer, H., London, S. 41 - 49

BOECK, K., und GEHRMANN, D., (1973), Probleme einer zunehmenden Diversifizierung der Währungsreserven, in: Zur Neuordnung des internationalen Währungssystems, Beihefte d. Konjunkturpolitik, Heft 20, Berlin, S. 99 - 108

BORN, K. E., (1977), Geld und Banken im 19. und 20. Jahrhundert, Suttgart

BOYER, J. P., (1965), Financing Operations in Industrialized Nations, in: Financing International Operations - A Guide to Sources and Methods, Ed. Falcon, W. D., New York, S. 19 - 36

BRANDES, H., (1968), Der Euro-Dollarmarkt - Eine Analyse seiner Entstehungsgründe, seiner Struktur, seiner Marktelemente und seiner einzelwirtschaftlichen und währungspolitischen Bedeutung, Wiesbaden

BRESTEL, H., (1975), Die Rothschilds auf neuen Wegen der Exportfinanzierung, in: Frankfurter Allgemeine Zeitung Nr. 252 v. 30.10., S. 13

BRIMMER, A. F. and DAHL, F. R., (1975), Growth of American International Banking: Implications for Public Policy, in: The Journal of Finance, Vol. 30, S. 341 - 364

BRINK V. DEN, I. R. M., (1972), Das europäische Bankwesen in den Siebziger Jahren, Tendenzen, Entwicklungen, Aufgaben, in: Österreichisches Bankarchiv, Heft 8, S. 274 - 287

BRUNNER, K., (1961), A Schema for the Supply Theory of Money, in: International Economic Review, Osaka, Vol. 2, S. 79 - 109

BRUNNER, K., (1970), The "Monetarist Revolution" in Monetary Theory, in: Weltwirtschaftliches Archiv, Vol. 105, No. 1, S. 1 - 29

BRUNNER, K. and MELTZER, A. H., (1964), Some Further Investigations of Demand and Supply Functions for Money, in: The Journal of Finance, Vol. 19, S. 240 - 283

BRUNNER, K. and MELTZER, A. H., (1967), Economies of Scale in Cash Balances Reconsidered, in: The Quarterly Journal of Economics, Vol. 81, S. 422 - 436

BÜSCHGEN, H. E., (1972), Bankbetriebslehre, Wiesbaden

The BUSINESS of Banking, (1973), Papers and Group-Discussions from the 26th. International Banking Summer School, held at Christ Church, Oxford, July 1973, Ed. The Institut of Bankers', London

CAMERON, R., (1972), Introduction, in: Banking and Economic Development - Some Lessons of History, Oxford, S. 3 - 25

CAMPBELL, M., (1971), The Multinational Banking Framework, in: The Banker, Vol. 121, S. 628 - 655

CARLI, G., (1971), Central and Commercial Banking in a World Economy, in: Banking in a Changing World, Ed. Ass. Bancaria Italiana, Roma, S. 19 - 37

CHICK, V., (1973), The Theory of Monetary Policy, London

CLAASSEN, E. M., (1970), Probleme der Geldtheorie, Heidelberg

CLAASSEN, E. M., (1975), Der monetäre Ansatz der Zahlungsbilanztheorie, in: Weltwirtschaftliches Archiv, Nr. 1, S. 1 - 23

CLEARERS rally round, (1974), in: The Banker, Vol. 124, S. 319

CLEMM V. M., (1971), The Rise of Consortia Banking, in: Harvard Business Review, No. 5/6, S. 125 - 142

COHEN, B. J., (1971), The Future of Sterling as an International Currency, London

CONTROLS on Capital Flows. The recent escalation, (1972), in: OECD - Economic Outlook, No. 12, S. 71 - 77

DEBS, R. A., International Banking, (1975), in: Federal Reserve Bank of New York, Monthly Review, No. 6, S. 122 - 129

DE GRAUWE, P., (1976), Monetary Interdependence and International Monetary Reform - A European Case Study -, Westmead, Farnborough

DEM EUROBANKGESCHÄFT Zügel anlegen, (1977), in: Süddeutsche Zeitung, Nr. 243 v. 21.10., S. 27

DENK, A., (1976), Wechselkurspolitik im Floating, in: Österreichisches Bankarchiv, Heft 2, S. 53 - 65

D-MARK-BANKS invade "The City", (1973), in: German International v. 30.3., S. 22 - 28

DEPPE, H.-D., (1969), Bankbetriebliches Wachstum - Funktionalzusammenhänge und Operations Research in Kreditinstituten, Stuttgart

DEUTSCHE Bundesbank, (1971), (1973 a), (1974), (1975 b) und (1976), Geschäftsberichte

DEUTSCHE Bundesbank, (1975 a) und (1973 b), Monatsbericht 2/75 und 6/73

DIECKHEUER, G., (1975), Wirkung und Wirkungsprozeß der Geldpolitik, Berlin

DORNBUSCH, R., (1976), Exchange Rate Expectations and Monetary Policy, in: Journal of International Economics, S. 231 - 244

DRESDNER Bank, (1976), Geschäftsbericht

DUNNING, J. H., (1970), The Multinational Enterprise, in: Lloyds Bank Review, No. 7, S. 19 - 36

EBIC stellt sich vor, (1973), EBIC - European Banks' International Company S. A., Brüssel

EINZIG, P., (1973 a), The Euro-Dollar-System, 5. Ed., London

EINZIG, P., (1973 b), Roll-over Credits, The System of Adaptable Interest Rates, London

ELSNER, H., (1973), Die Zusammenarbeit der Sparkassen in der EWG, in: Sparkasse, Nr. 7, S. 193 - 197

EMMINGER, O., (1970), Zahlungsbilanz- und währungspolitische Probleme des internationalen Kapitalverkehrs, in: Zeitschrift für das gesamte Kreditwesen, Heft 22, S. 1067 - 1073

EURODOLLARS, a selected Bibliography, (1970), 3. Ed. Federal Reserve Bank of Chikago, Research Departement, No. 9

EUROFINANCE leuchtet ins Dunkel europäischer Bilanzen, (1971), in: Finanz und Wirtschaft,v. 10.3., S. 6

EUROPARTNERS, (1973) und (1976), Gemeinsamer Bericht

EUROPAS Banken rücken zusammen, (1972), in: Wirtschaftsberichte Creditanstalt-Bankverein, Wien, Nr. 2, S. 14 - 18

EVERITT, H. W., (1971), The Euromoney Book, in: The Bankers' Magazine, No. 5, S. 228 - 232

The EXPANSION of the consortia banks, (1973), in: The Financial Times v. 19.3., S. 31

FACTORING, (1974), in: Handelsblatt v. 14.3., S. 43 - 46

FEDER, D., (1973), Wie läßt sich der Euromarkt unter Kontrolle bringen?, Zürich

FENSCH, U., (1963), Zum Problem der internationalen Liquidität, Tübingen

FERRARI, A., (1971), New Ways of International Cooperation in Banking, in: Banking in a Changing World, Ed. Ass. Bancaria Italiana, Roma, S. 67 - 97

FILC, W., (1975), Zinsarbitrage und Währungsspekulation, Berlin

FILC, W., (1976), Euro-Geldmarktsätze, Wechselkursentwicklung und kurzfristige internationale Kapitalbewegungen, in: WSI-Mitteilungen, Nr. 3, S. 156 - 167

FLEMING, J. M., (1962), Domestic Financial Policies under Fixed and Floating Exchange Rates, in: IMF-Staff Papers, No. 9, S. 369 - 380

FRANCIS, J. C. and ARCHER, S. H., (1971), Portfolio-Analysis, Englewood Cliffs, N. J.

FRATIANNI, M. and SAVONA, P., (1971), Euro Dollar Creation: Comments on Professor Machlup's Propositions and Developments, in: Banca Nazionale del Lavoro, Quarterly Review, No. 6, S. 110 - 128

FRIEDMAN, M., (1971), The Eurodollar Market: Some First Principles, in: Banking Markets and Financial Institutions, Ed. Gies, Th. G. and Apilado, U. P., Homewood, S. 102 - 112

FRIEDRICH, K., (1970), The Euro-Dollar-System and International Liquidity, in: Journal of Money, Credit and Banking, No. 8, S. 337 - 347

FÜR MEHR Transparenz am Euro-Kreditmarkt, (1977), in: Die Bank, Nr. 7 - 8, S. 22 - 24

FURNESS, E. L., (1972), An Introduction to Financial Economics, London

GERBER, B., (1976), Stabiltätspolitik, Bern, Stuttgart

GERTH, E., (1971), Zwischenbetriebliche Kooperation, Stuttgart

GLOW, G., (1972), Luxembourg als Finanz- und Bankplatz, in: Österreichisches Bankarchiv, Heft 12, S. 434 - 439

GOLDSMITH, D., (1976), Transactions Costs and the Theory of Portfolio Selection, in: Journal of Finance, Vol. 31, S. 1127 - 1139

GOTTHEINER, H. G., (1972), Internationale Banken-Clubs - Thema mit Variationen -, in: Börsenzeitung v. 30.12., S. 4

GREEN, M., (1971), New Model Multinational Bank, in: The Banker, Vol. 121, S. 480 - 487

GRENZÜBERSCHREITENDE Unternehmenskooperation in der EWG, (1968), Hrsg. Comité Européene pour le Progrés Economique et Social (CEPES) in Zusammenarbeit mit dem Rationalisierungskuratorium der Deutschen Wirtschaft (RKW), Stuttgart

GROCHLA, E., (1972), Die Kooperation von Unternehmungen aus organisationstheoretischer Sicht, in: Theorie und Praxis der Kooperation, Schriften zur Kooperationsforschung, A. Studien, Bd. 3, Hrsg. Boettcher, E., Tübingen, S. 1 - 18

GRUBEL, H. G., (1969), The Distribution of Seignorage From International Liquidity Creation, in: Monetary Problems of the International Economy, Eds. Mundell, R. A. and Swoboda, A., Chikago, London, S. 269 - 282

GRUBEL, H. G., (1972), The international Monetary System, rev. Ed., Harmondsworth

GURLEY, J. G. and SHAW, E. S., (1955), Financial Aspects of Economic Development, in: American Economic Review, Vol. 45, S. 515 - 538

GURLEY, J. G. and SHAW, E. S., (1971), Money in a Theory of Finance, 7. Print., Washington D. C.

GUTH, W., (1970), Finanzpolitik multinationaler Unternehmen, in: Zeitschrift für betriebswirtschaftliche Forschung, S. 457 - 468

GUTH, W., (1978), Internationale Handels- und Finanzierungsprobleme. Vortrag auf der Jahresversammlung der deutschen Gruppe der Internationalen Handelskammer am 13.3.1978 in Hannover, abgedruckt in: Deutsche Bundesbank, Auszüge aus Presseartikeln, Nr. 24 v. 20.3.

HAEFLIGER, J. C., (1972), Schwankende Kurse und Unternehmensführung, in: Schweizerische Kreditanstalt, Bulletin, Nr. 4/5, S. 13 - 15

HÄUSGEN, H., Warum nach Singapur?, (1972), in: Wirtschaftswoche, Nr. 48 v. 1.12., S. 92

HAHN, O., (1971), Konzentration und Kooperation im europäischen Bankwesen, in: Österreichisches Bankarchiv, Heft 12, S. 410 - 422

HANDBUCH der Exportfinanzierung, (1976), Hrsg.: Schweizerische Kreditanstalt, Zürich

HAUMER, H., (1973), Euromarkt und Währungsstabilität, in: Außenwirtschaftliche Gesichtspunkte monetärer Stabilitätspolitik, Hrsg.: Österreichisches Forschungsinstitut für Sparkassenwesen, Wien, S. 45 - 56

HERLT, R., (1974), Angst vor faulen Schuldnern, in: Die Zeit, Nr. 22 v. 24.5., S. 39

HEUBES, J., (1975), Euro-Dollarmarkt und Inflation, in: Konjunkturpolitik, Heft 2, S. 77 - 96

HEWSON, J., (1975), Liquidity Creation and Distribution in the Eurocurrency Markets, Lexington, Toronto, London

HEWSON, J. and SAKAKIBARA, E., (1974), The Euro-Dollar Deposit Multiplier. A Portfolio Approach, in: IMF-Staff Papers, Vol. 21, S. 307 - 328

HEWSON, J. and SAKAKIBARA, E., (1975 a), The Eurocurrency Markets and Their Implications, London

HEWSON, J. and SAKAKIBARA, E., (1975 b), A Qualitative Analysis of Euro-Currency Controls, in: The Journal of Finance, Vol. 30, S. 377 - 400

HIRSCH, F., (1973), Entwicklung und Wirkungsweise des internationalen Währungssystems seit dem zweiten Weltkrieg, in: Finanzierung und Entwicklung, Nr. 2, S. 48 - 52

HOCHGESAND, H., (1974), Theorie der Devisenspekulation, Berlin

HODGEMAN, D. R., (1960), Credit Risk and Credit Rationing, in: Quarterly Journal of Economics, Vol. 74, S. 258 - 278

HODGEMAN, D. R., (1963), Commercial Bank Loan and Investment Policy, Champaign

HODGEMAN, D. R., (1973), The Effectiveness of Monetary Policy in the EEC, in: Banker's Magazine, No. 10, S. 147 - 153

HOLZHEU, F., (1971), Der Euro-Dollar-Markt in wirtschaftstheoretischer Sicht, in: Der Volks- und Betriebswirt, Nr. 11, S. 128 - 134

HORN, N., (1976), Monetäre Probleme im internationalen Handel und Kapitalverkehr. Rechtliche und wirtschaftliche Risikokontrolle, Baden Baden

HOW INTERNATIONAL bankers view the future, (1975 b), in: The Banker, No. 8, S. 927 - 943

IMF, (1964), (1973) und (1976), Annual Report

IMF, (1974), Jahresbericht

IMF, (1974), Twenty Fifth Annual Report on Exchange Restrictions, Washington

INS and outs of consortia, (1978), in: The Economist v. 4.3. International banking: a survey, S. 44 - 46

INTER-Alpha, (o. J.), Die Inter-Alpha Bankengruppe, O. O.

INTERNATIONAL Economic Relations of the Western World 1959 - 1971, (1976), Vol. 2, International Monetary Relations, Ed. Shonfield, A., London, New York, Toronto

The INTERNATIONAL Transmission of Inflation, (1973), in: OECD-Economic Outlook, No. 7, S. 81 - 96

ISSING, O., (1965), Leitwährung und internationale Währungsordnung, Berlin

ISSING, O., (1974), Einführung in die Geldtheorie, Heidelberg

IWF könnte Superzentralbank werden, (1975), in: Süddeutsche Zeitung Nr. 249 v. 29.10., S. 20

JARCHOW, H. J., (1966), Theoretische Studien zum Liquiditätsproblem, Tübingen

JOHNSON, H. G., (1967), Notes on the Theory of Transactions-Demand for Cash, in: Essays in Monetary Economics, Ed. Johnson, H. G., London, S. 179 - 187

JOHNSON, H. G., (1969), The Case for Flexible Exchange Rates, in: Review, Federal Reserve Bank of St. Louis, No. 6, S. 12 - 24

JOHNSON, H. G., (1972), The Monetary Approach to Balance of Payments Theory, in: Johnson, H. G., Further Essays in Monetary Economics, London, S. 229 - 249

JONES, I. C. H. and LAUDADIO, L., (1973), Canadian Bank Mergers, The Public Interest and Public Policy, in: Banca Nazionale del Lavoro, Quarterly Review, No. 105, S. 109 - 140

JUNNE, G., (1976), Der Eurogeldmarkt. Seine Bedeutung für Inflation und Inflationsbekämpfung, Frankfurt und New York

KEINATH, K., (1973), Geldschöpfung auf dem Euro-Dollarmarkt, Tübingen

KEIN Eurogeld mehr für Rom, (1976 b), in: Handelsblatt v. 5./6.11., S. 9

KELLEY, A. C., WILLIAMSON, J. G. and CHEETHAM, R. J., (1972), Dualistic Economic Development Theory and History, Chikago

KLASEN, K., (1977), Weltwährungsfonds der Zukunft ist keine Wechselkurspolizei, in: Handelsblatt v. 31.12.1976, S. 11, wiederabgedruckt in Deutsche Bundesbank, Auszüge aus Presseartikeln, Nr. 1, S. 1 - 3

KLOPSTOCK, F. H., (1963), A New Look at Foreign and International Banking in the United States, in: Private Financial Institutions (A Series of Research Studies prepared for the Commission on Money and Credit) Englewood Cliffs, N. J., S. 333 - 381

KLOPSTOCK, F. H., (1965), The International Money Market: Structure, Scope and Instruments, in: Journal of Finance, Vol. 20, S. 182 - 208

KLOPSTOCK, F. H., (1968), The Euro-Dollar Market: Some unresolved Issues, Essays in International Finance, No. 65, Princeton, March

KLOPSTOCK, F. H., (1970), Money Creation in the Eurodollar-Market, A Note on Prof. Friedman's Views, in: Federal Reserve Bank of New York, Monthly Review, No. 1, S. 12 - 15

KOHN, D. L., (1975), Interdependence, Exchange Rate Flexibility and National Economies, in: Federal Reserve Bank of Kansas City, Monthly Review, No. 4, S. 3 - 10

KRACHT, P. J., (1975), Die Geldnachfrage der Produktionsunternehmen, Meisenheim a. Glan

KÜLLMER, W., (1975), Bankbetriebliche Programmplanung unter Unsicherheit, Wiesbaden

KÜNG, E., (1974), Die Versorgung der Weltwirtschaft mit Währungsreserven, Tübingen

Die KURSSICHERUNG scheitert meistens an den hohen Kosten, (1976 c), in: Handelsblatt v. 17./18.9., S. 9

KUSKE, H. M., (1973), Finanzierung multinationaler Unternehmungen - Das Bankgeschäft am internationalen Kapitalmarkt, Frankfurt a. M.

KUTSCHER, G., (1971), Europas Banken proben die Zusammenarbeit, in: Handelsblatt v. 15.3., S. 11

KVASNICKA, J., (1969), Eurodollars - an important source of funds for American Banks, in: Business Conditions. A Review by the Federal Reserve Bank of Chikago, No. 7, S. 9 - 20

LAIDLER, D., (1969), The Demand for Money: Theory and Evidence, Scranton

LEE, B. E., (1973), The Euro-Dollar Multiplier, in: The Journal of Finance, Vol. 28, S. 867 - 874

LEUKERS, H., (o. J.), Orion, in: Hausmitteilungen der Westdeutschen Landesbank

LEVIN, J. H., (1974), A Financial Sector Analysis of the Eurodollar Market, in: The Journal of Finance, Vol. 29, S. 103 - 117

LEVY, H. and SARNAT, M., (1972), Investment & Portfolio Analysis, New York, London, Sydney, Toronto

LIEDSCHULTE, W., (1975), Internationale Geschäftsbeziehungen der Kreditinstitute aus währungspolitischer Sicht, Frankfurt a. M.

LIEPMANN, P., (1971), Geldtheoretische und geldpolitische Probleme des Eurodollarmarktes, Berlin

LIETAER, B. A., (1970), Managing Risks in Foreign Exchange, in: Harvard Business Review, No. 3/4, S. 127 - 138

LIPPERT, H., (1967), Internationaler Devisen- und Geldhandel, 2. Aufl., Frankfurt a. M.

LOCAL banking on an international scale, (1973), in: Business Week v. 15.9., S. 106 - 108

LUTZ, R. H., (1971), Banks on the International Money and Capital Markets, in: Banking in a Changing World, Ed. Ass. Bancaria Italiana, Roma, S. 185 - 205

LUTZ, F. A., (1974), Eurowährungsmärkte, in: Zeitschrift für die gesamten Staatswissenschaften, Nr. 4, S. 193 - 224

MACHLUP, F., (1970), Euro-Dollar Creation: A Mystery Story, in: Banca Nazionale del Lavoro, Quarterly Review, No. 9, S. 219 - 260

MACHLUP, F., (1971 a), Changes in the International Monetary System and the Effects on Banks, in: Banking in a Changing World, Ed. Ass. Bancaria Italiana, Roma, S. 153 - 184

MACHLUP, F., (1971 b), The Magicians and their Rabbits, in: The Morgan Guaranty Survey, No. 5, S. 3 - 13

MACHLUP, F., (1972 a), Eurodollars, Once Again, in: Banca Nazionale del Lavoro, Quarterly Review, No. 6, S. 119 - 137

MACHLUP, F., (1972 b), The Eurodollar System and Its Control, in: International Monetary Problems, Papers and Proceedings of a Conference sponsored by American Enterprise Institute for Public Policy Research in Sept. 1967, Washington, S. 3 - 36

MAKIN, J. H., (1972), Demand and Supply Functions for Stocks of Euro-Dollar Deposits: An Empirical Study, in: Review of Economics and Statistics, Vol. 54, S. 381 - 391

MARKOWITZ, H. M., (1967), Portfolio Selection. Efficient Diversification of Investments 3. Print., New Haven, London

MARTENSON, G. C., (1964), The Euro-Dollar Market, Boston

MARTI, D., (1976), Rationalisierung im schweizerischen Zahlungsverkehr, in: Schweizerische Kreditanstalt, Bulletin, Nr. 11, S. 16 - 17

MASERA, R., (1972), Deposit Creation, Multiplication and the Euro-Dollar Market, in: A Debate on the Eurodollar Market, Ente per gli studi monetari, bancari et financiari Luigi Einaudi, Quaderni di ricerche 11, Roma, S. 123 - 189

MAST, H. J., (1972), Probleme der mittel- und langfristigen Terminsicherung, in: Schweizerische Kreditanstalt, Bulletin, Nr. 4/5, S. 17 - 18

MAST, H. J., (1974), Entwicklungsprobleme der Euromärkte, in: Schweizerische Handelszeitung (SHZ) v. 4.10., S. 7 und 11

MAST, H. J., (1975), Die Euromärkte unter neuen Umweltverhältnissen, Heft 32 der Schriftenreihe der Schweizerischen Kreditanstalt, Sonderdruck aus: Die Banken im Spannungsfeld wirtschaftlicher Veränderungen, Hrsg.: Passardi, A., Bern, Stuttgart, S. 37 - 48.

MAYER, H., (1971), Multiplier Effects and Credit Creation in the Euro-Dollar-Market, in: Banca Nazionale del Lavoro, Quarterly Review, No. 9, S. 233 - 262

McCLAM, W. D., (1972), Credit Substitution and the Euro-Currency Market, in: Banca Nazionale del Lavoro, Quarterly Review, No. 8, S. 323 - 363

McKINNON, R. J., (1969), Portfolio Balance and International Payments Adjustment, in: Monetary Problems of the International Economy, Eds. Mundell, R. A., and Swoboda, A., Chikago, S. 199 - 234

MEIGS, A. J., (1962), Free Reserves and the Money Supply, Chikago

MELLORS, J., (1973), Multinational Corporations and Capital Market Integration, in: The Banker's Magazine, No. 6, S. 255 - 260

MENRAD, S., (1976), Der Eurodollarmarkt als Instrument internationaler Geldschöpfung, in: Kredit und Kapital, Nr. 2, S. 220 - 237

MILL, J. St., (1894), Principles of Political Economy, Vol. 2, New York

MILLER, M. H. and ORR, D., (1966), A Model of the Demand for Money by Firms, in: The Quarterly Journal of Economics, Vol. 80, S. 413 - 435

MINSKY, H. P., (1967), Financial Intermediation in the Money and Capital Markets, in: Issues in Banking and Monetary Analysis, Eds.: Pontecorvo, G., Shay, R. P. and Hart, A. G., New York, S. 53 - 56

MÖGLICHKEITEN und Grenzen einer europäischen Union, Bericht der Facharbeitsgruppe Transnationale Kooperation, Steuerharmonisierung, (1976), Hrsg.: Groeben, H. v. d., Baden Baden

MÖLLER, H., (1972), Das Ende einer Weltwährungsordnung, München

MONEY Crises and the Operations of Multinational Firms, (1973), Auszug aus Implications of Multinational Firms for World Trade and Investment and for US - Trade and Labour, 93rd. Congr. 1st. Sess., prep. by US-Tariff Commission for the US-Senate, Committee on Finance, Washington D. C. 1973, wiederabgedruckt in: Exploring Contradictions, Ed. Brenner, Ph., Borosage, R. and Weidener, B., New York 1974, S. 75 - 95

MONTAGU, D., (1975), Where do consortium banks go from here?, in: The Banker, No. 8, S. 967 - 973

MOORE, B. J., (1968), An Introduction to the Theory of Finance, New York, London

MORRIS, F. E. and LITTLE, J. S., (1970), The Eurodollar Market Today: Size, Scope and Participants, in: The Eurodollar, Ed. Prochnow, H. V., Chikago, S. 43 - 67

MÜHLHAUPT, L., (1963), Ansatzpunkte für eine Theorie der Kreditbank, in: Jahrbuch für Sozialwissenschaften, Bd. 12, S. 132 - 143

MÜLLER, H., (1968), Die Bedeutung der time lags für die Wirksamkeit der Geld- und Kreditpolitik in der Bundesrepublik Deutschland, in: Weltwirtschaftliches Archiv, Bd. 100, S. 272 - 283

MULTINATIONALE Bankpolitik mit europäischen Akzenten, (1973), in: Börsenzeitung v. 7.2., S. 2

MUNDELL, R. A., (1963), Capital Mobility and Stabilization Policy under Fixed and Flexible Exchange Rates, in: The Canadian Journal of Economics and Political Science, Vol. 29, S. 475 - 485

MUNDELL, R. A., (1968), Flexible Exchange Rates and Employment Policy, in: Mundell, R. A., International Economics, New York, Toronto, S. 240 - 249

MUNDELL, R. A., (1968), The Monetary Dynamics of International Adjustment under Fixed and Flexible Exchange Rates, in: Mundell, R., International Economics, New York, Toronto, S. 152 - 176

NELDNER, M., (1976), Die Bestimmungsgründe des volkswirtschaftlichen Geldangebotes, Berlin

NEWLYN, W. T., (1962), Theory of Money, London

NIEHANS, J., (1969), Money in a Static Theory of Optimal Payments Arrangements, in: Journal of Money, Credit and Banking, No. 11, S. 706 - 726

NIEHANS, J., (1971), Geldschaffung und Kreditvermittlung im Eurodollar-Markt, in: Verstehen und Gestalten der Wirtschaft, Festgabe für F. A. Lutz zum 70. Geburtstag, Tübingen, S. 279 - 294

NIEHANS, J., (1975), Some doubts about the efficacy of monetary policy under flexible exchange rates, in: Journal of International Economics, S. 275 - 282

NIEHANS, J. and HEWSON, J., (1976), The Eurodollar Market and Monetary Theory, in: Journal of Money, Credit and Banking, No. 2, S. 1 - 28

NIEMAND weiß, wer wem was gibt, Der Vorstandssprecher der Deutschen Bank, Franz Heinrich Ulrich über Herstatt-Pleite und Eurodollar-Markt, (1974), in: Spiegel Nr. 28 v. 8.7., S. 24 - 26

NOW even Nations Are in Danger of Default, (1974), in: Business Week v. 12.10., S. 112 - 126

OETLINGER, D., (1975), Die Auswirkungen flexibler Wechselkurse auf das Bankgeschäft, in: Der Monat in Wirtschaft und Finanz, Nr. 7/8, Hrsg. Schweizerischer Bankverein, S. 12 - 16

OHKAY, Kaycay - Steuerparadiese -, (1973), in: Spiegel Nr. 46, S. 153 - 155

ORR, D. and MELLON, W. G., (1961), Stochastic Reserve Losses and the Expansion of Bank Credit, in: The American Economic Review, Vol. 51, S. 614 - 623

ORSINGHER, R., (1971), Tendenzen zur Zusammenarbeit im europäischen Bankwesen, in: Österreichisches Bankarchiv, Heft 1, S. 6 - 12

OSSOLA, R., (1973), Central Bank Interventions and Eurocurrency Markets, in: Banca Nazionale del Lavoro, Quarterly Review, No. 3, S. 29 - 45

OWENS, G., (1974), The Growth of the Euro-Dollar Market, University of Wales Press Bangor

PERLMAN, M., (1971), The Roles of Money in an Economy and the Optimun Quantity of Money, in: Economica, Vol. 38, S. 233 - 252

PHILLIPS, Ch. A., (1920), Bank Credit - A Study of the Principles and Factors Underlying Advances Made by Banks to Borrowers, New York

PÖHL, K. O., (1977), Floating Exchange Rates and Economic Stability - Remarks before the Conference on "Management of Foreign Exchange Risks" sponsored jointly by The International Herald Tribune and Forex Research Ltd. on Oct. 21, 1977 in Paris, abgedruckt in: Deutsche Bundesbank, Auszüge aus Presseartikeln, Nr. 74 v. 27.10., S. 1 - 4

PREMAUER, W., (1973), Europäische Bankenkooperation, unveröffentlichtes Manuskript einer Rede am Presse-Stammtisch, Nürnberg am 12.2.

QUINN, B. S., (1975), Confidence Returns to the Euromarkets, in: The Banker, No. 8, S. 943 - 951

READMAN, P., (1972), The European Money Puzzle, London

REINERS, J., (1977), Bankwirtschaftliche Verbundsysteme und ihre Stabilität, Wiesbaden

REINHARDT, E., (1973), Banken und multinationale Unternehmen, in: Schweizerische Kreditanstalt, Bulletin, Nr. 1/2, S. 7 - 8

Die RESTRIKTIONEN im internationalen Zahlungsverkehr wichtiger Industriestaaten, (1973), Heft 1/2 von "Außenwirtschaft", S. 5 - 130

RICHEBÄCHER, K., (1974), Überforderte Wechselkurspolitik, Tübingen

ROBBINS, S. M. and STOBBAUGH, R. B., (1974), Money in the Multinational Enterprise. A Study of Financial Policy, London

RÜHLE V. LILIENSTERN, H., (1970), Art. Kooperation, in: Management - Enzyklopädie, München, S. 1059 - 1071

SALOMO, W., (1971), Geldangebot und Zentralbankpolitik - Eine Studie zur Theorie des Geldangebots -, Tübingen

SAVONA, P., (1974), Controlling the Euromarkets, in: Banca Nazionale del Lavoro, No. 6, S. 167 - 174

SCANLON, Ch. J., (1970), Definitions and Mechanics of Eurodollar Transactions, in: The Eurodollar, Ed. Prochnow, H., Chikago, S. 16 - 41

SEIDER, H., (1975), Erfolgssteuerung im Kreditgeschäft, Hamburg

7,5 MRD. Öldollar angelegt, (1975 b), in: Süddeutsche Zeitung, Nr. 286 v. 12.12., S. 25

SHARPE, W. F., (1970), Portfolio Theory and Capital Markets, New York

SIEBKE, J. and WILLMS, M., (1974), Theorie der Geldpolitik, Berlin, Heidelberg, New York

SILBER, W. L., (1975), Towards a Theory of Financial Innovation, in: Financial Innovation, Ed. Silber, W. L., S. 53 - 85

SIPPEL, H., (1972), Multinationale Unternehmen benötigen multinationale Banken, in: Handelsblatt v. 14.11., Beilage: Banken International, S. 5

SIPPEL, H., (1973), Multinational Leasing Companies Said to Offer Unique Financing Advantages, in: American Banker, v. 31.7., S. 1 - 2

SMITH, W. L., (1959), Financial Intermediaries and Monetary Control, in: The Quarterly Journal of Economics, Vol. 73, S. 533 - 553

SÖLTER, A., (1966), Grundzüge industrieller Kooperationspolitik, in: Wirtschaft und Wettbewerb, Nr. 3, S. 223 - 262

SOHMEN, E., (1972), Kapitalbewegungen und Währungsordnung, in: Internationale Währungsordnung und Kapitalmarkt, Hrsg.: Bruns, G. und Häuser, K., Frankfurt a. M., S. 68 - 85

SOLOMON, E. H., (1970), Bank Merger Policy and Problems: A Linkage Theory of Oligopoly, in: Journal of Money, Credit and Banking, No. 8, S. 323 - 336

SOMOGYI, I., (1972), Eurodollarmarkt und Kreditexpansion, in: Internationale Währungsordnung und Kapitalmarkt, Hrsg. Bruns, G. und Häuser, K., Frankfurt a. M., S. 19 - 50

SPENCER, R. W., (1974), Channels of Monetary Influence: A Survey, in: Federal Reserve Bank of St. Louis Review, No. 11, S. 8 - 26

A STAB at the Future, (1973 b), in: The Banker, No. 8, S. 895 - 897

STEIB, St. B., (1973), The Demand for Euro-Dollar Borrowings by US Banks, in: The Journal of Finance, Vol. 28, S. 875 - 879

STEIN, J., (1972), Multinationale Banken werden immer vielseitiger, in: Bank-Betrieb, Nr. 4, S. 151 - 156

STEIN, D., (1975), Wettbewerbspolitik und Geschäftsbanken-System, Bochum

STEINBACH, W. und FROMM, A., (1973), Ökonomische Aspekte der Portfolio Selection-Theorie, in: Kredit und Kapital, Nr. 1, S. 1 - 27

STEINMANN, G., (1970), Theorie der Spekulation, Tübingen

STERN, R. M., (1973), The Balance of Payments, Chikago

STRASSER, H., (1973), Finance for Industry and Commerce, in: The Business of Banking, Ed. The Institut of Bankers, London, S. 45 - 74

STUCKEN, R., (1949), Geld und Kredit, Tübingen

STÜTZEL, W., (1958), Volswirtschaftliche Saldenmechanik, Ein Beitrag zur Geldtheorie, Tübingen

SUBMISSIONS by the Bank of Canada to the Royal Commission on Banking and Finance, (1962), May 31.

SVINDLAND, E., (1975), Kommentar zu Heubes, J., Euro-Dollarmarkt und Inflation, in: Konjunkturpolitik, Nr. 2, S. 91 - 96

SWIDROWSKI, J., (1975), Exchange and Trade Controls. Principles and Procedurs of International Economic Transactions and Settlements, Essex

SWIFT: neues Zeitalter im internationalen Zahlungsverkehr, (1977), in: Die Bank, Nr. 3, S. 10 - 11

SWOBODA, A., (1968), The Euro-Dollar-Market: An Interpretation, Essays in International Finance No. 64, Princeton

SWOBODA, A., (1970), The Euro-Dollar Market - An Economist's Point of View, in: The Eurodollar, Ed. Prochnow, H., Chikago, S. 294 - 315

SWOBODA, A., (1971), Multinational Banking, The Eurodollar Market and Economic Policy, in: Journal of World Trade Law, Vol. 5, S. 121 - 130

SCHIMMLER, J., (1974), Spekulation, spekulative Gewinne und Preisstabilität, Meisenheim a. Glan

SCHLOGEL, M., (1972), Auf dem Weg der Kooperation: Schwanken zwischen Besonnenheit und Kühnheit in: Handelsblatt v. 14.11., Beilage: Banken International, S. 2

SCHMIDT-WILKE, H.-J., (1970), Risikoproblematik und Risikopolitik im internationalen Bankgeschäft, Frankfurt a. M.

SCHMITZ, W., (1975), International Investment - Growth and Crisis -, Frankfurt a. M.

SCHREIBER, H. J., (1976), Die internationale Verflechtung der Kreditmärkte, in: Der langfristige Kredit, Heft 23, S. 723 - 730

SCHULTHESS, F. W., (1977), Die Schweizer Banken und ihre Zukunft, Adresse an die Generalversammlung der Aktionäre der Schweizerischen Kreditanstalt am 29.3.1977, abgedruckt in Heft 43 der Schriftenreihe der Schweizerischen Kreditanstalt,

SCHUMANN, P. K., (1976), Araber und Perser entwickeln intensiv eigene Finanzplätze, in: Handelsblatt v. 25.3., Beilage: Banken International, S. 28

SCHUMPETER, J. A., (1964), Theorie der wirtschaftlichen Entwicklung - Eine Untersuchung über Unternehmergewinn, Kapital, Kredit, Zins und den Konjunkturzyklus -, 6. Aufl. Berlin

SCHUSTER, L., (1975), Multinationale Partnerschaft als Alternative zur multinationalen Bank, in: Schweizer Banken in der Welt von morgen, Hrsg.: Schuster, L., Bern, S. 27 - 48

SCHWARZER, O., (1976), Die Stabilität neu entdeckt, in: Süddeutsche Zeitung Nr. 235 v. 9./10.10., S. 29

SCHWEIZERISCHE Nationalbank, (1976), 69. Geschäftsbericht

THOSE INTERNATIONAL Banking Groups, (1973 c), in: The Banker, No. 8, S. 901 - 907

TIMM, H., (1965), Das Wechselkursproblem, in: Weltwirtschaftliche Probleme der Gegenwart, Hrsg. Schneider, E., Berlin, S. 107 - 173

TOBIN, J., (1956), The Interest-Elasticity of Transactions Demand for Cash, in: Review of Economics and Statistics, Vol. 38, S. 241 - 247

TOBIN, J., (1958), Liquidity Preference as Behavior toward Risk, in: Review of Economic Studies, Vol. 15, S. 65 - 86

TOBIN, J., (1961), Money, Capital and Other Stores of Value, in: The American Economic Review, Vol. 51, Papers and Proceedings, S. 26 - 37

TOBIN, J., (1967), Commercial Banks as Creators of "Money", in: Financial Markets and Economic Activity, Eds. Hester, D. D. and Tobin, J., New York, London, Sydney, S. 1 - 11

TOBIN, J. and BRAINARD, W., (1963), Financial Intermediaries and the Effectiveness of Monetary Controls, in: American Economic Review, Vol. 53, S. 383 - 400

TRAUTMANN, W., Ein stumpfes Damoklesschwert?, (1976), in: Basler Nachrichten v. 3.7.1976, wiederabgedruckt in: Deutsche Bundesbank, Auszüge aus Presseartikeln, Nr. 48 v. 12.7., S. 9

TREICHL, H., (1973), Multinationale Bankenkooperation, in: Management im Kreditwesen, Festschrift für Hans Krasensky, Hrsg.: Schneider, W. und Fuchs, K., Wien, S. 367 - 390

TROUVAIN, F. J., (1973), Entwicklung der Restriktionen im Kapitalverkehr der Bundesrepublik, in: Außenwirtschaft, Nr. 28, S. 44 - 60

TSIANG, S. C., (1969), The Precautionary Demand for Money. An Inventory Theoretical Analysis, in: The Journal of Political Economy, Vol. 77, S. 99 - 117

UHLIG, J., (1973 a), Konsortialbanken als Vorstufe der Eurobanken, in: Finanz- und Wirtschaft v. 28.4., S. 13

UHLIG, J., (1973 b), Multinationale Banken, in: Zeitschrift für das gesamte Kreditwesen v. 15.5., S. 398 - 405

ULRICH, F. H., (1974), Großbanken heute, in: Neuzeitliche Bankpolitik, Hrsg.: Wittgen, R., Frankfurt a. M., S. 68 - 76

UNCLE SAM'S Geldinstitute gehen auf Freiersfüßen, (1973), in: Industriemagazin, Nr. 10 v. 1.10., S. 28

VIELE Wege führen zur Geldheirat, (1972), in: Vision v. 1.12.

VISSER, H., (1974), The Quantity of Money, London

VLIERDEN, C. M., New Era for International Banking, (1971), in: The Banker, No. 2, S. 146 - 149

WAECHTERSHÄUSER, M., (1974), Kreditrisiko und Kreditentscheidung im Bankbetrieb, Wiesbaden

WALTER, N., (1972), Kapitalverkehrskontrollen - ein Instrument zur Regulierung internationaler Kapitalströme?, in: Die Weltwirtschaft, Institut für Weltwirtschaft an der Universität Kiel, Heft 2, S. 154 - 157

WATERMAN, M. H., (1976), Financial Management in Multinational Corporations, in: Frontiers of Financial Management, Ed. Serraino, W. and Singhvi, S. and Soldofsky, R., Cincinatti, S. 387 - 401

WEINGARTZ, H. P., (1975), Die währungspolitischen Probleme einer Erweiterung der EWG, Bochum

WERNER, P., (1976), Das Finanzzentrum Luxemburg, in: Schweizerische Kreditanstalt, Bulletin, No. 8/9, S. 8 - 10

WESTDEUTSCHE Landesbank, (o. J. b), Beteiligungsverhältnisse bei Orion und Libra, in: Hausmitteilungen

WESTDEUTSCHE Landesbank, (o. J. a), Orion intensivierte 1972 ihr Leistungsangebot, in: Hausmitteilungen

WETTBEWERBSPROBLEME im Kreditgewerbe, (1976), Hrsg. Röper, B., Schriften des Vereins für Socialpolitik, NF Band 87, Berlin

WHALEN, E. L., (1966), A Rationalization of the Precautionary Demand for Cash, in: The Quarterly Journal of Economics, Vol. 80, S. 314 - 324

WHAT sort of official regulation, (1973 d), in: The Banker, No. 8, S. 897 - 899

WILLIAMSON, J., (1973), International Liquidity - A Survey, in: The Economic Journal, No. 9, S. 685 - 739

WILLMS, M., (1976), Money Creation in the Euro-Currency Market, in: Weltwirtschaftliches Archiv, Bd. 112, S. 201 - 230

WITTEVEEN, H. J., (1975), Inflation und flexible Wechselkurse, in: Finanzierung und Entwicklung, Nr. 4, S. 49 - 51

WOLD, K., (1976), The Challenge of Uncertainties. Problems Facing Banks and Central Banks in a Changing National and International Economic and Political Environment, in: Press Review der BIZ v. 21.6.1976, wiederabgedruckt in: Deutsche Bundesbank, Auszüge aus Presseartikeln, Nr. 45 v. 1.7., S. 8 - 10

WOLL, A. und VOGL, G., (1976), Geldpolitik, Stuttgart

WRIGHTSMAN, D., (1971), An Introduction to Monetary Theory and Policy, New York

WÜNDISCH, K., (1973), Centralized Cash Management Systems For the Multinational Enterprise, in: Management International Review, No. 6, S. 43 - 64

YASSUKOVICH, St. M., (1975), Oil and Money Flows: The Problem of Recycling, London

YEAGER, L. B., (1969), The Medium of Exchange, in: Monetary Theory, Ed. Clower, R. W., Harmondsworth, S. 37 - 60

ZAHLUNGSBILANZLÖCHER treiben Kredite hoch, (1976 a), in: Handelsblatt v. 27.12., S. 4

ZUMPFORT, W. D., (1976), Untersuchungen zum Wachstum des Euro-Dollarmarktes, Kiel

ZWEIG, G., (1973), Das Bardepot: Ziele und Wirkungen, in: Außenwirtschaftliche Gesichtspunkte monetärer Stabilisierungspolitik, Hrsg.: Österreichisches Forschungsinstitut für Sparkassenwesen, Wien, S. 143 - 153